积极行为支持

——基于功能评估的问题行为干预

昝 飞 ◎ 编著

中国轻工业出版社

图书在版编目（CIP）数据

积极行为支持：基于功能评估的问题行为干预/昝飞编著. —北京：中国轻工业出版社，2013.2
（2024.5重印）
ISBN 978-7-5019-9136-5

Ⅰ.①积… Ⅱ.①昝… Ⅲ.①特殊教育－教育管理－研究 Ⅳ.①G76

中国版本图书馆CIP数据核字（2012）第316995号

保留所有权利。非经中国轻工业出版社"万千心理"书面授权，任何人不得以任何方式（包括但不限于电子、机械、手工或其他尚未被发明或应用的技术手段）复印、拍照、扫描、录音、朗读、存储、发表本书中任何部分或本书全部内容，以及其他附带的所有资料（包括但不限于光盘、音频、视频等）。中国轻工业出版社"万千心理"未授权任何机构提供源自本书内容的电子文件阅览、收听或下载服务。如有此类非法行为，查实必究。

责任编辑：孙蔚雯　　　责任终审：杜文勇
策划编辑：孙蔚雯　　　责任校对：刘志颖　　　责任监印：吴维斌

出版发行：中国轻工业出版社（北京鲁谷东街5号，邮编：100040）
印　　刷：中国电影出版社印刷厂
经　　销：各地新华书店
版　　次：2024年5月第1版第4次印刷
开　　本：740×1050　1/16　印张：17
字　　数：205千字
书　　号：ISBN 978-7-5019-9136-5　定价：35.00元
读者热线：010-65181109
发行电话：010-85119832　　010-85119912
网　　址：http://www.chlip.com.cn　http://www.wqedu.com
电子信箱：1012305542@qq.com
版权所有　侵权必究
如发现图书残缺请拨打读者热线联系调换
240541Y2C104ZBW

前　言

对于父母、教师、研究者来说，儿童问题行为干预一直是经久不衰的话题。而对问题行为及其产生原因的认识不同，干预的理念及方法也有很大的不同。从20世纪80年代末开始，积极行为支持理论的出现，使研究者、教师和家长可以从一种新的角度来认识个体，尤其是儿童身上出现的问题行为，其干预方法也更重视个体生活的环境等因素，更强调要契合环境以及个体发展的需求。

《积极行为支持——基于功能评估的问题行为干预》一书详细地介绍了积极行为支持的理论及具体操作技术。作者在编写过程中较系统地阅读了有关行为矫正、积极行为支持、功能评估等方面的书籍和研究文献，并参考了自己面向特殊教育系研究生开设的积极行为支持研究课程及为特殊教育教师开设的行为干预培训课程，而对本书的篇章结构和内容进行了仔细设计，以保证结构的连贯性、内容的系统性和科学性。本书的内容也在很大程度上融合了作者历年来在特殊儿童问题行为干预领域的实践经验，力求使对问题行为的分析及所设计的干预方法契合于现实生活。

本书在编写过程中力求做到以下几点：

（1）能较好地占有当前积极行为支持比较权威的研究资料。这一理论是于20世纪80年代末90年代初提出来的一种新的行为干预理论和技术，来源于应用行为分析。作者希望通过本书的介绍让读者对积极行为支持这一理论有比较完整的了解，并能根据这一理论开展问题行为功能评估以及干预策略的设计。

（2）做到理论联系实际。本书在介绍各类问题行为功能以及基于功能的行为干预技术时，都力求做到理论联系实际，以常见的事例及行为干预案例对相关内容进行深入浅出地阐述。

（3）重视语言的可读性。本书虽然涉及的是非常专业的内容，但这一内容也是当前教师和家长在实际生活和工作中所需要的，因此本书在撰写过程中强调专业性的同时也尽可能注重语言的通俗易懂，以使读者能够按照本书所述进行学习，继而使用至生活中。

全书共十章。第一章介绍了积极行为支持理论的基本概念及其理论来源；第二章对问题行为的具体表现、产生原因等内容进行了说明；第三章详细介绍了功能评估的概念、具体方法以及评估过程；第四章则介绍了基于功能评估如何开展行为干预的思路以及行为干预计划制订的内容；第五章到第七章则根据行为功能的特点分别介绍了如何开展行为干预，具体行为功能包括社会性正强化、社会性负强化以及自动化强化三类功能；第八章介绍了行为维持和迁移的相关概念，以及用于行为维持和迁移的干预策略；第九章和第十章则分别介绍了积极行为支持在学校及家庭中的应用。总之，本书在编写过程中对积极行为支持的理论和方法进行了仔细梳理。比如，在介绍具体干预策略如何设计时，本书依据功能合理和不合理对干预的目标进行了区分。虽然在实际工作中，一个完善的行为干预计划既要考虑个体问题行为功能的合理性，又要考虑其不合理性，这两类干预目标都是不可或缺的，但是从干预计划设计者的角度来说，思考问题和解决问题的路径则是不一样的。因此，本书对此进行了区分，以使得对相关内容的陈述和分析更加明晰、更具可操作性。在撰写过程中，作者希望能够尽可能做到理论与方法并重，既强调专业性，又可普及到社会生活中。本书可以作为大学心理学、特殊教育学等相关学科的专业教材或者参考书，也可作为临床工作人员、教师的培训或进修教材，更可为家庭教育尤其是有障碍儿童的家庭教育提供指导。

本书的出版得到了中国轻工业出版社"万千心理"的大力支持，谨此表示真诚的谢意。本书的编写得到了孙蔚雯编辑给予的大力支持和协助，在此也表示衷心的感谢。也感谢我的研究生：杨丹蓉、黄朔希、李艳、汪蔚兰、万蓓、张琴、刘嘉秋、朱晓晨、董玮倩、吴静、谷昭丹等，在特殊儿童问题行为干预的实际工作中，与你们共同分析、研讨、实践的过程使得我能够对这一理论的理解愈加深入，你们以此为主题完成的硕士论文也给了我很大的启发。也感谢多年来与我们一起工作的特殊儿童及其家长，以及特殊学校的教师，你们在这个过程中的感受以及获益是我们不断思索、追寻的动力。

由于作者水平、经验、资料以及时间等因素的限制，书中可能存在不当或者疏漏之处，敬请读者批评指正，以便今后进一步修订和不断完善。

昝 飞
2012 年 10 月
于华东师范大学

目 录

第一章 从应用行为分析到积极行为支持 ········· 1
    第一节 积极行为支持的概念与特征 ········· 2
        一、什么是积极行为支持 ········· 2
        二、积极行为支持的核心特征 ········· 3
    第二节 积极行为支持的理论基础 ········· 9
        一、应用行为分析 ········· 9
        二、正常化思想与融合教育运动 ········· 12
        三、以人为本的价值观 ········· 14
        四、社会生态学理论 ········· 16

第二章 问题行为的定义、表现及其原因 ········· 21
    第一节 问题行为及其表现 ········· 22
        一、问题行为与挑战性行为 ········· 22
        二、问题行为的常见表现 ········· 24
    第二节 与问题行为有关的原因 ········· 33
        一、常见的不恰当的解释 ········· 33
        二、基于行为功能的问题行为原因解释 ········· 37

第三章 行为功能与评估 ·· 43

第一节 行为功能概述 ·· 44
一、行为功能的概念 ·· 44
二、行为功能的分类 ·· 45

第二节 行为功能评估 ·· 50
一、行为功能评估与行为功能分析 ·· 50
二、行为功能评估过程 ·· 51
三、行为功能评估方法 ·· 61

第四章 基于行为功能的行为干预思路及行为干预计划制订 ·· 79

第一节 基于行为功能的行为干预思路 ·· 80
一、基于行为功能合理性的干预思路 ·· 81
二、基于 ABC 序列的干预思路 ·· 84

第二节 制订行为干预计划 ·· 95
一、确定行为干预措施的基本原则 ·· 95
二、以功能为基础的行为干预计划 ·· 98

第五章 与社会性正强化有关的行为干预策略 ·· 103

第一节 基于功能合理的行为的干预策略 ·· 104
一、用于行为发生之前的干预策略 ·· 105
二、用于发展恰当的替代行为的干预策略 ·· 107
三、用于行为发生之后的干预策略 ·· 112

第二节 基于功能不合理的行为的干预策略 ·· 119
一、用于发展恰当行为的干预策略 ·· 119
二、基于环境调整的行为干预策略 ·· 122

第六章 与社会性负强化有关的行为干预策略 ·· 125

第一节 基于功能合理性的行为的干预策略 ·· 126
一、针对厌恶的作业、任务、操作工具 ·· 128
二、针对厌恶的事物、场所或人 ·· 130

三、针对厌恶的关注 ·· 131
　第二节　基于功能不合理的行为的干预策略 ······················ 133
　　　一、针对厌恶的作业、活动和操作工具 ······················ 134
　　　二、针对厌恶的事物、场所或人 ···························· 143
　　　三、针对厌恶的关注 ······································ 147

第七章　与自动化强化功能有关的干预策略 ························ 151
　第一节　基于功能合理的行为的干预策略 ······················ 153
　　　一、用以发展恰当行为的干预策略 ·························· 153
　　　二、基于前奏事件的干预策略 ······························ 156
　　　三、基于行为结果的干预策略 ······························ 161
　第二节　基于功能不合理的行为的干预策略 ······················ 164
　　　一、基于行为和行为结果的干预策略 ························ 165
　　　二、基于前奏事件的干预策略 ······························ 168

第八章　促进行为维持与迁移的策略 ······························ 173
　第一节　行为维持与迁移概述 ·································· 174
　　　一、行为迁移与维持的概念 ································ 174
　　　二、不理想的迁移表现及影响迁移效果的因素 ················ 178
　第二节　促进行为维持与迁移的策略 ···························· 182
　　　一、促进行为维持的策略 ·································· 183
　　　二、促进行为迁移的策略 ·································· 187

第九章　学校范围的积极行为支持 ································ 195
　第一节　概　述 ·· 196
　　　一、什么是学校范围的积极行为支持 ························ 196
　　　二、学校范围的积极行为支持的特征 ························ 197
　第二节　学校范围积极行为支持的实施 ·························· 199
　　　一、学校范围积极行为支持的三级干预模式 ·················· 199
　　　二、学校积极行为支持的实施过程 ·························· 205

三、影响成功实施的常见问题 ………………………………………… 210
　　四、美国新罕布什尔州积极行为支持的实践案例 ……………………… 215

第十章　以家庭为中心的积极行为支持 ……………………………………… 221
　第一节　概　述 ……………………………………………………………… 222
　　一、什么是以家庭为中心的积极行为支持 ……………………………… 222
　　二、家庭在行为干预中的作用 …………………………………………… 223
　　三、以家庭为中心的积极行为支持的特点 ……………………………… 225
　　四、以家庭为中心的积极行为支持的理论来源 ………………………… 227
　第二节　以家庭为中心的积极行为支持的实施 …………………………… 232
　　一、以家庭为中心的积极行为支持的实施过程 ………………………… 232
　　二、以家庭为中心的积极行为支持实施过程中的常见问题 …………… 238
　　三、以家庭为中心的积极行为支持案例介绍 …………………………… 239

参考文献 ………………………………………………………………………… 243

第一章

从应用行为分析到积极行为支持

儿童行为问题及其干预这一主题一直是研究者、教育工作者以及家长研究、讨论的一个经久不衰的内容。在20世纪，关于如何改变个体的行为问题的理念乃至具体操作都发生了很大的变化；尤其是自20世纪90年代以来，在基于行为功能评估的积极行为支持理论提出之后，这一领域变化更多。本章我们要讲的就是关于积极行为支持的基本概念以及它的理论基础。

第一节　积极行为支持的概念与特征

一、什么是积极行为支持

自从霍纳及其同事在1990年发表《走向非厌恶性行为支持的技术》（*Toward a Technology of 'Nonaversive' Behavioral Support*）一文（Horner et al., 1990），从而第一次正式提出"积极行为支持"（Positive Behavior Support，简称PBS）一词以来，有关积极行为支持的研究就越来越多。美国更是在1997年修订的《障碍者教育法案》（*Individuals with Education Disabilities Act*，简称IDEA）中将其作为一项重要内容纳入到特殊教育实践范畴。此后，有关积极行为支持在学校内的应用研究越来越丰富。目前，该理论技术已经成为行为干预领域最重要的理论技术。

虽然"积极行为支持"这个名词的提出只有二十几年的时间，但它并不是一种新的方法，而是过去几十年实践积累的成果（Horner, 2000）。从历史发展来看，积极行为支持是应用行为分析（Applied Behavior Analysis，简称ABA）领域的一个分支，它是将行为分析方法用于应对由自我伤害、攻击、破坏财产、异食症、违逆等行为产生的社会问题（Horner, 2000），是指为在社会方面获得重要行为改变而进行的积极行为干预技术及其系统应用（Sugai, Horner et al., 2000）。卡尔等人（Carr et al., 2002）认为，积极行为支持是一门应用科学，它运用教育的方法扩展个体的行为技能，采用系统改变的方法重新构建个体的生活环境以改善个体的生活质量，并且让个体的问题行为最少发生。特恩布尔等人（Turnbull et al., 2002）也认为，积极行为支持是用于获得重要的社会和学习效益以及预防问题行为的系统的、个别化的策略。这些策略可以提高个体的行为技能，而且可以改善个体及其所处环境中重要成员的生活质量。同时，它也强调采用积极的行为技术来改变问题行为的必要性。

在"积极行为支持"这一概念中，"积极的行为"指的是这样一类技能：这些技能可以增加个体在学业、工作、娱乐、社区以及家庭等事务方面获得成功与满足感的可能性。而所有可以用来教授、加强以及扩展积极行为的教育方法，以及能够用于增加积极行为的系统改变的方法，都可以称作为"支持"（Carr et al., 2002）。因此，积极行为支持是一种具有明显特色的行为支持方法。其价值观在于强调要帮助个体获得某种有质量的生活，而这也被认为是个体自己的选择。

二、积极行为支持的核心特征

在这二十几年的研究和实践中，积极行为支持都非常明显地体现了以下特征：

（一）着眼于持续、长久的生涯效果

生涯方面的改变意味着个体的家庭生活、工作、社会关系或者所遭遇的问题都能得到改善，而着眼于生涯改变的干预技术也就是能促使个体在这些领域得到改善的技术（Snell, 2005）。积极行为支持强调的就是要帮助个体获得广泛性的具有生涯特点的改变，它不仅仅重视提高有障碍个体的生活质量，同时还着眼于支持这些有障碍个体。从其干预目标来说，减少问题行为的发生仅仅是其第二重要的目标，而其首要的干预目标则是促使个体获得持久的、稳定的、有意义的生活，并能适应社会文化变化（Carr et al., 2002）。

具体来说，生涯方面的改变可以体现在以下层面：①个体社会关系的改善，如友谊的形成、良好社交关系的建立；②个人的满意度，如个体对自己的生活、工作、学习等方面建立的自信以及由此获得的快乐等；③就业，如个人在某个职业领域的生产力、工作成就、是否胜任等；④自我决定，如个人行为的控制感、生活方式的选择权、独立性等；⑤休闲与娱乐，如是否有足够的机会进行休闲活动、活动的质量是否高；⑥社区适应，如个体的家居生活技能水平、生存能力等；⑦社区

融合，如在社区中行动的能力、参与社区活动的机会以及学校融合等（Carr et al.，2002）。

当然，干预目标若重视长期的生涯改变，则意味着积极行为支持与以往单纯地去改变个体问题行为的干预技术存在重要的差异。这不仅体现在干预理念和具体的干预策略上，而且还表现在对干预效果的评估和监控方面，个体的生涯改变（如生活质量、满意度等）方面的变量是反映干预效果的重要指标。

而且，指向个体未来生涯的变化也意味着对个体的干预或者支持需要花费几年的时间，并且不会有结束的时候（Carr et al.，2002）。从个体的发展来说，当一个人成长到某个年龄，进入到人生的一个新阶段时，常常会遇到新的挑战，也可能重新遭遇到有缺陷、缺乏支持的环境，个体所掌握的适应技能也可能会重新出现不足，随之就有可能出现适应不良、表现出问题行为，那么此时就需要新的积极行为支持策略对之进行支持。从这个角度来说，积极行为支持相比原来的行为干预技术来说，更加积极地去认识个体发展过程中个体与环境之间的关系，而这一认识也必然影响到环境在干预实践过程中所起的作用，比如个体的生活环境中的那些重要人物（如家长、教师等）在个体发展过程中的作用。

（二）强调生态效度和社会效度

以往的行为干预研究通常关注的是个体的问题行为的改变，着重于分析某个小环境中问题行为的发生、变化过程，通过前奏刺激进行干预、强化，比较关注内部效度。但积极行为支持不是一种在实验室内处理行为问题的方法，而是一种在自然生活情境中改善个体整体生活质量的策略。除了分析问题行为发生的小环境中的因素与问题行为的关系之外，这一干预技术同时还注重分析其他环境事件，如睡眠、食物、压力事件等更广泛的环境因素，以弄清楚这些环境因素是否与引发个体问题行为出现的可能性提高存在关系（Snell，2005），即强调生态效度和社会效度。

从干预技术的选择来说，虽然积极行为支持也强调内部效度，重视干预技术是否可导致个体问题行为的改变，但它更加重视在真实生活中是否可以应用这些干预技术。换句话说，它更加强调生态效度（Carr et al.，2002），重视自然的正常环境对干预技术的要求。

从干预实施的人员来说，积极行为支持的实施者往往是自然的正常生活中与个体有重要关系的那些普通人，比如父母、家庭其他成员、教师、其他学校工作人员等。因此，在制订行为支持计划时，就哪一些干预策略将被纳入到计划中实施，专业工作者需要充分考虑这些人员的立场和意见。而且，关于干预的效果，这些人员的态度也是重要的评估指标，如他们是否满意于个体行为问题的改变、家庭整体生活质量的改善或者班级课堂秩序的变化；是否认为自己的投入值得，等等。这都体现了积极行为支持对社会效度的重视。

总之，积极行为支持不仅重视个体问题行为方面的客观变化，同时也注重个体所处环境中那些重要人物的看法和主观感受。在具体实践中，关于积极行为支持的社会效度可以体现在如下方面（Carr et al., 2002）：

- 可实施性：比如那些日常的支持人员是否能够实施这些策略；
- 期望：比如他们是否认为这些策略是值得去实施的；
- 适切性：他们是否同意这些策略适合于它们未来要被实施的那些情境；
- 问题行为改变的主观有效性：即他们是否认为这些策略可以获得成功，是否能将问题行为减少到某个可接受的水平；
- 生活质量提高的主观有效性：如相关人员是否感到这些策略能够给个体带来有意义的生涯改变，增加他们生活、工作、求学、休闲、与普通人以及其他日常社区环境中重要人员交往的机会。

（三）强调系统改变、多方成员合作

对于积极行为支持来说，行为的改变不仅仅是指应用某种特殊的策略而产生的某种特殊变化。它认为，即使是最好的技术，如果应用在一个不合作或者缺乏组织的环境中，也会失败（Carr et al., 2002）。因此，它非常强调通过系统的改变来达到改善问题行为的目的，认为个体所处环境中的不良因素对个体问题行为的出现负有责任，应通过积极的干预技术来减少或者调整这些不良因素，以降低其问题行为出现的可能性，从而使个体与所处环境保持更适切的关系。总之，积极行为支持在实施过程中非常重视个体所处的多个环境，比如社区、学校、家庭、教室、教室外环境等，强调通过环境的调整达到改善行为的目的。这实际上也是积极行为支持生

态观的一种反映。

通过系统改变促使个体所处的环境成为一个更加适切的环境，必然意味着个体日常生活中的那些重要成员应该参与到行为干预计划的制订与实施中来（Carr et al., 2002；Snell, Voorhees & Chen, 2005）。因此，从实践操作上来说，积极行为支持的实施是一项基于小组合作的行为干预实践，在开展行为干预的过程中，需要围绕个体成立一个有效的行为干预小组。以儿童为例，父母、家庭其他成员、同伴、老师、其他工作人员以及社区生活中的其他人员都是这个干预小组中的重要成员。他们不仅需要而且也能够为儿童问题行为的评估提供重要的信息，同时他们也是行为干预计划制订与实施过程中的重要合作者与实施者，而不仅仅是专家意见的听从者和实践者。这也是积极行为支持与以往行为干预技术不同的地方。

从行为干预计划的制订与实施过程来看，以往的行为干预技术更加注重专家引导，父母、老师等人员通常是根据他们的意见开展工作。然而积极行为支持的实践过程更重视这些普通人员的价值和作用，认为他们可以为问题行为的评估提供有价值的信息；他们也是决定采取哪些干预策略的重要人员和干预的实施者；同时，对于干预策略是否有效，他们也是重要的评价者（Albin et al., 1996）。在积极行为支持实践中，小组合作包括小组组织和小组建构，它们都会影响到积极行为支持的过程。成功的小组合作依赖于合格的小组组织，如定期会面、建立有效的沟通机制、确定小组成员的角色和责任、有一定的策略促进家庭和其他小组成员的主动参与等；也依赖于小组建构活动，如建立共同的信念、合作规则、小组信任感以及凝聚力，以及解决问题、达成一致意见、冲突协调的技能等（Snell, Voorhees & Chen, 2005）。

（四）强调预防、重视前奏干预和教个体适应行为

积极行为支持认为，对问题行为进行干预的最好时机是在行为还未发生的时候，如果干预能够在问题行为未再出现的时候进行，那么就可以防止其再次发生（Carr et al., 2002）。因此，相比以往的行为干预技术，积极行为支持具有一个非常明显的特征，那就是重视对问题行为的预防，它更强调采取事前主动干预而非消极的事后干预的方式来处理问题行为。

强调对问题行为进行预防，实际上更符合学习的原理、教育的理念。对于教育工作者来说，他们担负的重要任务之一就是教学生学会新的知识和技能。对于学生出现的问题行为，可以将其看作是他们未能学会良好行为来处理所面临的问题的一种表现。从这一角度来说，对学生问题行为的主动干预应重视教他们用新的良好行为或者恰当行为来处理所面临的问题。这也是积极行为支持实践中一直强调的内容，它支持干预者采用基于教育或者教学的干预方法来处理个体的问题行为。比如，通过教授社会交往技能来训练个体的沟通能力是积极行为支持实践中用以预防个体问题行为的一种重要手段。根据霍纳等人的研究（Horner et al., 2002），在其检索的文献中，有81%的针对自闭症儿童行为干预的研究都包含了技能教学的内容。另外，通过自我管理或者自我控制训练提高个体对不良外界刺激物的容忍力，让他们在不良外界刺激物存在的情况下始终能够表现出良好行为，也是积极行为支持实践中的一种重要干预手段。总之，积极行为支持除了强调要教个体良好的替代行为或者技能来对问题行为进行预防之外，它也支持干预者要优先对个体的良好行为而非问题行为进行反应（Snell, 2005）。

强调对问题行为进行预防，除了表现在将训练个体学习新的良好行为看作为一种重要的干预方法之外，也表现在积极行为支持的另一重要干预方法上，即通过改变和调整环境刺激这一前奏干预的手段来减少诱发问题行为的可能性。卡尔等人（Carr et al., 1999）的研究发现，20世纪80年代或之前开展的行为干预所采取的措施更多以强化为基础，但是进入90年代之后，则有更多基于刺激控制的干预手段。在学校开展的积极行为支持实践也强调通过建立安全、有效的社会文化环境来促使学生改变问题行为，获得更好的学业成就，并发展他们的社会和情绪等方面的适应技能（Sugai & Horner, 2009）。

另外，强调对问题行为进行预防，也表现为在积极行为支持实践中较少使用惩罚，来对个体问题行为进行事后干预。从霍纳等人（Horner et al., 1990）第一次提出积极行为支持这一概念以来，积极行为支持的研究和实践都非常强调对个体问题行为的干预要采用非厌恶性的手段。根据卡尔等人（Carr et al., 1999）的研究，从20世纪80年代中期到90年代中期，惩罚这种消极干预手段的使用逐渐减少。钱德勒和达尔奎斯特（Chandler & Dahlquist, 2006）也提到，积极行为支持要求尽可能地少用惩罚，如果在积极干预技术单独使用无法取得效果的情况下需要采用惩罚，也最好能够结合对良好行为的强化等积极干预技术。因此，从这一点来说，积极行为支持这一行为干预技术相比传统的行为干预技术带给个体的负面影响更少。

（五）强调基于行为功能开展多要素干预

积极行为支持强调要基于个体问题行为的功能开展干预，因此，在问题行为评估过程中，不仅要评估行为的严重性，同时还要对行为的目的（即功能）进行评估。而行为功能评估则要求干预者通过访谈、行为检核表、直接的行为观察等方式收集与行为有关的各项资料，了解行为发生过程中各类直接、间接的因素，从而提出与问题行为功能有关的假设，并通过实验控制的方式对这一行为功能假设进行验证。在行为干预实践中，积极行为支持这一着眼于问题行为功能的干预技术不仅仅以减少个体的问题行为为干预目标，它更加重视发展与个体生理年龄、能力水平等相适应的、可以满足个体要求的新的良好行为。当个体习得这些良好行为之后，就可以通过这些新掌握的良好行为去达到与问题行为相同的行为功能，这对于个体的健康发展来说，更具意义。

当然，在实际工作中，基于问题行为功能开展的行为干预通常不仅仅是指某一种技术。事实上，积极行为支持的行为干预通常是多要素的干预（multicomponent intervention），即干预者会根据问题行为功能，从不同角度采取多元的行为干预方法来改变个体的问题行为。在具体实践过程中，积极行为支持常常涉及的行为干预方法包括：用以预防问题行为、基于行为前奏刺激评估而开展的前奏干预（如调整外部不良刺激物、引入诱发良好行为的前奏刺激等）；基于行为结果的对良好替代行为的强化技术；从行为角度出发，教个体新的良好替代行为，以及教老师或者父母更好地与儿童进行沟通的新技能等（Snell，2005；Dunlap et al.，2006）。综合使用积极行为支持实践中的多元干预技术能够更好地促进个体行为的改变，也有利于个体所处系统的整体改变以及外部环境的调整，有助于其生活质量及满意度的提高。

（六）强调基于有效的实证研究开展行为干预

从行为干预技术的历史发展渊源来看，积极行为支持来源于应用行为分析，因此，它也相应继承了应用行为分析的研究方法。在积极行为支持的研究和实践中，它常常通过直接观察等方式来获得可靠的行为数据，以便对问题行为发生的原因进行预测和假设。同时它也通过实验或者准实验的研究设计来对某些变量（如外部环境噪音等）进行控制，以确定这些变量与问题行为之间的关系（此部分内容将在第二章中具体介绍）。虽然积极行为支持强调正常化原则，更加重视在自然环境中（如家庭、学校等个体生活、学习、工作的正常环境中）应用行为干预技术，而非临床诊所这种人工的环境，使得其行为干预实践更具灵活性与应用性（Carr et al., 2002），但积极行为支持仍旧强调要采用来自于实证或者研究的有效干预技术来改变个体的问题行为。这一方面意味着，在积极行为支持的实践过程中，干预者要采用科学有效的数据采集方法去获得有关行为、生活质量等方面的资料——包括量化和质性的数据，用于行为评估以及对行为干预效果的评价。另一方面，在行为分析以及确定行为干预计划的过程中，要寻找那些在实验或者准实验研究设计中被验证、复制以及应用过的行为干预技术（Sugai & Horner, 2009），从而在个体问题行为改变、生活质量改善等方面取得有效或高效的结果。

第二节　积极行为支持的理论基础

从理论发展渊源来看，积极行为支持来源于多个理论，主要包括：应用行为分析、正常化思想与融合教育运动、以人为中心的价值观以及生态系统理论等。

一、应用行为分析

应用行为分析是积极行为支持实践中行为干预技术的根本来源。在20世纪60年代，应用行为分析作为一门学科被建立，它系统地应用学习原则以使个体在社会方面发生重要的行为改变（Cooper，Heron & Heward，2007；Dunlap，2006），强调在非实验室的、每日生活情境中直接应用行为矫正的原则（Zirpoli & Melloy，1993）。

以此为基础，在20世纪的80年代末至90年代初，积极行为支持开始作为行为干预和支持的技术普遍应用于实践领域。可以说，积极行为支持根植于应用行为分析，从两者有关行为的概念、行为分析以及行为干预的方法等方面可以清楚看到两者之间的关联。邓拉普（Dunlap，2006）认为，应用行为分析的那些原则是积极行为支持的根基，但是他也认为，这也说明积极行为支持从发展阶段来说仍旧处于婴儿期，还需要构建自己的理论框架，需要进一步获得新的资料，才能真正成为一门完全具有独立特色的应用学科。

卡尔等人认为（Carr et al.，2002）应用行为分析对积极行为支持有两个重要的贡献：首先，它提供了一个与行为改变有关的理论框架；其次，它提供了许多行为分析和干预的策略。

1. 关于行为改变的理论框架

积极行为支持接受了应用行为分析中有关行为三因素（刺激—反应—强化结果）的观点，即行为是某种刺激条件下出现的反应，并受到行为结果的强化。在应用行为分析领域，在分析行为发生的原因时，很强调行为与周围环境中各种刺激物以及行为结果之间的关系。因此，在行为评估过程中，干预者需要通过访谈、直接的行为观察（尤其是ABC行为观察法*）来确定行为与周围环境中这些重要因素之间的关系。这一用来解释行为之所以发生以及与环境中各因素之间关系的分析框架也被积极行为支持所采纳。

2. 关于行为分析和干预的策略

应用行为分析为积极行为支持提供了有关行为分析和干预的具体策略和方法，这非常明显地表现在直接干预过程中，尤其是针对个体的直接干预中（Dunlap，2006）。

积极行为支持是一种基于行为功能评估而开展的行为干预实践，而行为功能

---

* 即叙事观察，A指前奏事件，有时也指行为发生之前的背景事件；B指行为；C指行为结果。

评估则是基于应用行为分析中的行为分析方法而发展起来的一种行为评估策略。应用行为分析中所强调的对行为的直接观察，尤其是 ABC 的行为观察，是积极行为支持中行为功能评估的重要方法。通过这一方法，干预者可以获得问题行为发生之前、发生过程中以及发生之后行为结果方面的资料，从而帮助干预者了解问题行为与周围环境中各种因素之间的关系，并可以此为基础判断问题行为的社会意义与行为目的，即行为的动机，提出问题行为功能的假设，为制订行为干预计划提供基础。

应用行为分析中有关行为干预的具体方法也为积极行为支持提供了技术上的支撑。比如，增加良好行为的强化技术、刺激控制、塑造、渐隐、链锁、代币制、契约等，以及用于减少问题行为的消退、区别强化等的方法，都为积极行为支持所吸收（Sulzer-Azaroff & Mayer，1991）。当然，如前面所述，积极行为支持不是一种在临床诊所这样的人工环境中采用的行为干预技术，它更加强调在自然环境中开展行为干预。这种倾向也必然促使其行为评估的方法、干预策略以及有关干预效果的认识都有新的内涵（Carr，1997）。比如，在行为干预实践中，积极行为支持更强调多种干预技术的综合使用，即多要素干预，并且在确定是否使用这些干预技术时，更重视自然环境中那些自然实施者的想法和意见，而非某种干预技术在实验室情境下的干预效果；在干预技术的选择上，积极行为支持相比应用行为分析更强调采用非厌恶性的积极行为干预技术，较少采用惩罚类的具有厌恶性的消极行为干预技术；在行为干预效果评价方面，积极行为支持也不仅重视问题行为的改变，而是会考虑与个体有关的那些重要人员的满意度以及生活质量等方面的状况。

另外，在研究设计方面，积极行为支持也采取了应用行为分析行为干预研究中采用的时间序列这一研究设计方法。例如，在针对个体的直接行为干预过程中，研究过程通常分为行为干预前的基线期、行为干预期、泛化期或者追踪期等几个阶段。通过比较不同阶段个体行为数据的变化，来说明干预的有效性。当然，与应用行为分析不同的是，积极行为支持研究还会比较其他数据（如生活质量等）来说明干预的效果。

总之，积极行为支持继承了应用行为分析的传统，两者在干预服务提供方面具有无可争辩的共同点,但在某些方面又超越了它(Carr & Sidener, 2002; Dunlap, 2006)。

二、正常化思想与融合教育运动

积极行为支持理论的出现也受到了特殊教育发展史上正常化思想以及融合教育运动的影响。

正常化思想出现于20世纪五六十年代,当时以北欧国家为代表的一些国家开始倡导"正常化思想",即认为智力落后者以及其他残疾人每天的生活模式应尽可能接近主流社会。也就是说,有障碍的人应该生活在同其他人相同的环境中,在家庭、学校、工作、娱乐和社会生活等方面有着与其他人一样的机会。这一思想对有障碍者的治疗和教育产生了非常重要的影响。当时,大量有障碍者被安置在隔离的特殊机构里,特殊儿童的教育安置形式也以特殊学校或者特殊班级等具有明显隔离特征的教育机构为主。持正常化思想的人士主张改变这些隔离机构的封闭形式,将有障碍者安置到正常社会环境中学习和生活,认为只有当有障碍者能够在社区的正常环境中同普通人一样生活并有机会获得各种与普通人一样的服务时,正常化才会发生(张福娟,马红英,杜晓新,2000)。

正常化思想的提出直接导致了"去机构化运动"。这一运动使得大量有障碍者离开了各种类型的公共隔离机构,到各种以社区为基础的生活环境中生活。同时,大量的公共隔离机构被改造或者关闭。这一运动在特殊教育领域的表现则是将有障碍的学生安置在普通学校的教室里,而不是被隔离在特殊学校或者特殊班级这类机构里,即让有障碍的学生这一支流回到普通儿童这一主流中。这就是20世纪60年代美国在特殊教育领域所发起的"回归主流"运动以及英国、北欧国家的"一体化教育"运动。在其影响下,大量有障碍儿童(尤其是轻度智力落后的儿童)回到普通学校就读。回归主流或者一体化教育的思想对全球特殊教育产生了重要影响,各个国家陆续在本国进行实践。到20世纪80年代,这一思想则不再仅仅将普通学校的普通班级看作为是对特殊儿童的一种安置方式,而是将其看作为儿童接受教育的一种基本权利,同时也是学校达到优质教育的一种途径。从20世纪80年代起,越来越多的研究者将这一教育思潮称为"融合教育"(Inclusive Education),认为包括有障碍儿童在内的所有儿童都应该在普通学校的普通教室里接受教育,为满足不同儿童特殊需求的各种支持也应该首先在自然环境(即普通教室)里提供。

从正常化思想到融合教育的实践,一些研究者认为,"特殊儿童应该与普通儿童一起在普通教室里接受教育"这一融合思想的基础应该是社会角色认同,也就是说,它最基本的目标就是要确保处于被歧视的危险边缘的人能够得到帮助,以获得被尊重的社会角色,以此增加他们从其他人那里得到尊重的可能性,并能平等地享受现有资源(Wolfensberger,1983)。因此,在普通学校推进融合教育的过程中,最重要的内容是改变当前普通教育的体制以及学校系统,使得普通学校能够在普通教室里接纳特殊儿童,并为他们提供各种满足他们需要的支持,让他们能够享有同普通儿童一样的受教育权利。

这种融合的思想不仅在教育领域被实践,而且还反映在职业、社区生活等领域。对于有障碍人士来说,获得一个能获取薪水的职业岗位是保证他们能够拥有跟普通人一样的生活与工作的前提。因此,对于成年有障碍人士来说,帮助他们的措施更多指向于支持他们就业,比如,通过支持性就业计划帮助他们胜任某一职业岗位;在社区生活领域,也通过各种支持帮助他们获得跟普通人一样的生活,比如能够有一样的机会利用体育馆等休闲娱乐设施等。

总之,融合的思想在教育和职业等领域的实践,要求改变教育系统和职业领域原来的隔离以及只为某些个体(没有障碍的普通人)服务的特征。融合教育的思想也强调,为满足特殊儿童的个别化教育需求而提供的绝大多数特殊支持应该是在普通学校的普通教室里完成的,而不是在资源教室等不同于普通儿童接受教育的情境中。这就意味着原来的普通学校、普通班级——这一个只为普通儿童服务的教育环境——需要进行变革。一些研究者(Webber,1997)认为,融合教育是否能够成功实施,首先要解决的问题是社区和社会的接纳感问题,其次是对学生多样性的尊重问题。只有学生所在学校及社区真正接纳这些具有特殊需求的学生,并尊重其特殊需求,他们才会真正被认为是这个学校及社区中有价值的一员。积极行为支持也非常强调通过系统的变革来达到减少个体问题行为、提高社会及情绪等技能的目的,要求在个体生活、学习、工作的自然环境中应用行为干预的措施,并尽可能采用正常化的干预措施，且在干预过程中尽可能使用正常化的刺激。这些要求都体现了正常化原则以及融合的思想。

融合教育的观点认为，每个儿童都有接受教育的权利，都有其独特的个人特点、兴趣、能力和学习需要（联合国教科文组织，1994）。而学习需要则包括学生的学习能力以及该学生取得进步所需要的资源（Norwich，1990）。特殊儿童在普通学校就读的过程中出现的特殊教育需要不仅仅是其本身学习能力的问题，还依赖于其在学校所获得的各种支持。因此，成功的融合教育要求根据学生的兴趣、能力、障碍特点等情况开展个别化教育，强调通过改变课程以及调整教学目标、教学内容、教学方法和评价方式等方法为其提供支持，以开展适合其需要的教育。在职业领域亦是如此，有障碍人士之所以难以适应一个职业岗位，除了与其本身所具有的职业技能水平有关以外，也与职业环境是否能提供足够的支持有关。对有障碍人士的职业的支持要具体分析其所处的职业环境、岗位要求以及其职业技能特点，从而提高其维持某个职业的能力。积极行为支持也非常强调要从个体的问题行为出发，根据个体需要和能力特点开展行为干预，重视分析环境与个体能力、需要之间的距离，通过环境调整（包括教育措施的改变）来改善个体的问题行为。这一点也非常符合融合教育中的个别化教育原则。实际上，对于有问题行为的有障碍儿童，积极行为支持的行为干预计划往往会被纳入到个别化教育计划之中，以便更有针对性地对其开展教育。

三、以人为本的价值观

卡尔（Carr，1996）认为，科学告诉我们怎样改变事物，但价值观则告诉我们什么值得改变。积极行为支持的理论与实践体现了人本主义的价值观。人本主义心理学家认为，人格发展的关键在于形成和发展正确的自我概念，而自我概念的正常发展必须具备两个基本条件，即无条件的尊重和自尊，其中无条件的尊重则是自尊产生的基础，只有别人对自己有好感（尊重），自己才会对自己有好感（自尊；陈琦，刘儒德，2007）。积极行为支持的理论与实践很好地体现了对人的价值的尊重。

从行为干预的目标来看，积极行为支持不仅仅着眼于个体问题行为的减少，它更加注重个体的社会和情绪等适应技能的提高，关注其社区参与、有意义的社会关系、选择机会的增多、促使其获得受他人尊重的角色，以及个人能力的持续发展（Carr et al., 2002）。因此，在行为干预过程中，积极行为支持非常强调发展个体新的良好替代行为和自我控制、自我管理的能力，以提高其问题解决过程中的自我决定能力，而不仅仅是减少问题行为。另外，着眼于提高整体生活质量的积极行为支持不仅重视提高个体的整体能力，而且关注个体所处环境中那些重要人员设置干预目标、解决问题、做出决定的能力——通过教授父母、教师等人员在问题行为功能评估以及基于行为功能开展干预等方面的技能，可以提高他们在真实情境中改变个体问题行为的能力。从这一角度来说，积极行为支持体现了对个体所处环境中各个重要成员的需求的尊重。

从行为干预计划的制订与实施的整个过程来看，积极行为支持采取的是以人为本的计划制订与实施过程，与传统的以方案为中心的服务提供方式截然不同（Carr et al., 2002）。这体现在几个方面：

- 首先，积极行为支持不管在哪个层面实施，都要求成立一个由多方成员组成的行为支持小组，这一小组的成员一般由专业人员、研究者和干预者组成。其中干预者包括那些与问题行为个体有重要关系的人员，如父母、教师、康复训练师、同伴等，这些人员将为个体问题行为的评估、行为干预计划制订以及实施做出重要贡献，也是干预效果的重要评价者。因此，积极行为支持采取的干预模式并非以往专家主导型的模式，而是多方合作协商型的模式。
- 其次，积极行为支持的服务模式与以往单纯地由某些机构或者专家提供事先就有的服务模式有着很大的不同，这一模式需要根据个体的具体情况、特点以及所处环境的要求、资源情况等设计新的服务，而非仅仅是提供已有的服务。
- 第三，以人为本的价值观强调对人的差异的尊重，积极行为支持对个体问题行为的理解也体现了这一价值观。积极行为支持非常强调根据个体问题行为的功能开展干预，认为个体之所以表现出问题行为，是有其独特的需要和目的的。在制订行为干预计划时，就要考虑个体的这些独特性，要尽可能在正常化或者融合环境中处理并满足个体的这些独特需要和目的。因此，从这一点来说，积极行为支持采取的是一种需要驱动型的干预模式，而非服务驱动型的干预模式。

在行为干预方法的选择上，积极行为支持也很好地体现了价值观和技术的融合。它认为，干预策略不应该仅仅由效率（技术标准）来决定，还应考虑到它在提高个体尊严和自我选择机会方面的能力。因此，应尽可能避免使用降低个体尊严或者损害其个性的干预策略（Carr et al.，2002）。在积极行为支持的实践中，非常强调尽可能避免使用具有厌恶性的惩罚类消极干预措施，而认为首先采用指向预防问题行为发生、提高个体行为能力的积极行为干预措施。它认为，惩罚类的干预策略虽然可能在当时制止了个体的问题行为，但无法帮助个体学会新的良好行为，以应对其所面临的问题，也很容易伤害个体的尊严；其之所以产生效果，也只是因为惩罚措施让问题行为的表现者产生恐惧而已。除此之外，积极行为支持在实践过程中非常重视自然环境中实施者的看法及意见，尊重他们对行为干预技术的选择，认为他们是行为干预过程中重要的合作者和实施者。因此，行为干预计划的制订与实施并非以往的专家主导，而是强调个体所处环境中的普通人员（如父母、教师等）具有与专家一样重要的价值，重视以适当程序发挥他们的作用。

四、社会生态学理论

积极行为支持的理论观点受到了社会生态学理论的影响。布朗芬布伦纳（Bronfenbrenner）的生态系统理论对积极行为支持产生了很重要的影响。另外，生态心理学、环境心理学、社区心理学和系统分析这几个相互联系的理论也为积极行为支持的发展做出了重要贡献。其中，生态心理学尤其与积极行为支持有着相似之处（Carr et al.，2002）。

布朗芬布伦纳提出的个体发展模型认为，自然环境是人类发展的主要影响源，且这个环境是"一组嵌套结构，每一层都嵌套在下一层中，就像俄罗斯套娃一样"。个体就嵌套于这个相互影响的一系列环境系统之中，并且与这些系统相互作用，个体发展也受之影响。布朗芬布伦纳在其理论模型中将人生活于其中并与之相互作用

的不断变化的环境称为行为系统,并将这一系统分为四个层次:
- 最里层是微观系统,指个体活动和交往的直接环境,这个环境是不断变化和发展的。对大多数儿童来说,微观系统一般包括家庭和学校等。
- 第二个环境层次是中间系统,指的是各微观系统之间的联系或相互关系。布朗芬布伦纳认为,如果微观系统之间有较强的积极的联系,发展可能实现最优化。相反,微观系统间的非积极的联系会导致消极的后果。比如,儿童在家庭中与父母等人员的相处模式会影响到他在学校中与同学间的相处模式。
- 第三个环境层次是外层系统,指的是那些个体并未直接参与但却对他们的发展产生影响的系统,如父母的工作等。
- 第四个环境系统是宏观系统,指的是存在于以上三个系统中的文化、亚文化和社会环境。

这个系统实际上是一个广阔的意识形态,它会直接或间接地影响儿童知识经验的获得(刘杰,孟会敏,2009)。

生态心理学强调,人类行为是个体内在因素与外在环境相互作用的结果,主张在真实环境中研究人的心理和行为,即研究人的现实行为自然发生的心理过程。生态心理学将人与环境作为一个统一体来研究,强调把心理现象放在人和环境、心理和环境等相互作用的关系中进行研究,倡导具有生态效度的实验法和自然研究法,通过揭示人和环境的交互关系来研究、解释和预测现实生活中的行为和心理现象,并反对把人的心理和行为与真实环境相剥离的严格实验室研究方法。在心理咨询与治疗领域,生态心理学也认为只有将促进个体心理成长与改变外界环境有机地结合起来,二者相互调适,同步改变,才能收到事半功倍的长远而稳定的效果(秦晓利,2006;吴建平,侯振虎,2011)。

环境心理学同生态心理学一样,也是研究环境与人的心理和行为之间关系的一门学科,其研究的环境侧重物理环境,重视噪音、拥挤程度、空气质量、温度、建筑设计、个人空间等对个体心理和行为的影响(苏彦捷,李佳,2001;吴建平,侯振虎,2011)。

社区心理学也强调环境与人的和谐发展,认为随着社会的发展,所生活的社区对个体的影响将越来越大。在心理卫生工作方面，社区心理学认为预防重于治疗，而且认为人与环境是互动的关系，因此，可以通过调整环境来提高人适应环境的能力。当人的心理健康出现问题时，也不应该将责任仅仅归于个人，还应该对个体所处环境进行分析。同时，社区心理学也非常尊重社区中每一个人和团体的差异性，认为任何一个人都有权利表现出与他人的差异。在干预领域，其目标是促使个体能够更主动地掌控自己的生活（道尔顿等，2010）。

从上述对生态系统理论、生态心理学、环境心理学和社区心理学理论的简单介绍可以看到，这几个理论都非常重视环境与人的心理和行为之间的关系，强调生态效度。其中一些理论还认为：人生活的自然环境是开展研究和干预的最佳场所。在干预领域，这些理论则倡导通过调整环境，改变个体与环境之间的互动关系，从而提高个体对环境的适应能力，也更加注重预防。一些研究者认为，这些理论观点也成为了积极行为支持的主要特征（Levine & Perkins，1987；Carr et al.，2002），比如：

- 首先，积极行为支持认为，社区中的不同人员之间是相互依赖的关系，对个体行为的干预不能仅仅针对个体进行，个体所生活的社区系统也需要进行改变。因此，积极行为支持在对个体问题行为进行干预时，非常强调要对有问题的环境进行调整和改变，而不是单纯对问题行为采取策略，它也反对采用厌恶性的干预措施（如惩罚等方式），让个体承受某种后果，来改变个体的问题行为。

- 其次，个体的行为，不管是恰当行为还是问题行为，都是个体持续适应环境的结果，反映了个体能力（个体特征）和环境（环境特征）之间的相互作用。因此，成功的干预必须调整个体能力与环境之间的相互适应。在改变环境的同时促使个体提高与改善能力，就可以达成干预的目标。因此，积极行为支持需要通过多要素的干预，在促进系统改变的同时提高个体本身的能力水平，从而达到干预的目的。

- 第三，让个体的问题行为发生变化不仅涉及应用某种特殊技巧的问题，还会涉及环境中其他要素的变化，如时间、金钱和权力的重新分配等。在积极行为支持实践中，来自管理部门的支持、各机构间的合作以及经费分配机制等都是影响其是否能够成功的关键。

另外，上述观点也体现了系统分析的思想。系统分析方法来源于系统科学，通常是将要解决的问题看作为一个系统，通过对系统进行综合分析（如系统目标分析、系统要素分析、系统环境分析、系统资源分析和系统管理分析），比较现实情况与计划目标或理想状态之间的差距，找出问题及其原因，然后提出解决问题的可行方案（科尔戴等，1990）。积极行为支持不管是在学校、家庭还是其他机构（如儿童福利机构）中实施，都非常重视这些系统所拥有的资源，尊重系统中每一个成员的价值和作用。在进行系统改变之前，人们常常需要花费大量时间与精力收集资料，分析这些系统所存在的问题，然后根据该系统的特点设计干预方案。这一分析思路和操作过程与系统分析方法非常类似。

除此之外，卡尔等人（Carr et al., 2002）也认为，积极行为支持还受到了文化心理学、人类学、社会学等学科观点的影响。积极行为支持的观点也认为，在开展行为干预时要考虑个体的文化背景、家庭结构、教养方式、家庭中语言与交流方式等因素对个体问题行为的影响，因此也需要对这些内容进行评估。比如，来自于不同文化背景的个体对个体问题行为及其干预的观点与态度可能有着很大的差别，因此开展行为干预时必须考虑这些个体的独特看法。只有被他们真正认可的行为干预方法才有可能在真实的环境中实施。这也是积极行为支持强调生态效度的一个反映。

总之，积极行为支持是一种受多种理论影响、以系统和社区为基础的具有多元文化特征的行为干预理论和技术；它在对问题行为进行干预时，不再提倡以病理学为基础的传统模式，而是采取强调预防与提高生活质量的积极干预模式。这一新模式也代表了社会科学和教育的新趋势（Carr et al., 2002）。因此，它虽来源于应用行为分析，但也超越了应用行为分析。

第二章

问题行为的定义、表现及其原因

儿童问题行为及其干预是当前临床工作、特殊教育等领域非常关注的一个主题，越来越多有关问题行为的表现、特点以及干预研究的报告被发表在相关杂志、书籍里。其中，尤以存在发展障碍个体的问题行为最为突出，问题行为是这一类个体中最常出现、也是最常被人们研究的问题。

第一节　问题行为及其表现

一、问题行为与挑战性行为

在行为矫正领域，问题行为指的是那些偏离常态并给他人或者自己的身体、生活、学习、工作带来危害甚至危险的行为（昝飞，2007）。其中，偏离常态指的是跟普通同龄人的行为相比，出现的行为过度、行为不足或者行为不适当。这一术语又有多种名称，比如偏差行为、不良行为、变态行为、异常行为等，这些术语或多或少体现了使用者对这类行为所持有的负面、歧视态度或看法。在积极行为支持领域，越来越多的研究者则更倾向于用"挑战性行为"(challenging behavior)这一名称来指代问题行为。

对于挑战性行为，有不少研究者对之进行了定义。比如，埃莫森（Emerson，2005）认为，挑战性行为就是行为的强度、频率或者持续时间偏离社会常态使得个体或者他人的身体安全处于严重危险之中的行为，或者是可能严重限制、剥夺个体接触日常社区设施的行为。这一定义没有对导致挑战性行为的原因进行说明，而是直接在定义中说明了行为对个体生活所造成的影响。从行为对个体的影响角度对挑战性行为进行定义是很多研究者所采取的方法。比如钱德勒和达尔奎斯特(Chandler & Dahlquist, 2002, 2006)认为，挑战性行为应该指的是三类行为：一是干扰个体或者其他人学习的行为；二是阻碍个体发展积极的社会交往和关系的行为；三是伤害个体、同伴、家庭成员以及其他人员的行为。这一定义就是从行为对个体的影响角度对挑战性行为进行了定义。钱德勒和达尔奎斯特（Chandler & Dahlquist, 2006)认为，在确定一个行为是否具有挑战性的时候，应该从三个方面考虑影响个体、同伴、家庭成员以及其他人员的因素。这三个因素分别是：学习、社会关系和安全。如果行为导致个体无法在最佳水平学习，阻碍其与他人正常社会交往关系的建立和发展，甚至威胁到其自身或者他人的身体安全，那么这个行为就是挑战性行为。

也有研究者通过辨别行为是"更多要求行为"还是"更少要求行为"对挑战性行为进行定义（如 Holden & Gitlesen, 2006）。所谓更多要求行为（more demanding behavior）指的是这样一种情况：个体日常表现出的挑战性行为常常妨碍他们参与学习和活动，或者需要超过一个以上的照顾者对他们的行为进行控制，或者常常会对个体或者他人的身体造成伤害。而更少要求行为（less demanding behavior）则指的是没有达到这些要求的攻击他人行为、自我伤害行为、破坏性行为或者其他问题行为。

不管挑战性行为定义是何种，将问题行为称为挑战性行为，一方面反映出个体所面临的困难已经严重影响到他们的学习、社会关系和安全，简单地说，即个体面临着挑战；另一方面，这样一个称谓实际上也反映出人们对行为问题的一种积极看法。从发展的角度来看，一个个体之所以出现问题行为，与其当前所达到的知识和技能水平与其所处环境需求不相适应有关。也就是说，个体当前的行为能力不足以解决所面临的挑战与问题。比如，对于语言交流能力有限的儿童来说，如果他想到外面玩，但是又不知道如何告诉父母，那么假如他采取了哭闹等发脾气行为，并且父母在其发脾气之后总是带他出去，那么这个发脾气的行为就达到了儿童的目的，很好地解决了个体想告诉父母自己要出去玩的这个问题。这种情况在现实生活中非常普遍。又比如，当一个个体在某个地方经历了非常恐怖的事件之后，就会出现逃避或者回避去这个地方的行为，这种逃避或者回避行为也是个体解决所需面对的惊吓或恐惧问题的方式。

虽然这些行为帮助个体达到了目的，解决了其当时所面临的问题，但是这一行为却是错误的行为，如果一直持续下去并总是能够达成目标，那么个体将无法学会真正帮助其解决问题的行为。以前面用发脾气达到外出目的的儿童来说，如果父母总是在其发脾气之后带其出门，那么儿童就难以学会向他人恰当表达自己外出要求的良好行为；若这一行为在其他要求不满足情况下也常常出现，对其健康发展则非常不利。因此，将问题行为称作挑战性行为，有助于干预者在实际工作中更好地意识到问题行为背后个体在真实生活中所需面对的挑战与问题，有利于干预者真正从其实际需求出发设计并实施行为干预。这样一种面对问题行为的态度才是真正从个体的教育或者学习角度出发来考虑问题，也符合积极干预的原则。不过，本书由于国内习惯用法的原因，仍旧沿用了问题行为这一术语。虽然如此，但本书对问题行为尤其是其原因的认识则主要基于挑战性行为。

二、问题行为的常见表现

问题行为有多种不同的表现，在不同个体身上的出现频率也有很大的差异，在有某些特征的个体身上往往更常出现。比如，一些研究（Didden，Sturmey et al.，2012；Holden & Gitlesen，2006）显示，在有自闭症谱系障碍以及智力障碍的个体身上，问题行为是非常普遍的一个问题。在智力障碍这一群体中，大约有5%~15%的个体会出现不同形式的问题行为：自我伤害、攻击、刻板行为等。如果个体患有自闭症谱系障碍，那么问题行为的出现率将会更高。霍尔登等人（Holden & Gitlesen，2006）在对挪威826名智力障碍者和儿童进行的调查中发现，11%的被调查对象表现出一种或者多种形式的问题行为；在所调查的对象中，有6%的个体被诊断为自闭症，而又有36%的自闭症患儿显示出存在问题行为。在当前的行为干预研究中，患智力障碍或者自闭症谱系障碍的群体是最受关注的对象。

目前，在行为干预研究中，尤其是在以智力障碍、自闭症个体为对象的行为干预研究中，最常被处理的问题行为主要是自我伤害行为、攻击行为，然后是刻板行为、发脾气、破坏行为、进食问题、反刍行为等（Matson，Sipes et al.，2011）。另外，冲动性行为、课堂扰乱行为、注意力分散行为、不顺从行为、与性有关的问题行为也常被研究者、教师所关注。下面我们将对十种常见问题行为的表现进行具体说明：

（一）自我伤害行为

自我伤害行为通常指的是没有他人帮助、故意伤害自己身体的行为。有些自我伤害行为甚至可以严重伤害到个体的身体组织，但这一类行为需排除有明确自杀意图或者与性兴奋有关的行为（Winchel & Stanley，1991）。科隆斯基和穆伦坎普特（Klonsky & Meuhlenkamp，2007）认为，自我伤害行为是那些没有自杀意图或者行为目的不为社会所认可的、有意图的伤害自己身体组织的行为。这一类行为是一种严重而危险的挑战性行为，它不仅会出现在普通群体中（孙国仁，王云霞，2011），而且在各种障碍类型的群体中发生率更高。在发展障碍群体中，自我伤害行为的发生率大约为10%～12%（Didden，Sturmey et al.，2012），该行为被认为是这一群体出现的最危险的问题行为之一（Vollmer，Sloman et al.，2009）。

在当前的临床研究和文献中，常常被研究的、尤其是自闭症儿童和其他发展障碍儿童常常出现的自我伤害行为有：打头、撞头、打脸、咬自己、抓自己、掐拧自己、戳眼睛、拉头发等（Fee & Matson，1992；Matson，Fodstad et al.，2010；Iwata et al.，1994）。上述自我伤害行为通常会给个体的身体带来严重危害，一些自闭症儿童的裸露皮肤甚至会出现青紫块、疤痕累累的状况。在这些自我伤害行为中，尤以撞头、打头等行为的后果最为严重。当然，也有一些自我伤害行为可能只给身体带来轻微的影响，比如吮手指、咬指甲、拍大腿等。

（二）攻击行为

在研究领域，攻击行为目前尚没有统一的定义。心理学研究常常从行为意图和行为后果对攻击行为进行定义：前者更多指的是个体有伤害别人的意图，而后者指的是行为对他人造成伤害性后果。不管是行为意图还是行为后果，攻击行为指的都是针对他人的行为，但也有研究者将指向物体的行为也纳入攻击行为的范畴（Vitiello & Stoff，1997）。一些研究者（如Didden，Sturmey et al.，2012）更倾向于将攻击行为定义为可能导致伤害他人或者财产损坏、但不管个体是否故意为之的行为。也就是说，更加考虑行为的后果而非行为的意图。不过，也正因为对攻击行为定义的不统一，也使得对攻击行为的评估非常不一致。

从行为的外部表现形式来看，针对他人的攻击行为可以分为身体攻击（或肢体攻击）和言语攻击两种。身体攻击行为指的是个体以躯体的行为直接或间接地伤害他人，或给攻击者带来一定的利益的行为。儿童的身体攻击行为常常表现为对他人拳打脚踢、推拉拧掐、用牙齿咬、打架、抢夺他人物品、向他人投掷物品等形式。而言语攻击行为则是指个体使用不恰当的社会语言直接或间接地对他人造成伤害，或给攻击者带来一定利益的行为（Didden，Sturmey et al.，2012）。泽尔波利（Zirpoli，2005）列举了几种常常出现的言语攻击行为，包括：专横的言语、嘲笑他人、搬弄是非、非建设性地批评他人的工作、指责他人和讽刺。对于儿童来说，命令同伴、模仿批评、骂脏话、威吓、取笑同伴和故意激怒同伴等行为都属于言语攻击行为。针对物体的攻击行为则除了前面提到的投掷物体之外，还包括踢、砸碎、破坏物体等行为。一些研究者有时也将此类行为从攻击行为中分离出来，称为破坏行为。若对人、对物的攻击行为是外投行为的话，那么自我伤害行为则是内化行为——这一类攻击行为的对象指向的是自己，或称为自动攻击。一些研究者将其归为第三类攻击行为（Didden，Sturmey et al.，2012）。

一些研究者还将攻击行为分为主动性攻击和反应性攻击两种（Kempes，Matthys et al.，2005；Farmer & Aman，2011）。主动性攻击又称为工具性攻击，其特征是个体的行为具有工具性目的或者个体知觉到攻击行为与理想结果之间的联系，也就是说个体可以通过攻击行为获得某些预期的奖励。而反应性攻击则是指个体的攻击行为是由外部激发，或者是个体对知觉到的危险的反应。由于这两种攻击行为具有非常明显的不同原因，行为功能存在显著差异，因此，在临床实践中，辨别这两种攻击行为也非常重要。

（三）刻板行为

刻板行为也称为刻板动作，是行为功能评估和干预研究中常常关注的一类问题行为，也是自闭症诊断的症状标准之一。在《精神障碍诊断与统计手册》第四版修订版（DSM-Ⅳ）的自闭症诊断标准中，"有限的、重复的、刻板的行为、兴趣以及活动"指的是下述行为中的任一种：

- 专注于一个或者几个刻板的、有限的兴趣，其强度或者兴趣内容异于普通人。
- 明显固着于特殊的非功能性的常规或者仪式。
- 刻板的、重复的动作（如拍手等）。

- 持续地专注于物体的某些部位。

在日常生活中，人们很容易将刻板行为等同于自闭症儿童所表现出来的刻板、重复性行为。但实际上，表现出异常的重复性、刻板行为的个体不一定符合自闭症儿童的诊断标准。为了避免将出现刻板行为的个体看作是自闭症个体，一些研究者在定义刻板行为时更倾向于将其理解为重复性行为，即指重复出现的、不变的、不恰当的行为。就如泽尔波利（Zirpoli，2004）所认为的，刻板行为即是儿童快速且重复不变地做出的某些动作反应。

有的研究还将自我伤害行为也看作刻板行为的形式之一。确实，自闭症儿童常常出现一些刻板的自我伤害行为，比如持续地打自己的脸、抠皮肤或者咬手等，但是要注意，自我伤害行为并不一定是重复性行为，并不一定表现出刻板的特征（Didden，Sturmey et al.，2012）。

因此，虽然在各类障碍群体中自闭症群体是最常出现刻板行为的群体，但刻板行为也可以在其他有发展障碍的个体身上出现，其发生率甚至高达50%（Bodfish et al.，1995）。根据当前的研究，目前最常被提到的刻板行为表现包括：身体旋转、重复的手部动作、弹手指、重复性姿势（Bodfish et al.，1995），以及存在自我伤害性质的撞头、拍手、拍头、咬身体等行为。

（四）扰乱行为

扰乱行为也称为课堂扰乱行为，是指打乱正常课堂教学秩序的问题行为。学龄期儿童，尤其是有智力障碍、自闭症和其他发展障碍的儿童，常常出现此类问题行为。由于出现此类问题行为会明显改变整个课堂学习环境，因此会导致教师不得不将注意力从教学内容转移到出现扰乱行为的个体身上，这不仅会影响有障碍儿童自身及同伴的学习，同时也会破坏教师的良好教学情绪以及教学行为，很容易干扰到正常教学秩序，并对有效的教学质量产生不良影响。因此，此类问题行为往往最为教师所关注，也是目前学校问题行为干预、有效教学研究和实践中最常被提出的问题。

常见的课堂扰乱行为表现有：儿童在课堂上随意离开坐位、走动、随意讲话、制造噪音、拉扯及攻击别人等。扰乱行为与其他几类行为会有一定的重合，比如儿童若是在课堂上出现指向同伴或者教师的攻击行为，不管是身体攻击还是言语攻击，都会破坏正常的教学秩序，使得教师不得不将重心放在学生的行为管理上。又如刻板行为，自闭症儿童若在课堂上反复出现敲击物体的刻板行为，就会打乱教师的正常教学秩序。总之，扰乱行为主要是从个体的行为是否对教师的正常教学秩序造成影响这个角度进行定义的。

（五）发脾气行为

发脾气行为是儿童期很容易出现的一类问题行为，这一类行为通常指的是在个体需求未能得到满足时所表现出的一类有害行为，如尖叫、哭闹、扔东西、打人等。

发脾气行为在沟通能力有限的特殊儿童身上非常常见，这一类儿童由于语言沟通能力的限制，在要求没有得到满足的情况下很容易采取哭闹等发脾气的方式来达到满足。因此，其行为目的通常是逼迫对方满足自己的要求。发脾气的行为有时也会表现为攻击行为，儿童可能会通过向别人砸东西或者咬、拧、掐、打别人等方式来表现在自己的要求没有满足的情况下所产生的怒气。在一定程度上，发脾气行为也是情绪发泄的一种方式。

（六）注意力分散行为

注意力分散是学龄期儿童最常被关注的一类问题行为。这类问题行为是相对于注意的稳定性而言的。稳定性是注意的一种品质，也是衡量注意质量的一个重要指标，它指的是在同一对象或者同一活动上，个体的注意力所能持续的时间。注意力容易分散的儿童往往在同一活动上注意的时间比较短暂，容易受到外界刺激的影响与干扰。学龄期儿童，尤其是患自闭症等发展障碍的儿童，在课堂集体教学环境中很容易出现注意力分散的情况，难以进行有效学习。在注意力分散行为中，作业分心这一行为是最常被关注和干预的行为。对于儿童来说，他们常常由于各种原因难以将注意力持续地保持在同一任务下，出现分心行为，导致完成作业任务的时间不恰当地延长，也因此对学习效率产生不良影响。一些父母常常报告他们的孩子没有养成良好的作业行为习惯，常常需要花费2~3小时去完成本可半个小时完成的作业，不仅影响到学习质量，减少孩子的睡眠时间，同时也影响到他们的家庭生活质量，父母在孩子完成家庭作业时需要花费大量时间陪伴、督促。

注意力分散这一名称是从个体行为对注意力产生影响的这个角度进行描述的，而不是从行为的表现形式角度来描述。在不同个体身上，注意力分散行为可能表现为不同的行为形式。课堂注意力分散行为也很容易与课堂扰乱行为重叠。比如，儿童在听老师上课的时候，忽然尖叫起来，这既是课堂扰乱行为，也可能是注意力分散的一种表现。但要注意的是，并不是所有的注意力分散行为都会对课堂教学秩序产生影响。比如，学生在老师上课的时候或者做作业的时候做白日梦，学生可能只是安静地沉浸于自己的思绪中，但没有任何明显的外显动作，也不发出任何声音，这种行为就不会被视作课堂扰乱行为。

（七）不顺从行为

不顺从行为是指个体对所要求的任务或者指令采取的反对或抵制行为。这类行为曾经被父母认为是养育过程中儿童表现出的最严重的问题行为，但后来研究者更强调从儿童的自主性和社交技能发展角度来理解这一问题行为。也就是说，儿童所表现出的拒绝指令或者拒绝完成某些任务的行为在一定程度上反映出儿童的自主意识水平，而拒绝的方式则反映出儿童社交技能水平的高低。因此，在临床工作中，要以发展的眼光来看待儿童的不顺从行为，这也使得在实际工作中判断不顺从行为是不是问题行为的难度加大。

关于不顺从行为的表现，一些研究者（Kuczynski & Kochanska et al., 1987）从社会技能的角度将之分为四种：

（1）直接对抗。 儿童采取非常简单、粗暴的方式直接予以拒绝，一般都会伴随生气的负面情绪，此种不顺从被认为是无技能的策略。

（2）简单拒绝。 儿童能够采取一定的方式拒绝他人提出的要求，被认为是中等技能的不顺从策略。

（3）协商。 它是儿童企图通过讲条件、折衷或解释来劝导他人调整要求的方式。儿童采取了迂回闪躲的方式来处理他人提出的要求，一般来说，只有儿童的社交技能达到一定水平才可能采取此策略。

（4）消极不顺从。 从表面形式看，这种不顺从指的是对他人的要求不予理睬或者充耳不闻，表现出的是一种回避的行为。但之所以出现不顺从行为，是因为儿童不理解他人的要求而采取不理睬态度，还是知道别人要自己做什么但仍采取不理睬态度，或者没有能力按照他人要求调整自己的行为？到底是哪种原因则很难判断。虽然这类不顺从行为一般没有明显的消极情绪，但是会让父母或者教师感到无可奈何。

儿童拒绝听从指令的行为可能以哭闹、攻击他人、自我伤害的形式表现出来，此时，不顺从行为就会与发脾气行为、攻击行为、自我伤害行为有一定的重合。不过，在判断个体的行为是否属于不顺从行为而非单纯地发脾气或者其他问题行为时，要注意分析行为发生的前提。不顺从行为的发生前提是此类问题行为出现之前一定存在他人所提出的要求或者指令。

（八）冲动行为

冲动行为通常指的是突然产生的行为，即个体所表现出的某种不稳定的或者失控的行为。这类行为是儿童以及部分成人身上常见的一种社会行为。一般来说，冲动行为与个体所具有的自控能力水平有关，越年幼的儿童自控能力越低，冲动行为也越容易出现。这类儿童常常不假思索，快速对学习任务做出反应，且难以控制，而且儿童的快速反应常常是错误的，令儿童自己也懊恼（Kauffman，1989）。自控能力差、有冲动行为的儿童在游戏和社交情境中很容易遇到困难，由于其自控能力差，他们往往无法耐心地遵守游戏的顺序规则，很容易与他人发生纠纷。另外，存在注意力缺陷多动障碍的个体除了有多动、注意力分散行为之外，也很容易出现冲动行为。

对于儿童来说，冲动行为有多种表现形式，比如冲动尝试、脱口抢答、易激惹、缺乏耐心、心血来潮式行为等。但有时，冲动性行为若表现为攻击、自我伤害、发脾气等，则可能会造成严重后果。判断个体的冲动行为是否问题行为也是临床工作中遇到的一个难题。

（九）与进食有关的问题行为

与进食有关的问题行为也常常是在养育儿童的过程中被关注的一类问题行为，这类问题行为在有障碍儿童身上更常出现。这类问题行为有多种表现形式，如食物障碍、异食症、反刍、呕吐等行为。

食物障碍会严重影响到儿童的营养摄入，因此它是儿童期养育过程中常常被关注的一类问题行为。这类问题行为通常表现为个体持续地无法摄入足够食物，导致其难以维持正常的体重或者至少出现一个月以上的体重明显降低状况，而且此种状况非医学或者其他障碍原因所导致。但在实际工作中，食物障碍这类问题行为常常非常难以诊断（Didden, Sturmey et al., 2012），尤其在特殊儿童身上，很难排除特殊的生理特点、生理障碍与食物障碍之间的关系，而家长在养育过程中也常常将儿童的食物问题的原因归结为障碍或者生理问题。从外部表现形式来看，儿童期常见的食物障碍表现为两种，即拒绝食物和挑食。拒绝食物的儿童常常可能拒绝很多食物甚至完全拒绝摄入食物，导致无法获得足够的营养，引发营养缺陷及其有关的各种疾病。而挑食则是指儿童所吃的食物范围非常狭窄，或者对所给食物及其相关的刺激非常敏感。比如，儿童只喝杯子里的牛奶，但是拒绝喝其他容器中的牛奶。这类问题行为在自闭症儿童身上相对比较常见。

儿童期的进食问题除了食物障碍之外，还表现为异食症、呕吐及反刍等行为。其中，异食症指的是儿童摄取无营养的或者不可吃的物体（Matson, Belva, Hattier & Matson, 2011）。这一类进食问题可以表现为两种形式：一种是吃跟食物有关的东西，比如吃腐烂的食物、冰冻的食物或者从垃圾桶里找食物吃；还有一种吃的是非食物，如泥土、头发或者颜料等。有异食症的儿童常常会在生活的周边环境中到处寻找不可以吃的东西，然后放入嘴巴嚼碎并马上吞进肚子。由于儿童所吃的是不能吃的东西，因此，这类问题行为常常会引发家长的养育焦虑，担心其对孩子的身体健康造成危害。反刍则是指食物吞咽进入胃部之后回流至口腔、再次咀嚼后吞咽的行为（Lang et al., 2011）。有时也可称为反刍呕吐，即个体将已经吞咽进胃部的食物回流至口腔，出现呕吐的行为。有些儿童有时还会将手指伸入喉咙，引发恶心反胃，继而呕吐。此类行为很容易造成儿童营养摄入不良、体重过轻，影响发育并很容易使他们罹患疾病，甚至导致死亡。

（十）与性有关的问题行为

与性有关的问题行为在很多时候被称为青春期问题行为。虽是如此说，但此类问题行为并不仅仅见于青春期。在儿童年龄更小之时，在公共场所不恰当地碰触、裸露身体隐私部位的行为就有可能出现。不过，随着身体的生长发育与成熟，个体会很自然地产生性冲动和性需求，与此有关的行为出现的可能性会增加。这在患智力障碍、自闭症以及其他发展障碍的个体身上也是如此。进入青春期，这类个体也会出现暴露或抚触性器官、自慰、与异性或同性接吻、进行或模仿性行为等行为（Chamberlain et al.，1984；王雁，李海燕，2004）。有时，这类行为的出现是错误而不适当的，是偏离社会常规的，于是便会成为一种问题行为（王雁，李海燕，2004）。由于这类问题行为最不容于社会规范和交往礼仪，因此非常容易成为父母、教师教育过程中的难题。普通人士若出现此方面的问题行为，很容易被与违纪、违法等连在一起，个体也会被认为存在品行障碍。但在有智力障碍、自闭症以及其他发展障碍的个体身上，此类问题行为很难用品行障碍简单地进行解释。

香港社会福利署的研究（2002）显示，智力障碍个体在公共场所出现不恰当的与性有关的问题行为非常普遍。在他们所调查的多家康复机构内，所有智障个体都有在与他人接触时与人身体距离过近的问题，并且几乎所有个体都允许他人与自己身体距离过近，他们常常在公共场所展露自己的隐私部位（占81.8%）；故意触摸他人身体的隐私部位（占80%）；露骨地凝视他人的性器官，如臀部或（女性的）胸部（占72.7%）；自慰行为（占72.7%）；偷窥他人身体（占60%）；在非必要的情况下（如洗澡、护理等）允许他人触碰自己的隐私部位（占40%）；向他人说淫亵话语（占36.4%）或允许他人向自己说这种话语（占10%）；允许他人偷窥自己的身体（占27.3%）；允许他人向自己展露其隐私部位（占18.2%）；看色情类物品（占18.2%）等。

此类问题行为也是目前让很多特殊教育教师感到非常困扰、棘手的一类问题行为。有智力障碍、自闭症等发展障碍的儿童不恰当地在教室这一公开场所裸露、抚摸生殖器、自慰等，会给儿童自身带来不良影响——并且大多数此类儿童会将大量时间都专注于身体的自我刺激或者玩弄身体某部位上，难以在教室里进行有效学习，其整体社会适应能力水平非常低下；而且个体出现此类问题行为也是对其他学生的一种错误示范，对异性教师来说则是一件非常尴尬但又必须处理的事情。此类问题行为往往会破坏正常的教学秩序，是目前行为干预领域中非常棘手的一类问题行为。

第二节 与问题行为有关的原因

个体为什么会出现问题行为？这个问题是教师、家长以及专业工作者在面对儿童等个体出现的问题行为时常常需要回答的问题，也是在问题行为功能评估过程中必须回答的问题。但是，很多研究者发现，干预者在寻找这个问题的答案时常常会被错误的、不恰当的解释或者想法所误导，而这些错误的、不恰当的解释或者想法往往无助于干预者确定支持问题行为的当前环境因素，比如诱发、强化或者维持问题行为的环境变量，也因此很难确定有效的积极干预策略（Chandler & Dahlquist, 2002, 2006）。

一、常见的不恰当的解释

钱德勒和达尔奎斯特（Chandler & Dahlquist, 2002, 2006）认为，在对问题行为的产生原因进行解释时，有五种最常见的解释，分别是：坏孩子、残疾或者障碍、坏家庭或者糟糕的教养、糟糕的家庭环境以及以前的创伤或者糟糕经历。他们认为在开展行为干预过程中，要抛弃这些常见的不恰当的解释。

1. 坏孩子

持坏孩子解释的个体往往认为，问题行为是儿童故意或者有意做的；也就是说，儿童之所以出现问题行为，是孩子本身的错误，是孩子本身的问题。钱德勒和达尔奎斯特（Chandler & Dahlquist, 2002, 2006）认为，这种对问题行为原因的解释在我们的日常生活中普遍存在，但是如果坚持此种解释，则很容易将问题行为产生的原因全部归结于儿童，而不会再从儿童所处环境中寻找原因。而且，如果将问题行为产生的原因全部归结于儿童，那么指责儿童、对他们生气或者忽视他们就会变得理所当然。这样的一种对问题行为的态度也很容易导致父母、教师等人员不再努力寻找可以改变儿童问题行为的措施。即使勉强尝试，其脑海里所存在的"儿童的本质或者儿童的个性怎么可能改变呢"的消极想法也会无形中影响教育者的态度与行为。可以说，在父母或者教师尝试采取措施改变儿童问题行为的同时，他们并不真的认为这些措施会对儿童的问题行为产生效果，或者说他们并没有成功的期望，并不相信儿童的行为会有所变化。另外，持有此种观点的父母或者教师在面对儿童出现的问题行为时，也更可能采取惩罚的措施进行事后干预，而非基于儿童发展的特点，耐心地教其恰当的行为，或者调整外部环境进行提前预防。

在日常生活中，老师或者父母对孩子的某些说法实际上反映出其内心对孩子问题行为的本质认识。符合"坏孩子"解释的说法包括：

- 他从一生下来就是这样的。
- 他从小到大就是懒。
- 他就是特别想让人生气。
- 他就是好动。

2．残疾或者障碍

用儿童或者个体所存在的生理残疾或者障碍来解释他们的问题行为也是很常见的做法。由于很多有残疾或者障碍的个体常常会出现问题行为，因此，很多人会非常直接地认为个体的问题行为就是由于他们的残疾或者障碍造成的。比如，如果某个学生有注意力缺陷多动障碍，那么老师或者家长就会很自然地认为：学生上课时或者参加其他活动时所表现出来的多动、冲动、注意力分散等行为就是由于他的注意力缺陷多动障碍造成的，而跟周围环境没有关系。又比如，对于一个已经被诊断为自闭症的儿童来说，他所出现的刻板重复等问题行为很容易被老师和家长认为是由他的自闭症问题所造成的。

当父母、教师等人员理所当然地认为儿童的问题行为与其生理残疾或者障碍有直接的关系时，很容易让他们在面对儿童的问题行为时，不再反思自己所提供的外部环境（包括教育、教养的方法、手段、内容等）是否合适、是否与孩子的问题行为有关。他们更多的只是看到障碍以及由此造成的儿童能力低下，而忽视教育的任务本身就是要基于儿童的能力或者障碍特点去教儿童发展应有的技能。

持这种想法的个体通常在探讨儿童的问题行为时会不断地叙述儿童被诊断出来的残疾或者障碍，反复说明儿童所表现出来的各种不能，其通常的句式是：

- "他是_____（自闭症）"。
- 他能力很差，不会做_____，总是_____（问题行为描述）。

持有此种观点的父母、教师等人员要注意的是：即使是被诊断为注意力缺陷多动障碍的儿童，在不同时间、地点所表现出来的多动、冲动、注意力分散等问题行为的程度也是不同的，他们参与不同学科学习时的注意力状况也是有差异的。换句话说，注意力缺陷多动障碍确实让儿童相比其他没有此类障碍的普通儿童更容易在课堂学习、作业任务完成等过程中出现多动、冲动、注意力分散等问题行为，但是这不表明，他们在某节课、某个活动过程中一定会出现这些问题行为。自闭症儿童也是如此，虽然刻板、重复性行为是他们的核心症状之一，但这并不表明在某个时间段或者某项活动中他们一定会出现刻板、重复性行为。儿童所存在的自闭症这一障碍只是让他比其他普通儿童更容易出现这类问题行为而已。

3. 坏家庭或者糟糕的家庭教养

很多人认为，儿童在学校里出现问题行为与其父母或者其他照顾者糟糕的教养技能有关。这样的家庭也很容易被认为是坏家庭。确实，很多研究也发现，儿童的问题行为与父母的教养态度、技能有一定的关系。但若将他们的问题行为全部归结于父母的教养态度有误或者教养技能水平差，那么教师就很容易产生这样一种想法：只有父母改变其不良的教养态度，提高其教养水平，在家里很好地教养孩子，孩子在学校里才有可能表现出良好的行为。而在现实生活中，我们很容易发现，父母对孩子的教养态度以及他们的教养技能水平是很难在短时间内改变的。这是否意味着，教师对于儿童在学校内的问题行为就束手无措了呢。而且，如果坚持这一观点，那么对于儿童在学校里的问题行为表现，学校和教师则很容易认为他们是没有责任的，因此往往不再从其所处环境中寻找原因及干预方法。

在日常生活中，持这种观点的教师通常会有这样的说法：
- 家长太溺爱孩子，所以他现在才这样。
- 家长应该教孩子尊重别人。
- 家长太忙，什么也不管，所以他才这样。
- 他们在家里打小孩，所以这个小孩也学会了打人。

4. 糟糕的家庭环境

糟糕的家庭环境指的是儿童所在的家庭经济条件差、住房拥挤、环境嘈杂，或者儿童成长于单亲家庭，父母婚姻关系破裂，父母正在离婚或常常争吵及打架，家庭成员存在长期生病服药及吸毒等状况。对问题行为另一个常见的不恰当的解释是家庭环境的糟糕状态是孩子出现问题行为的原因，继而认为，只有家庭环境改善，儿童的问题行为才能得到改善。

钱德勒和达尔奎斯特（Chandler & Dahlquist, 2002, 2006）认为，持这种观点的老师同持"父母教养技能差是儿童问题行为产生的原因"这一观点的老师一样，在寻找儿童问题行为产生原因时，很容易仅仅停留在家庭所存在的一些不利于儿童成长的消极因素上，而很难从儿童问题行为发生的情境中寻找真正的原因。确实，在日常生活中，我们常常发现，成长于环境不利家庭的儿童比其他普通儿童更容易出现问题行为。但这并不表明，这些因素就是导致问题行为产生的直接原因。事实上，教师在面对来自环境不利家庭的学生时，往往会降低对他们学业成就以及行为方面的期望，或者持有与对其他儿童不同的期望。皮格马利翁效应告诉我们，对学生的高期望更能影响他们的学业表现。那么，学生的问题行为是否在一定程度上与教师教育行为的改变有关呢？或者说，问题行为是否与教师对这些儿童所设置的不利于他们发展的"非正常化"的环境有关呢？

5. 以前的创伤或者糟糕经历

这一种解释指的是个体当前的问题行为是由个体以往的创伤经历或者痛苦经历所造成的，比如性侵犯、身体虐待、精神虐待、意外事故等。也就是说，个体的问题行为是无意识因素的一种结果或者说是停留在儿童早期心理发展阶段的一种反映。这一解释是当前心理咨询领域，尤其是精神分析流派，常常持有的观点。

确实，在一些个体身上，我们在追溯其问题行为的最初起源时，会发现他们曾经经历过一些创伤事件，尤其是在有严重情绪行为障碍的儿童身上，我们很容易发现他们曾经遭遇过一些令他们痛苦的事件，比如被遗弃、受虐待，甚至身体受到严重的伤害等。因此，人们很容易认为当前的问题行为就是这些曾经经历过的事件所造成的。但是，如果人们认为只有以前的创伤或者糟糕经历要为当前的问题行为负责，就很有可能认为：如果我们不改变以往的创伤事件，那么问题行为就会持续地在个体身上出现。而且，在实际工作中，面对这类儿童的问题行为时，人们也很容易将他们转介到心理咨询机构进行咨询。但是，对于此类问题行为，个体当前所处环境中真的没有任何因素与其出现的问题行为有关联了吗？这类问题行为的出现是否也在一定程度上表明：个体需要重新学习一些行为与技能，来面对某些特定的环境与事件呢？因此，在行为干预实践中，即使个体可以通过心理咨询帮助其重新正确认识曾经遭受的创伤经历及其对个体行为的影响，也仍旧需要分辨当前环境中持续引发这类问题行为的重要因素，并开展行为干预，帮助个体学会新的行为与技能。

二、基于行为功能的问题行为原因解释

对于前面提到的几种关于问题行为原因的不恰当解释，持行为功能观点的研究者（如 Chandler & Dahlquist，2002，2006）实际上并不完全否定上述因素与个体问题行为之间的关系，而是认为在回答"为什么会发生问题行为"这一问题时，需要分清楚引发或者维持问题行为的直接原因以及与问题行为相关的间接因素之间的区别。在设计并实施行为干预的过程中，既要考虑问题行为产生的直接原因，也要重视间接因素，但是要认识到它们所起的作用是不同的。

（一）产生问题行为的直接原因

从行为功能的观点来看，行为的功能是产生问题行为的直接原因（有关行为功能的具体介绍，详见第三章）。换句话说，即环境中的一些因素与变量是维持问题行为在某些环境中持续存在的真正原因。因此，如果人们要改变问题行为，需要通过改变或者调整环境中的这些因素或者变量进行。

比如，对于患有注意力缺陷多动障碍的儿童来说，虽然其大脑功能的轻微失调使得其注意力存在缺陷，但是其家长和教师仍旧可以发现一个现象：这一类儿童并不是在所有的课程或者所有的学习活动中都出现多动等注意力缺陷的症状。也就是说，患注意力缺陷多动障碍的儿童在不同环境中出现的注意力分散行为的水平是不一样的。在由不同教师组织的课堂教学活动中，他们有时候能够集中注意力，更少出现注意力分散行为，而有时候他们则很容易出现注意力分散行为。

这就意味着，儿童所处环境中的某些变量对其注意力分散行为具有重要而直接的影响。

更加明确地讲，在实际工作中，我们实际上不是要回答"为什么个体会发生问题行为"，而是需要回答"为什么个体在这个环境中或者这个时候、这个地方会发生问题行为"。研究者只有从个体问题行为发生情境中寻找答案，才能真正帮助干预者开展有效的行为干预。

一般来说，引发或者维持问题行为持续存在的环境变量主要有两类：一类是发生在问题行为之前的事件，称为前奏事件；另一类是出现在问题行为之后的结果，即行为结果。

前奏事件常常直接引发了个体的问题行为。比如，有些儿童之所以发脾气或者出现攻击行为，是因为之前父母拒绝了他所提出的要求。在这里，父母的拒绝才是直接引发儿童问题行为的环境变量。又如，在儿童出现不顺从行为之前，都有老师、家长或者其他人员用某种方式发出指令，要求其完成某件任务，不管儿童出现的是消极拒绝还是强硬拒绝，都与之前布置的任务有关。如果没有他人要求其完成任务，那么其不顺从行为也就不会发生。因此，前奏事件通常是个体问题行为发生的直接原因。

行为结果则是出现在行为之后的环境事件。行为功能评估的分析方法本来源于应用行为分析。在分析行为发生的原因时，其重点常常在于分析维持或者强化行为的强化规律，即分析操作性行为规律。斯金纳基于动物实验的结果提出行为具有可操作性（Skinner，1953），认为人类的行为主要受到行为结果本身的影响，而且可以通过加强或者减弱行为的结果，直接对原有行为进行操纵，进而达到改变行为的目的。行为功能的观点也认为，行为的结果才是直接导致行为持续存在的原因；改变行为结果的性质，也可以改变个体对前奏事件的反应。比如，小凤对老师布置的作业常常采取不顺从的态度，但是当老师提出如果完成作业就可以玩10分钟的电脑游戏时，小凤很快就完成了作业。在这个例子中，小凤之所以没有像以往一样出现拒绝行为，与老师所给予的任务完成之后的10分钟电脑游戏奖励有直接关系。

（二）与问题行为有关的因素

虽然行为功能的观点认为，问题行为之所以在某个情境中出现，与行为发生之前的事件与行为出现之后的结果有直接关系。但是这并不等于说其他因素不会对问题行为产生影响。前面所提到的几种不恰当解释所涉及的五类因素：个体本身的特点、残疾或障碍、家庭教养技能、家庭环境以及以往的创伤经历等，仍旧与问题行为的发生有关联。认为上述解释不恰当并不是完全否定这些因素与问题行为之间所存在的联系，事实上，大量的研究也证明这些因素与问题行为的产生有着密切的关系。

比如，残疾或障碍很容易影响个体的能力发展。研究者对一些残障个体的研究发现，问题行为的出现与个体能力发展水平有重要关联。比如，自闭症个体的社交技能缺陷常常使得他们在独立适应环境功能方面存在困难，而行为问题的出现也与此有一定的关系（Carr & Durrand，1985；Matson & Tessa，2008）。保罗（Paul，2005）的研究结果也显示，自闭症儿童的功能性交流技能水平，尤其是理解性交流技能水平，对确定学龄前自闭症儿童的问题行为功能结果具有重要作用。这类个体所表现出来的某些行为问题被认为具有交流的功能，比如逃避不喜欢的活动，获得社会关注和某些刺激物等。另外，有相当多的研究显示，个体的学业水平与问题行为有紧密的联系。如果学生的学业水平很低，很容易导致他们出现逃避作业任务之类的问题行为（如 Nelson，Benner，Lane & Smith，2004；Roberts，Marshall，Nelson & Albers，2001），而通过对学生的学业进行干预也可以改善他们的问题行为（Barton-Arwood et al.，2005；McIntosh，Horner et al.，2008）。麦金托什等人（Mcintosh，Horner et al.，2008）提出了一个学业和问题行为之间的关系图，如果儿童的学业水平较低，他们常常会以问题行为的方式逃避他们所厌恶的作业；如果老师以撤销作业等方式对之进行反应的话，那么就可能产生三种结果：①学生未来更有可能用问题行为来应对作业；②教师更少给学生布置作业；③学生的学业技能更有可能不像其他同学一样得到提高。

又如，不少研究者认为父母的教养技能会影响到儿童未来的成长（Baumrind，1968，1971，1976；Maccoby & Martin，1983）。鲍姆林德（Baumrind）等人从父母对儿童的要求和反应两个维度对父母在家庭教养中的权威性进行了描述。其中，父母的要求指的是父母在养育过程中对儿童行为所建立的期望和规则，以及对儿童是否达到这些期望、遵循这些规则的监控；而反应则是指父母对儿童需要的敏感性、对儿童努力的支持程度以及对儿童想法、情感以及活动的兴趣等。基于这两个维度，他将父母教养方式分为三类：权威型、专制型、溺爱型。马克比和马丁（Maccoby & Martin, 1983）在其研究基础上又增加了忽视型。根据他们的研究，父母的教养方式与儿童的发展、是否出现某些问题行为有密切的关系。例如，对于专制型的父母，他们对儿童采取的是严格控制型的教养方式，较少对儿童的需求、情感进行反应，对于儿童出现的抵触行为，也更多地采取严厉惩罚等手段。在此环境中成长起来的儿童则很容易出现焦虑、退缩等负面的情绪和行为。而在溺爱型家庭中成长起来的儿童则往往表现得非常不成熟，自我控制能力较差。当出现他人要求与自我愿望不相一致的情况时，他们常常难以控制自己的冲动，因此，冲动行为、哭闹等发脾气行为在这类儿童身上非常常见。而在忽视型家庭中成长起来的儿童则由于父母极端的忽略，成长经历中常常存在严重的情感生活和物质生活的剥夺，被认为出现各类问题行为的可能性很高。从行为功能的角度来说，他们可能存在深刻的寻求他人关注的需求。对于父母来说，他们对儿童进行正确评价的能力以及对其学业、行为的恰当期望与儿童的良好行为表现也存在重要关系，而前者也体现了父母所具备的家庭教养技能水平。比如，约翰森（Johnston, 2011）以113名母亲及她们4—7岁的孩子为对象，研究了母亲预测孩子在执行功能任务上的表现的能力与孩子问题行为之间的关系。结果发现，母亲预测的孩子执行功能水平与孩子真实表现存在的绝对差距，以及母亲低估孩子的能力水平，可以用来预测儿童出现问题行为的水平。

家庭不利环境也常常是研究者所关注的因素。一些研究者对家庭经济困境与儿童发展之间的关系进行了研究，认为家庭经济困境很容易导致家庭功能出现严重的问题，继而影响到儿童的健康发展（Coley & Chase-Lansdale, 2000；Gulati & Dutta, 2008）。来自于经济不利家庭的儿童更有可能经历父母关系不和谐、吵架以致家庭破裂等事件，他们更有可能表现出多种社会适应不良行为、反社会行为以及其他问题行为（Sampson & Laub, 1994；Shek, 2005）。比如，派特（Paat,

2011)对1222对父母进行了调查,运用结构方程分析方法对家庭经济困境、父母和谐程度以及儿童反社会行为之间的关系进行了分析。结果发现,家庭经济困境会使家庭成员的压力和不和谐水平增加,甚至爆发严重的家庭纠纷,而这些都会对儿童的行为产生严重影响。他们的研究发现,来自不和谐家庭的孩子出现反社会行为的可能性更高。

可见,上述因素与问题行为的产生都有一定的关联,有时甚至是非常重要的关联。行为功能的观点也认为需要重视这些因素。比如,凯斯丁(Kazdin,2001)谈到,儿童早期生活中经历的问题、创伤是问题行为产生的最初原因,会对儿童之后的行为产生影响。因此,他强调,在问题行为功能评估过程中,找到这些最初的原因是非常重要的。但是个体本身的特点、家庭环境、父母的教养技能水平以及儿童以往的经历等仅仅是会对问题行为产生影响的相关因素。它们并不一定会让个体产生某些问题行为。对于某个个体来说,之所以在某个情境下产生一些问题行为,当时情境中的某些因素才是直接原因。而上述因素的存在只是使得个体比其他人更容易产生问题行为,即只是提高了产生某些问题行为的可能性。比如,注意力缺陷多动障碍使得这类儿童比其他普通儿童更容易出现多动、冲动、注意力分散等行为,但不等于说他在某个时间、地点一定会出现此类问题行为;又如,受过虐待、遭到遗弃的儿童比没有这些遭遇的儿童更容易出现攻击、退缩等问题行为,但他们之所以在某个时间或者某个活动中出现这类问题行为,仍旧与其当时所处的情境有更直接的关系。

总之,在分析个体的问题行为的产生原因时,既要确定引发或者维持问题行为的直接因素,也要综合考虑相关的环境变量。后者会使个体对环境中发生的事件产生不同的反应,也会影响到行为干预的设计与实施。

第三章

行为功能与评估

在前面两章中我们已经提到，积极行为支持非常强调要以行为功能为基础开展干预。本章将详细介绍行为功能的概念、主要表现以及具体的评估方法。

第一节 行为功能概述

一、行为功能的概念

行为的功能就是行为服务的目的或原因。从20世纪80年代末至90年代初提出积极行为支持以来，很多研究者认为，开展问题行为干预要根据问题行为的功能特点进行，认为行为功能是维持行为持续存在的因素。不管是适当行为还是问题行为，所有持续存在的行为都有一定的目的，且这个目的通常与个体所处环境有关（Chandler & Dahlquist，2002，2006）。

行为具有某种功能，意味着环境中所存在的某些因素可能对个体行为起到了某种强化作用，行为之所以持续、反复出现就与这种强化作用有关。因此，在理解行为功能时，首先需要理解强化和强化物的概念。所谓强化，指的是"某种行为发生之后，所跟随的结果能够导致将来该行为发生概率增加的过程"（Miltenberger，2001）。而行为得到强化通常表现为行为发生次数、持续时间增加或者行为强度得到某种程度的增强。通常，根据强化的时间程式，可以分为连续强化与间歇强化，前者是行为发生之后每次都能获得强化，而后者则是偶尔、间歇地获得强化。而根据行为结果形式，则可以分为正强化与负强化，其中正强化指的是个体行为发生之后获得了某种令人满意的刺激物，因此行为得到了加强；而负强化则是行为发生之后导致了某种厌恶刺激的撤销、移去、减少或者延缓到来，因而行为得到了加强。比如，儿童在母亲不同意购买玩具的时候大声哭闹，最后妈妈没有办法只好为其买了玩具，之后儿童的哭闹行为因为妈妈同意其购买玩具得到了加强，这是一个正强化的过程。而对妈妈来说，因为满足了孩子的要求使得孩子的哭闹停止了，因此，下一次她更有可能在孩子哭闹的情况下满足孩子的要求，这个行为的加强则是负强化的结果。

不管是正强化还是负强化，都会涉及强化物。一般来说，出现在行为之后、提高行为出现可能性的刺激物或者事件都可以是强化物，它们能够满足个体的需求。强化就是用强化物增加个体行为发生的可能性（Miller，2006）。在正强化过程中，强化物指的是行为发生之后呈现给个体的刺激物或者事件。比如在上述孩子哭闹的例子中，玩具就是一种强化物，这种强化物是一种正强化物。而在负强化过程中，强化物指的是某种厌恶刺激的撤销、移去、减少或者延缓到来，这种强化物是一种负强化物。但在日常生活中，强化物常常指的是正强化物。

对于强化物，日常生活中常常存在一些误解，比如，认为个体获得了大多数人认为好的东西，其行为就得到了强化；反之，如果行为之后出现的是大家都公认的"惩罚"，就认为是在惩罚个体。在理解行为功能时，要区分日常所说的"强化"与行为干预技术中所指的"强化"之间的区别。在行为干预领域，只要能够增加个体行为、出现在个体行为之后的结果就是一种强化物，不必去考虑该种结果是否被大家公认是令人满意的或是令人厌恶的。

二、行为功能的分类

对于行为功能的分类，主要是依据行为强化的特点与规律进行分类。不同研究者有不同的分类方法，主要有二分法、三分法和四分法。二分法即将行为的功能分为正强化和负强化的功能（Umbreit, Ferro et al., 2007）。三分法则是将行为功能分为正强化、负强化，以及感觉刺激与感觉调整功能（Chandler & Dahlquist, 2002, 2006）。四分法则是将行为功能分为四种，即社会性正强化、社会性负强化、感觉性正强化与感觉性负强化（Miltenberger，2004）。

（一）二分法

二分法将行为功能简单地分为正强化和负强化两种功能。若行为出现之后出现了令其满足的强化物，即为正强化功能。强化物包括外界提供的强化物以及行为出现之后带来的生理愉悦感等。比如，大脑发育迟缓的4岁儿童小强，每次要妈妈带他去哪里或者要远处的某样东西时，他就会用双手使劲地抓住妈妈的头，并将妈妈的头转向他希望的那个方向。然后妈妈就会抱着他去他要去的那个地方或者将他要的东西给他。对于小强来说，他抓住妈妈的头将其转到某个方向时并没有很多关于"如果我将妈妈的头拨过去，妈妈就会带我去"之类的主动思考，他只是做了这个在过去一直带给他满意结果的行为而已。

而负强化功能则是行为出现之后令个体厌恶的刺激移去、减少或者延缓到来。其中厌恶刺激既包括外界环境中所存在的厌恶刺激，也包括身体内部的厌恶刺激。比如，与母亲有分离焦虑的孩子常常表现出拒绝上学的行为。当面对要与母亲分开（如母亲上班、自己要去上学等）的情境时，孩子可能会采取发脾气、哭闹或者诉说身体疼痛、不舒服等方式。如果孩子出现这些行为之后，母亲同意了孩子不去上学或者延缓了上班、上学的时间，那么孩子在面对要与母亲分开的场合时就更有可能采取类似的行为。这一类发脾气或者诉说生理不舒服的行为的功能就是负强化的功能。

（二）三分法

三分法即将行为功能分为正强化、负强化，以及感觉刺激与感觉调整功能。

1. 正强化功能

三分法中的正强化功能是指行为为个体带来了令其满足的或者积极的强化物，如获得了他人的关注、玩具、糖果等。这一类强化物通常是外界提供的强化物，不包括身体内部带来的愉悦感与舒服感。钱德勒和达尔奎斯特（Chandler & Dahlquist, 2006）提到，在确定某个行为功能是否是正强化功能时，要考虑两点：一是行为之后的结果是否是令人满意的或者积极的，要从行为的发出者角度去考虑，而非着眼于周围人对这个结果有什么看法；二是即使已经确定个体的行为结果是积极的，也不能认为个体是主动地、有计划地去产生某种特定结果的行为。换句话说，个体只是习惯性地做出了过去常常产生某种结果的行为而已。

2. 负强化功能

负强化功能则是指个体做出行为之后，某种厌恶刺激停止、减少或延缓出现，或者某个厌恶的人物离开或者不再出现。钱德勒和达尔奎斯特（Chandler & Dahlquist, 2006）所提到的负强化功能中的厌恶刺激是指个体所处外部环境中存在的刺激物,而非来自个体身体内部的刺激物。通常,具有负强化功能的问题行为表现是个体拒绝、逃避或者回避某些特殊的事物或人等。

3. 感觉刺激与感觉调整功能

感觉刺激与感觉调整功能指的是行为可以调节(增加或者减少)环境中某些感觉刺激输入的水平、类型,或者产生某种感觉刺激。这一类行为是由非社会化的结果来维持的(Shore & Iwata,1999),属于自动化强化的功能。钱德勒和达尔奎斯特(Chandler & Dahlquist,2006)在提到这一类功能时认为,这一种行为的结果可能与感觉调整、感觉刺激以及特殊的生理或者神经结果有关。具体来说:

(1)感觉调整。它指的是最佳刺激理论中所提到的体内平衡或者觉醒水平调整。曾特尔夫妇(Zentall & Zentall,1983)提出的最佳刺激理论认为,从生理的角度来说,每个个体都有一个最适当的或者最佳的刺激水平(或者最佳兴奋水平)。对不同个体来说,最佳的刺激量是不同的,如果个体在某个时间未处于最佳刺激水平状态,就会努力寻求维持这一最佳水平的刺激。而且每个人都有一套复杂的感觉系统,包括视觉、听觉、味觉、嗅觉、触觉、本体感觉等,不同感觉通道都有自己的最佳刺激水平。当某方面感觉通道的刺激水平低于最佳刺激水平时,个体就会做出某些行为来提高这一感觉通道的刺激水平;反之,则会做出降低刺激水平的行为。此时,个体的行为功能就是感觉调整的功能。

比如,对于一些具有高触觉刺激水平的儿童来说,在几分钟内如果双手不触摸任何物体,他就有可能立刻做出抚摸自己或者他人、碰触物体之类的动作,其目的就在于寻求触觉刺激的满足。这一类抚摸或者碰触身体、物体的动作可以为他们带来更多触觉刺激,提高他们体内的触觉兴奋水平。

(2)感觉刺激。这一类行为可以给个体的身体带来令人满意的结果。具有感觉调整功能的行为通常是在个体的刺激水平没有达到最佳水平时产生。换句话说,不管是何种调节方式——不论是增加还是降低某种感觉刺激水平——其目的都是减少非最佳刺激水平带来的不适感。而感觉刺激则会给个体带来舒服、愉悦的感受。比如,刚刚接触摇头丸之类毒品的个体之所以服用摇头丸,是为了追求某种兴奋的感觉。

(3)生理或者神经结果。特殊的生理或者神经结果是某些持续性的自我伤害以及自我刺激行为最常具有的功能。个体之所以出现此类行为一般与他们大脑所存在的神经发育紊乱或者生化不平衡状态有关。比如，某些自闭症儿童所出现的刻板性的自我伤害行为（如撞头、抠皮肤等）可能与他们大脑的特殊生理状态有关。在这些个体身上，会让普通人产生疼痛感觉的伤害身体的行为似乎并没有让他们产生类似的疼痛反应。而在某些特殊情况下，给予他们止痛药反而能使其自我伤害行为停止，这也从某个角度说明，他们的身体存在特殊的疼痛。打头之类的自我伤害行为可能在一定程度上可以减轻这种疼痛。事实上，这种做法在日常生活中非常普遍，人们常常在身体出现疼痛时通过敲打自己的身体来减轻这种疼痛。

（三）四分法

四分法则是根据强化物的来源将行为功能划分为社会性正强化、社会性负强化、感觉性正强化和感觉性负强化。

1. 社会性正强化

这一类行为产生的结果通常来源于外界令个体感到满足的刺激物，如老师和同伴的关注等。社会性正强化的功能类似于前面三分法中的正强化功能。

2. 社会性负强化

具有社会性负强化功能的行为通常是逃避或者回避行为。其厌恶的刺激物存在于个体所生活的环境中。比如，当老师布置作业的时候，小童就开始大声地持续地发出"啊，啊"的声音，直到老师让他坐在教室的后面，不再做作业。此时，小童大声持续地发出声音的目的就是拒绝完成老师布置的作业。社会性负强化的功能类似于前面三分法中的负强化功能。

3. 感觉性正强化

感觉性正强化的功能指的是个体的行为可以为个体的身体带来生理或感官方面的舒服和愉悦的刺激，此种功能类似于三分法中所提到的感觉刺激。

4. 感觉性负强化

感觉性负强化的功能则意味着个体的行为可以帮助个体减轻、消除或者延缓身体的不舒服状态。比如当个体出现头痛的时候会用拳头拍打自己的头部，这种拍打动作可以减轻头部疼痛，具有感觉性负强化的功能。此种功能有点类似于三分法中提到的感觉调整。感觉性正强化与感觉性负强化都属于自动化强化功能，即不管是正强化物还是负强化物，其强化物都来自于个体生理的内部，而非外部环境。

个体的问题行为常常不只有一种功能。比如，昝飞、谢奥琳（2007）对一名自闭症儿童打头、离座、扔东西等行为进行了功能评估，结果发现该儿童的问题行为具有多种功能：其主要功能是正强化功能——为了获得教师的关注；其次是负强化功能——逃避作业等任务；有时也具有感觉刺激这一自动化强化的功能。

马特森和赛普斯等人（Matson, Sipes et al., 2011）对 173 个针对挑战性行为类型及其功能采用功能评估方法开展的研究进行了回顾。研究显示，攻击行为最常出现的功能是逃避或者回避作业要求；接着是获得刺激物；比较少出现的是非社会化的强化，也就是自动化的感觉强化。又如，伊瓦特等人（Iwata et al., 1994）的研究显示，严重智力落后个体身上的自我伤害行为的功能包括：逃避或者回避社会交往（38%）；获得他人关注（26%）；获得感觉刺激（26%）；其他多种功能（5%）。

阿尔文等人（Ervin et al., 2001）在一项对 1980—1999 年有关功能评估中行为功能流行率的综述研究中发现，无障碍个体的问题行为有 47% 是为了获得成人关注，43% 是为了获得刺激物或者活动，20% 则是为了吸引同伴关注，3% 是为了逃避或者回避学习作业，同时具有多种功能的占 37%。而有障碍个体则有 44% 是为了逃避或者回避作业，26% 是为了获得成人关注，13% 是为了获得刺激物或者活动，11% 是为了获得感觉刺激，4% 是为了获得同伴关注，另有 2% 是为了逃避或者回避社会交往，1% 是为了逃避感觉刺激，21% 为具有多种功能。

除此之外，研究者认为在存在发展障碍、沟通技能低下的个体身上，问题行为常常具有的一项重要功能是交流。卡尔和杜兰德（Carr & Durrand, 1985）对一些有发展障碍的个体的不良行为进行了研究，他们通过功能性沟通训练的方式教这些个体用恰当的方式获得他人的注意，而之前他们是通过攻击、发脾气和自我伤害等行为来达到目的的。结果显示，提高个体的沟通能力可以有效地减少他们的不良行为。在艾弗林顿（2005）著的《中重度障碍学生的教学——在全纳性教育环境中的应用》一书中也提到过一个关于攻击性行为的案例。这个叫莫娜的女孩小学时在一个只有 5 个学生的特殊班级上课，之后进入了一所普通中学，全班共有 23 个学生。班级中的同学对她很友好且热情，一下课总是有很多同学围着她，拉着她去操场、卫生间等地方。但进入这个班级没多久，莫娜就出现了咬同学、拉扯别人头发的不良行为。同学们经过观察发现，莫娜之所以会出现这些行为，是因为她想通过这些行为获得自由的空间。她不喜欢在课后有很多同学围着她，也不喜欢同学们还没等她回答就随便带她去做什么事情。因此，每当有很多人围着她，拉着她去一些地方的时候，她就会出现咬人、拉扯别人头发的行为。莫娜这个看起来有点攻击性的行为实际上具有表达功能，她想告诉同学们她不愿意做那些事情。基于这个分析，同学们通过示范模仿、角色扮演等方式教莫娜在需要的时候做出"停止"的手势。当莫娜掌握这个手势之后，她咬人和拉扯别人头发的行为也就消失了。因此，对于存在发展障碍、能力严重受限制的儿童来说，在处理他们的行为问题时要注意分析他们的沟通能力，确认他们的行为问题是否具有沟通功能。对于这类个体来说，加强沟通能力的训练通常是行为干预计划的一部分。

第二节 行为功能评估

一、行为功能评估与行为功能分析

（一）行为功能评估的概念

行为评估指的是干预者通过访谈、测验、观察等方式来收集行为当事人的信息，并运用分析、推论、假设等方式对个体的行为性质进行判定，并对需要矫正的问题行为的基本特点以及环境因素进行详细测量的过程（岑国桢，李正云，1999）。而行为功能评估（function-based behavioral assessment，简称FBA）则是基于行为功能的一种行为评估方法，指的是一种收集用于确定问题行为功能的资料以及可以预测未来行为发生的事件的方法（Sugai et al., 2000），也是通过收集、分析行为资料以了解行为功能的过程。在这个过程中，研究者要采用一定的方法来识别和预测与问题行为持续存在有关的环境因素或者事件，继而在此基础上对行为的功能进行分析。

(二) 行为功能分析

而行为功能分析（functional analysis，简称 FA），也称功能分析，则是行为功能评估中的一个重要方法与环节，它不同于其他形式的行为评估，是一种通过对环境变量进行实验操控（即控制行为发生之前的前奏事件、问题行为出现之后的结果事件）以验证行为功能假设的方法。伊瓦特等人首次通过实验设计明确地将功能分析确立为一种功能评估方法（Iwata et al.，1982，1994）。功能分析方法目前被认为是识别行为功能以及相关环境因素的一种有效方法，非常有助于干预者设计处理并减少问题行为的干预措施（Reid & Nelson，2002）。我们将在后面详细介绍具体评估方法。

二、行为功能评估过程

面对一个转介过来被认为存在问题行为的个体，对其行为开展功能评估一般要经历以下三个阶段：确定问题行为；实施功能评估；确定并验证行为功能。

(一) 确定需要干预的问题行为

这实际上是问题行为筛选的阶段。在这一阶段，干预者需要对个体所出现的行为是不是问题行为以及是否需要进行干预做出判断。

1. 描述问题行为

描述问题行为是问题行为筛选阶段的第一步。在这个过程中，干预者首先要对可能是问题行为的行为进行操作性定义。在行为干预领域，行为指的是任何可观察到的或者可测量的动作或者活动（Sundel & Sundel，2005）。因此，干预者先要将那些令当事人烦恼的问题转化为可以客观地观察和测量的具体行为，即用明确的语言对行为进行仔细描述，达到让不同观察者所测量和观察的行为目标都为同一个行为目标的水平。

对问题行为的描述可以分为两部分：一是对问题行为的常规描述；二是描述一

系列具体的可观察、测量和重复的问题行为表现（Umbreit, Ferro et al., 2007）。常规的描述一般是词语或者短语，是对某个目标行为的概括或命名，如攻击行为、刻板行为。而行为的具体表现则是至少要有 2 个或者 2 个以上观察者都同意的，在个体身上出现的目标行为的具体表现，请见示例（见表 3.1）。

表 3.1　对问题行为的描述示例

	常规描述	行为具体表现示例
1	破坏物体行为	将桌上的书推到地板上； 折断铅笔； 撕扯书本及作业本。
2	刻板行为	坐在位置上前后不断摇晃； 反复转圈。
3	课堂扰乱行为	用笔敲击桌子持续地发出噪音； 未经教师同意突然站起来离开坐位在教室里走动。

对问题行为进行正确的操作性定义对之后的问题行为功能评估及干预工作是非常重要的。如果对问题行为的描述出现错误，也就意味着来自于不同观察者和访谈者的信息所针对的具体行为可能是不一样的，这将影响对行为的分析，功能评估的结果可能会出现错误。表 3.2 呈现的是错误的行为描述示例：

表 3.2　行为描述错误示例

	常规描述	行为描述错误示例	错误原因
1	白日梦	上课时想与作业无关的事情。	很难确定观察对象是否在想与作业无关的事情，而且非常难以测量。
2	不尊重同伴	拒绝听从同伴指令； 对同伴说脏话； 做让同伴发怒的事情。	● 行为示例不属于一类行为，如拒绝听从指令与其他两种行为不属于同一类行为。 ● 对行为后果（让同伴发怒）的描述代替了对行为的描述。

虽然在行为干预领域，行为可以包括外显的行为和内隐的行为，但内隐的行为

需要用特殊的方法（如行为当事人自我报告或者用仪器监测生理指标等方式）来反映，否则内隐的行为很难为他人所观察。因此，在对问题行为进行描述时，虽然进行常规描述时可以选择一个内隐的行为名称（如白日梦或者不尊重同伴），但为了观察及测量，在描述行为示例时则必须使用外显的行为。类似表格中所提到的"上课想与作业无关的事情"，如果不经个体自己报告，观察者很难确认个体是否真的是在想与作业无关的事情。

另外，研究者在遇到个体存在多种问题行为时，有可能要将几种问题行为归于同一行为组，但有时可能会出现将不应该同属一组的行为归为一组的情况，虽然这对行为评估结果不会造成特别的影响，但是干预者在评估过程中要注意对行为归组方式进行正确调整。一般来说，服务于同一种功能的行为可被认为归于同一行为组（Umbreit, Ferro et al., 2007）。因此，两个看起来表现形式不同，但产生的行为结果相同的行为可以归为一组。比如，可以将大声尖叫和敲击桌子这两个行为归为一组，假如它们的行为功能都是为了获得老师的关注的话。

2. 确定需要干预的问题行为

在对问题行为进行操作性定义之后，可以通过访谈和观察法等方式收集有关行为的严重性的资料，以便对问题行为是否需要干预进行判断。涉及的相关行为观察和测量指标有：

- 行为频率（即某段时间内行为的发生次数）
- 持续时间（行为每次发生时的持续时间）
- 强度（行为发生时的力量或者强度）
- 行为的潜伏期（行为需要多久才会开始出现）
- 行为图（行为发生时的整个情况）

其中，行为频率、持续时间和强度是最常被观察和测量的三个指标，这三个指标常常用于判断个体问题行为的严重性。如果某个行为发生频率很高，每次持续时间较长，或者行为发生时强度较高，则更有可能被判断为是需要干预的问题行为。钱德勒和达尔奎斯特（Chandler & Dahlquist, 2006）认为，在考虑某个问题行为是否需要进行干预时可考虑以下问题：

(a) 行为是否干扰了个体的学习（生活或工作）？

(b) 行为是否干扰了其他人的学习（生活或工作）？

(c) 行为是否干扰了或者阻碍了某种社会关系的建立？

(d) 行为是否对当事人的自尊有负面影响？

(e) 行为对个体来说是否很危险或者有危害？

(f) 行为是否会危害或者危胁到其他人的安全？

(g) 行为是否常常发生？

(h) 行为与其年龄相称吗？

若对（a）—（f）的回答为"是"，一般会被认为需要干预，尤其是在个体的问题行为常常发生且与年龄不相称的情况下。另外，在临床工作中，在判断儿童的问题行为是否需要干预时，尤其要重视当前的问题行为可能给儿童的学习、生活及未来发展带来的负面影响。也要考虑到教师及家庭对儿童行为问题的担心与焦虑程度。后者的态度以及与此有关的行为反过来又会作用于儿童，反而可能在儿童周围制造出一个"非正常化"的环境，更加不利于儿童的健康发展。比如，当家长总是认为孩子听不懂自己所讲的故事时，他们给孩子讲故事的机会就会减少，孩子接触语言信息的机会也会进一步减少。在问题行为还不严重时就积极介入并开展干预，对儿童的健康发展具有重要意义，对问题行为的严重化也更具预防作用。当然，问题行为的严重程度不同，行为干预的介入程度也会有所不同。

（二）实施问题行为功能评估

在确定问题行为之后，干预者需要对问题行为进行行为功能评估，即对维持问题行为的各个变量进行识别和确认，主要需识别三类变量，即前奏事件、情境事件和行为结果事件。

1. 前奏事件

前面已经提到过，前奏事件指的是发生在行为之前的事件。在大多数情况下，前奏事件可能是诱发个体出现问题行为的直接原因。比如，妈妈拒绝了孩子购买新玩具的要求，然后孩子就哭闹起来。妈妈的拒绝就是诱发孩子哭闹的直接原因。

在问题行为功能评估过程中，对于前奏事件信息的收集一般比较容易，通过访谈和行为观察等方式就可以让干预者很容易了解行为发生之前常常出现的事件，并确定这类事件与行为发生之间可能存在的关系。课堂环境中常见的前奏事件如图 3.1 所示。

教学活动	提问
警告信号	预告信号
图片线索	规则
缺乏关注	成人或同伴关注
高难度的任务	容易、喜欢的活动
枯燥的活动	有趣、具有刺激性的活动
记录表格	身体示范
"如果……就……"的陈述	框架
有反应机会	没有反应机会
行为示范	警告
出现错误	成功
给予选择	手势
被戏弄	要求
不喜欢的材料或者作业	喜欢的材料或者作业
辅助	提示

（引自 Chandler & Dahlquist, 2002, 2006）

图 3.1 课堂环境中常见的前奏事件

2. 情境事件

情境事件也可称为背景事件，一般是指出现在行为发生之前，但在行为发生过程中一直存在的各种环境因素。比如，个体本身的某些特征，包括生理状态、障碍程度、认知水平、社交能力水平、运动技能水平等；物理环境特点，如所处场所的背景噪音水平、物品摆放的杂乱水平等；社会因素，如父母的家庭教养方式、家庭经济条件、老师或者家长对个体的期望水平、周围人的接纳态度、所经历的创伤性事件、特殊的成长经历等。与学生行为有关的情境事件如表 3.3 所示。

表 3.3　与学生行为有关的环境事件

生理或生物学因素	物理或环境因素	社会或情境因素
疾病、过敏	噪音	学校放假，节日
疲劳	照明	活动结构
饥饿	空间大小，拥挤	消极的同伴交往、打架
药物	高活动水平或低活动水平	上课或者某个活动迟到
疼痛	视觉分心	常规活动时间表变化
过度或过少刺激	不太熟悉的环境	消极的师生关系、学生与其他成人关系
一天中某段时间	坐位安排	特殊人物在场与否
体育活动	活动顺序	与家庭成员有关的因素
睡眠剥夺	活动水平	吵闹或者糟糕的早晨
		与家有关的因素
		转换教室
		活动过渡

（引自Chandler & Dahlquist，2002，2006）

　　个体本身所具有的某些特征可能会使得他们对某个前奏事件的反应有所不同。在问题行为功能评估过程中，要了解个体本身的这些特征是否对问题行为持续出现产生影响。比如，个体生理上的疼痛是否可能是个体反复出现哭泣、撞头等行为的一个重要原因；个体是否存在某些感觉刺激满足的特殊需求，因而需要不断做出某些行为去满足这些需求；学生拒绝完成老师布置的作业是否与他们的能力水平无法达到作业水平有关；学生是否由于障碍程度严重而存在社交技能低下的问题，是否因为没有掌握正确表达的方式，需要用问题行为来表达其内心的想法或愿望。总之，在问题行为功能评估过程中，要了解个体是否存在某些特殊性，使得某些问题行为的出现更加容易，具有更高可能性。

　　物理环境的某些特点也会对个体的行为产生影响。脏乱、嘈杂、拥挤、不良天气情况都可能会使某些个体出现问题行为的可能性增加。比如，某个智力落后的学生忘记带自己的语文书了，上语文课时老师给了他同学的语文书。可是上课时该同学反复出现摸书中某一行字后闻一下手继而使劲甩手的行为，老师进行提醒、批评之后该学生的问题行为仍旧不断出现。老师经仔细观察发现，该同学所摸的那行字是语文书的主人用修正液涂抹过的，且没涂多久。该同学是个嗅觉很敏感的孩子，修正液的味道令其非常不舒服，因此不断地做出摸书之后甩手的动作。

社会因素也可能是导致个体很容易发生某些问题行为的间接原因。比如，儿童之所以拒绝完成作业，除了跟作业本身的特点（如难度、趣味性等）有关之外，对儿童来说非常重要的那些人员（如老师和家长）对其学业能力的评价和期望通常也是一个非常重要的影响因素。如果儿童即使努力也总是难以获得积极评价，总是被批评的话，那么儿童就很有可能出现拒绝做作业的行为；又如，攻击性行为之所以出现，除了可能存在前奏事件之外，也可能与父母的家庭教养态度和教养行为中更多采取惩罚式教育（尤其是体罚方式）有关。

不过，在问题行为功能评估过程中要注意：与前奏事件有所不同，情境事件对个体问题行为产生的常常不是直接诱发的作用，而是间接的影响。因此，在实际问题行为发生过程中，观察者往往很难通过直接的行为观察方式了解与问题行为发生有关的情境事件。大多情况下，干预者需要通过深入的访谈以及比较分析行为发生情况下的环境信息而获得，有时还需要对个体进行直接的测验、生理检查或者医学检查才能进行确认。

3．行为结果

行为的结果即指行为出现之后所出现的结果。某种行为反复出现，一般就会认为行为的结果在维持着该行为。因此，对于需要干预的问题行为，在评估时就要确认是否有强化物在维持着行为的持续存在。课堂环境中常见的行为结果如图3.2所示。

表扬	惩戒
同伴大笑	隔离
对活动的控制	得到贴纸
失去代币或积分	得到积分、代币
举手击掌	重新引导
反馈	辅助
拥抱,轻拍背部	批评
送校长室	滞留
教师辅助	退学
笑脸	分数
休息时间	奖励
作业减少	有预告或无预告的忽视
同伴或成人拒绝	活动、同伴和材料改变
刺激(如动作、听觉、触觉刺激)增加或者减少	
撤销以前给予的强化物(消退)	

(引自Chandler & Dahlquist, 2002, 2006)

图 3.2 课堂环境中常见行为结果

访谈和行为观察这两种行为评估方法常常用来收集此方面的信息。一般来说,对于某一种行为,行为结果可能会有以下几种情况:一是个体在行为出现之后总是获得某种刺激物、他人关注或参加了某种活动的机会等;二是行为出现之后,个体正在承受的某种刺激物总是出现减少、撤销的情况,或者即将要承受的某种刺激物没有到来的情况;三是行为之后没有出现明显的可以观察到的结果,或者观察到的结果非常不一致。行为结果的不同,预示着控制个体行为的强化规律有所不同,通常,从第一种情况可推测行为功能为社会性正强化功能,第二种则是社会性负强化功能,而第三种情况则预示可能存在自动化强化,即感觉的正强化或者负强化,也就是说个体的行为不依赖于外界的强化物,强化来自于个体生理或者身体内部。如果发现存在此种情况,那么干预者在功能评估过程中还需要仔细了解个体感知觉等方面的生理特点，确定个体身体或者生理的某些方面存在特殊的需求。

一般来说，对于具有社会性正强化、社会性负强化功能的行为，其行为结果方面的信息通常比较容易通过访谈、行为观察而获得。但是也有例外的情况，比如，如果行为之后出现的结果是即将承受的刺激物延缓到来或者没有到来，即行为属于主动回避厌恶刺激的行为，那么由于这一类行为发生时厌恶刺激并不出现在真实情境中，因此，干预者常常难以发现个体所处环境中是否存在厌恶刺激或者真正的厌恶刺激是什么，也很难判断行为是否属于社会性负强化的功能。又比如，对于某些被父母或者教师报告为懒惰的特殊儿童，他们常常不管父母或教师布置何种作业和任务，是会做的还是不会做的，他们基本上都是予以拒绝。从访谈或者行为观察获得的行为结果资料来看，个体拒绝行为之后的结果往往没有一致性，干预者很难判断个体的拒绝行为背后存在的真正的厌恶刺激是什么。而实际上，这种拒绝行为常常跟父母或者教师不恰当的评价和期望有关，儿童之所以拒绝完成某些作业或者任务，与回避作业和任务完成之后的负面评价有密切关系。而这一行为结果则非常不容易被访谈和观察到，干预者需要结合多方资料进行仔细推断，然后再进行确认。

（三）确定并验证问题行为功能

对维持问题行为的各类环境因素的材料进行收集之后，就可以对行为与各类环境因素之间的关系进行分析，前奏事件、情境事件以及行为结果与行为之间存在的关系是判断行为功能的基础。用 ABC 分析表的方式可以比较好地显示出它们之间的关系。ABC 分析方法将会在后面功能评估方法中详细介绍。表 3.4 是某个学生问题行为的 ABC 分析表示例。

表 3.4　ABC 分析示例

前奏事件/情境事件（A）	行为（B）	行为结果（C）	行为功能
老师在讲课，同学们都在听课	持续大叫"啊，啊"	老师停止上课，批评他	寻求关注，社会性正强化功能
同学们安静地做课堂作业，老师在某位同学旁边指导	持续大叫"啊，啊"，并敲击桌子	老师走到他的位置，批评他，让他安静，并指导他做作业	寻求关注，社会性正强化功能
老师提问，他举手，但老师让另外的同学回答	持续大叫"啊，啊"	老师让他安静，让答题的同学坐下后，让其回答	寻求关注，社会性正强化功能
老师布置作业	持续大叫"啊，啊"	老师让他到讲台上之后，变安静	逃避作业，社会性负强化功能

　　将行为与前奏事件、情境事件、行为结果用 ABC 分析表形式表示出来之后，干预者就可以基于他们之间的关系对问题行为的功能进行判断。在分析问题行为的功能时，干预者有时会遇到同一个问题行为可能具有一种以上功能的情况，此时干预者还需要进一步判断这一问题行为的首要或者主要功能是什么，次要功能是什么。就以上述表格中的示例来说，该学生持续大叫"啊，啊"的行为在多种情况下的结果都是获得了老师的关注，但也有逃避了作业的情况。因此，这一问题行为的主要功能为社会性正强化功能，目的是为了获得他人关注，而次要功能则是社会性负强化功能，目的是逃避教师布置的作业。

　　通过 ABC 分析方式对问题行为功能的判断，事实上仅仅是对问题行为功能的假设。如果个体问题行为的结果一致性较差，所提出的行为功能假设往往需要进一步通过对某些环境变量的控制进行验证，比如运用行为功能分析法进行验证（有关行为功能分析法的内容将在后面的行为功能评估方法部分进行详细介绍），在此基础上才能真正确认问题行为的功能。

三、行为功能评估方法

行为功能评估被认为是一种可以可靠地识别和预测维持问题行为变量的方法。在这一过程中,干预者需要收集各类与问题行为有关的环境变量,包括前奏事件、情境事件和行为结果等。目前,常用的收集上述行为的相关资料以用于行为功能评估的方法主要有间接评估、描述性分析、功能分析三种方法（Iwata, Kahng, Wallace & Lindberg, 2000）。

（一）间接评估

行为评估中常用的间接评估方法包括访谈、问卷、检核表、量表等,它是直接评估的基础（Vollmer et al., 2009）。通过间接评估,干预者可以了解有关问题行为的具体表现、严重程度、相关的环境因素等资料。以下主要介绍两种用于行为功能评估的间接评估方法:

1. 功能评估访谈

在对问题行为功能进行评估时,第一步一般是开展功能评估访谈。访谈的目的是：了解需要干预的目标行为的具体表现；收集出现在目标行为之前的环境方面的资料；收集跟随在行为发生之后可能影响行为再次发生的环境方面的资料（Umbreit, Ferro et al., 2007）。因此,有效的功能评估访谈的关键在于保证访谈过程中有能够确认目标行为功能的问题,这些问题通常围绕以下核心进行：①行为的性质或特点；②行为发生之前的事件；③能影响行为增加或者减少的行为结果；④强化物。

访谈对象一般为与个体有关的重要人员,如父母、教师、同伴等,有时个体本人也可能是访谈的对象。如果出现问题行为的个体是学生,问题行为主要发生在学校,那么功能评估访谈的对象一般是老师、其他学校工作人员,有时家长或者学生本人也可以作为访谈对象,他们所提供的行为方面的资料也有助于干预者更好地理解学生所出现的问题行为。

功能评估的访谈主要采用开放性问题或者半结构化的形式。钱德勒和达尔奎斯特（Chandler & Dahlquist，2006）列举了九个在学生行为功能评估访谈过程中常被提到的问题（见图3.3）：

1. 行为图是怎样的？（即行为的具体表现是怎样的？）
2. 这个行为常常在什么时候或者最常在什么时候发生，以及什么时候发生的次数最多（有没有特定的时间模式，如一周中的某一天、一天中的某一时刻，有没有不发生的时候）？
3. 这个行为在什么地方最常发生或者发生的次数最多（比如教室、操场、走廊等）？
4. 这个行为发生的时候学生常常是在做什么作业或做什么活动（如数学、阅读、小组活动等）？
5. 这个行为发生的时候作业或者活动的性质是什么（如作业任务的内容、形式、困难或容易、时间长短、个体喜欢或不喜欢、熟悉的或者陌生的、枯燥的或者令人感兴趣的）？
6. 这个行为发生时，个体通常在接触什么材料（如需要精细运动还是粗糙运动、艺术作品、计算机，或者材料比较有限）？
7. 这个行为发生的时候，个体常常与谁在一起（如班主任、某个学科老师、某个同学）？
8. 行为发生之前发生了什么事情？行为发生之后通常有什么结果？
9. 有什么其他的情境变量常常与行为有关（如生理方面的因素、噪音或者活动的结构性）？

图 3.3　常见的学生行为功能评估访谈问题

在对个体问题行为功能进行访谈时，也可参考邓拉普等人（Dunlap et al.，1993）编制的初步功能评估调查（Preliminary Functional Assessment Survey，见图3.4）和科恩等人（Kern et al.，1994）编制的学生辅助的功能评估访谈（Student-Assisted Functional Assessment Interview，见图3.5）。他们所编制的访谈工具目前被认为是非常有效的访谈工具（Umbreit, Ferro et al., 2007）。当然，在访谈时，干预者也可以根据个体及其问题行为表现的情况设计相关的问题。

初步功能评估调查

开始的时间：_____

工作人员：以下访谈适用于学生的老师。在访谈之前，询问教师或者其他助教是否能够参加。如果可以参加，请说明他们的名字。另外，如果提供的是不同的信息，请注明这些信息的来源。

学生：_____　　　　　　　学科：_____
年龄：_____　　　　　　　性别：男____　女____
访谈者：_____　　　　　　日期：_____
被访谈者：_____

1. 列出并描述所担心的行为。
2. 请将上述行为排序（什么是最重要的）。
3. 当行为第一次发生的时候，你采取了什么步骤进行处理？
4. 你认为是什么导致了行为的发生？
5. 行为在什么时候发生？
6. 行为发生的频率如何？
7. 行为持续了多长时间？
8. 有没有行为不发生的情况？
9. 有没有行为经常发生的情况？
10. 一天中有没有某些特定的时间行为更常发生？
11. 行为是对环境中特定人数的反应吗？
12. 行为仅仅是在某些特定的人在的时候发生的吗？
13. 行为仅仅是在某些特定的课程中发生的吗？
14. 行为与技能缺陷有关吗？
15. 对这个学生来说，被确定的强化物是什么？
16. 学生有没有服用可能影响其行为的药物？
17. 学生的行为能不能表明其处于某种剥夺状态（如口渴、饥饿、缺乏休息等）？
18. 行为是任何形式的身体不适（如头痛、胃痛、眼花、耳部感染等）的结果吗？
19. 行为是由于过敏（如食物、环境中的某些特殊物质等）产生的吗？
20、有没有其他行为伴随这一行为出现？
21. 有没有可以观察到的事件预示着这一行为即将发生？
22. 行为出现之后的结果是什么？

完成的时间：_____
总时间：_____

图 3.4　邓拉普的初步功能评估调查

学生：
日期：
时间：
目标行为：
1. 你认为，在学校里，这个行为在什么时间出现得最少？
   这段时间你为什么没有这个问题？
2. 你认为，在学校里，这个行为在什么时间出现得最多？
   这段时间为什么有这个问题？
3. 什么原因会让你产生这个问题行为？
4. 做哪些改变可以让你少发生这个问题行为？
5. 如果表现出好行为或者功课做得好，你想获得什么样的奖励？

对以下课程的喜欢程度进行打分：

课程	完全不喜欢		一般		非常喜欢
阅读	1	2	3	4	5
数学	1	2	3	4	5
拼写	1	2	3	4	5
书写	1	2	3	4	5
科学	1	2	3	4	5
社会研究	1	2	3	4	5
英语	1	2	3	4	5
音乐	1	2	3	4	5
体育	1	2	3	4	5
艺术	1	2	3	4	5

你喜欢_____课程的什么？
你不喜欢_____课程的什么？
有没有什么你做过的喜欢的_____？
可以做些什么提高_____？
（注：上述问题可重复提问）

学生评估

学生：_____
日期：_____
访谈者：_____

1. 一般来说，作业对你来说太难吗？	常常	有时	从不
2. 一般来说，作业对你来说太容易吗？	常常	有时	从不
3. 当你正确地要求帮助的时候，你能获得帮助吗？	常常	有时	从不
4. 你认为每门课程的作业时间太长吗？	常常	有时	从不
5. 你认为每门课程的作业时间太短吗？	常常	有时	从不
6. 当你做作业时，有人与你一起做时你做得更好吗？	常常	有时	从不
7. 你认为你事情做得很棒时别人就能注意你吗？	常常	有时	从不
8. 你认为你作业做得很好时获得了应得的奖励吗？	常常	有时	从不
9. 你认为当你获得更多奖励时你在学校就会学得更好吗？	常常	有时	从不
10. 一般来说，你发现你的作业很有趣吗？	常常	有时	从不
11. 在教室里有让你分心的事情吗？	常常	有时	从不
12. 你的作业对你来说有足够的挑战性吗？	常常	有时	从不

图 3.5　科恩学生功能评估访谈

2. 功能评估量表

功能评估量表（functional assessment rating scale）以高度结构化的问题形式围绕问题行为及其可能的功能提出了一系列问题，可以让熟悉个体问题行为的工作人员或者家庭在较短的时间内提供与问题行为有关的信息（Carter, Devlin, Doggett, Harber & Barr, 2004）。目前常用的功能性评估量表有动机评估量表（Motivation Assessment Scale, 简称 MAS; Durand & Crimmins, 1988）、行为功能问卷（Questions About Behavioral Function, 简称 QABF; Matson & Vollmer, 1995; Vollmer & Matson, 1996）等。

MAS 是一套用于评估行为功能的问卷，共有 16 道题目。其问题主要用于描述问题行为发生的情境以及基于所提供信息推导出的行为功能。通过这些问题，问卷对问题行为可能出现的四种行为功能进行了分析，包括获得刺激物或活动、关注、逃避要求以及感觉或生理强化结果。MAS 是一种快速筛选行为功能的评估工具，但也正因为如此，一些研究者对这一工具的可靠性提出了批评，认为 MAS 获得的结果还需进一步的观察评估进行验证。

QABF 是一套用于确定个体问题行为在不同情境中发生频率以及学生行为表达出的可能信息的检核表，共有 25 道题目。这套问卷可以由多个参与者使用，被认为具有很高的可靠性（Matson, Bamburg, Cherry & Paclawskyj, 1999; Paclawskyj, Matson, Rush, Smalls & Vollmer, 2001）。QABF 与 MAS 的不同在于该问卷使用的问题在指向所要调查的目标时更加明确（如，发生的行为是为了获得注意，发生的行为是自我刺激的一种形式，当他不想做某件事情时出现了行为等）。通过这些问题，问卷对五种行为功能进行了评估，在 MAS 所评估的四种功能基础上再加入了生理不舒服这一功能。

（二）描述性分析

描述性分析指的是运用观察、描述的方法对问题行为以及与行为有关的环境变量进行直接的观察和记录。在行为功能评估过程中，在对行为进行功能性访谈或者问卷调查之后，可以通过对行为的直接观察进一步证明前期行为评估过程中所获得的信息。描述性分析方法包括直接观察、散点图、ABC 评估法等。

直接观察法指的是评估者在自然情境下对个体的问题行为进行观察，对行为发生频率、持续时间、强度等变量方面的数据进行收集，也可以对行为的前奏事件和结果进行观察记录（Vollmer, Sloman & Borrero, 2009）。

散点图是一种比较常见的行为描述方法，它是通过图表的方式将个体在某段时间内发生的行为情况表现出来（Noell & Gansel, 2009；Touchette, MacDonald & Langer, 1985）。这种方法的第一步一般是将观察的时间分为几个特殊的时间段（如半个小时、一刻钟等），然后将各个时间段内行为发生的次数记录在相应时间段中。经过几天的观察之后，问题行为的出现次数就会集中在一天中某些特定的时间段内，而在其他时间段，问题行为则可能会相对缺乏。这就可以让评估者进一步分析特定的时间段内是否存在某些特殊的因素，如特殊的人员、特定的活动和作业要求，或者某些刺激物、强化物等。虽然散点图不足以为评估者提供有关行为功能或者与行为有关的控制变量方面的信息，但是它可以帮助评估者快速地确定问题行为常常发生的情境，使得评估者能更快辨别这些情境中与行为有关的环境变量。

在行为功能评估过程中，最常使用的描述性分析方法是 ABC 评估法 (Antecedent–Behavior–Consequence Assessment)，即对行为、前奏事件以及行为结果进行记录（Noell & Gansle, 2009）。除了前奏事件之外，现在的 ABC 方法也对伴随行为发生的某些情境事件进行观察记录。在前文中，我们已经提到了 ABC 的分析法。运用这种方法可以将个体问题行为通常发生的情况、出现的结果以表格的形式进行呈现，让人一目了然。

例如，一个学生的尖叫、撞头之类的问题行为总是在老师向其提出问题并要求其回答之后出现；而当其出现此类行为之后，老师总是马上安慰他，安抚他身体让其冷静，并停止要求其回答。评估者可以将此行为发生的过程记录在如图 3.6 所示的 ABC 表格中。在此基础上，评估者就可以对学生尖叫、撞头之类的问题行为提出功能假设：学生的问题行为可能与逃避教师提出的问题有关，也可能与获得教师给予的关注、身体安抚有关。

学生：×××
目标行为：尖叫、撞头行为
日期：××年××月××日　　时间：××时××分至××时××分
地点：××××（教室）
观察者：×××

前奏事件或情境事件（A）	行为（B）	行为结果（C）
老师向其提问	尖叫、撞头	老师安慰他，安抚其身体；停止提问
	尖叫、撞头行为停止	

图 3.6　ABC 记录表示例

（三）功能分析

功能分析，也可称为实验性功能分析，是一种通过控制与行为有关的前奏刺激和行为结果，并对行为与环境变量之间的关系进行验证与排除的实验方法。基于前面行为间接和直接评估的结果，评估者可以对问题行为功能进行假设，然后运用功能分析的方法对行为功能进行确定。下面介绍几种功能分析的方法：

1. 伊瓦特等人的功能分析方法

目前最常采用的标准化的功能分析方法由伊瓦特等人设计（Iwata, Dorsey, Slifer, Bauman & Richman, 1982；Iwata, Pace et al., 1994），该方法共设计了四个实验情境：关注、要求、游戏以及独自一人，然后通过比较个体在这四种实验情境中的问题行为表现对其功能进行确定。

（1）关注的情境是指在个体出现问题行为之后给予某种形式的批评或者关注（如不要做这个事情或者你不应该伤害自己），用于测试行为是否具有社会性正强化功能。例如，评估者对儿童说，"我要做 ×× 事情"，然后就自己开始看报纸或者书，同时忽视该儿童。在儿童表现出目标行为（即问题行为）之前，儿童无法从评估者那里获得关注。当目标行为发生之后，评估者则给予批评、安慰、身体限制等对之进行回应。

（2）要求情境则是向个体呈现一个相对较难的作业任务（如学业任务或者类似涂色、摆放物体之类的操作任务），或者提出一个问题要求个体回答，用于测试行为是否具有社会性负强化功能。在这个情境中，当问题行为出现后，个体会中断，或者停止作业任务或问题回答。

（3）独自一人的情境则是要求个体独自一人在房间里，房间内没有任何刺激物和其他人员，这一情境用于测试自动化强化功能。一般来说，缺乏外界刺激物被认为是引发自动化强化的一个因素，在缺乏外界刺激物的情况下，个体的问题行为往往会增加。对这一情境中个体行为的观察最好通过单向玻璃进行。

（4）游戏情境则是向个体提供一些他所喜欢的材料或者活动，给予其丰富的刺激，同时评估者在整个过程中也对个体给予持续的关注，以保持与个体的积极互动。在这四个情境中，前面三个情境是问题行为的测试情境，而游戏情境则是测试情境的控制情境。评估者通过比较前三个情境中问题行为与游戏情境中的不同，从而对问题行为的功能进行判断。在游戏情境中，评估者通常不对个体提出任何要求，以避免引起个体的逃避反应。一般来说，这一情境中个体问题行为的出现频率较低。

当评估者收集到个体在这四个情境中的行为资料之后，就可以对其问题行为的表现进行比较分析，从而对问题行为的功能进行验证。比如，通过比较个体在关注情境中的行为与游戏情境以及独自一人情境中的不同，可以确定获得关注是否是个体问题行为的一项功能。如果在关注情境中，个体的问题行为高频率发生，而在后两个情境中问题行为发生较少，那么个体的问题行为功能很有可能就是为了获得环境中其他人的关注，即具有社会性正强化功能。又如，如果在要求情境中个体的问题行为是高发的，但在另外两个情境中问题行为发生较少，那么行为的功能就指向于逃避困难的任务（如作业或者问题），属于社会性负强化功能。如果相比其他情境，问题行为在个体独自一人的情境下大量出现，则表明行为自身对个体提供了强化，即强化不是来自于环境的，而是属于自动化强化或者生理方面的强化。

伊瓦特等人（Iwata et al., 1982；Iwata et al., 1994）对9名被诊断为存在严重自我伤害行为的个体运用上述方法进行了行为功能分析。结果发现，9名被试中有6名在4种测试情境中的一个测试情境里的自我伤害行为出现次数远远高于其他几个情境。其中1名存在非常高水平的自我伤害行为的个体处于社会拒绝状态，他在关注情境下出现的问题行为最多，其行为功能是为了获得关注；2名个体处于学业高要求状态，在要求情境下问题行为出现得最为频繁，因此其行为功能是为了逃避作业；有3名个体在独自一人情境中出现的问题行为较多，因此其行为功能则是自动化强化功能。除此之外，剩余几名被试在四个情境中出现的自我伤害行为次数都很高。伊瓦特等人认为，这种情况通常说明，个体问题行为的功能是自动化强化。

标准化的功能分析方法经过后续的发展，在伊瓦特等人所设计的四个实验情境基础上又增加了触摸情境（Shirley, Iwata & Kahng, 1999）。在这个情境中，评估者允许个体接触其所喜欢的刺激物或者活动，随后在进入正式行为评估时间段之后，这些个体所偏好的刺激物或者活动将被移除，只有在个体的目标行为（即问题行为）出现之后，它们才会被再次接触到。这一情境用于测试个体的问题行为是否具有由偏好的刺激物或者活动维持的社会性正强化功能，因此，如果在前期的行为功能评估中发现个体的问题行为可能有偏好的刺激物或者活动存在时，就可以设置这一情境对问题行为的功能进行验证。阿森和福尔迈（Athens & Vollmer, 2010）对一名儿童的扰乱行为进行了评估，在这个研究中，评估者设置每10分钟为一个评估时间段，然后对每个时间段内的问题行为数据进行了采集。结果发现，在几个实验情境中，问题行为在触摸情境中的出现频率远远高于其他情境，因此，认为该儿童的扰乱行为受到了可触摸的刺激物的强化。

对于前面四种实验情境，评估者常常根据个体问题行为的具体情况以及前期行为评估结果进行选择与设置，并非每一次的功能分析情境都一定是四个。一些研究者还会根据功能分析结果进一步设计实验情境，对个体问题行为的功能进行进一步确认。如莱恩司欧尼等人（Lancioni et al., 2012）总结的两个由特殊事件维持的行为功能分析案例。这两个案例研究所采用的功能分析方法由研究者在伊瓦特等人的标准化功能分析方法基础上进行了调整。

一个是德莱昂等人（DeLeon et al., 2003）报告的14岁被诊断有严重智力障碍、脑瘫、视觉障碍的男孩的攻击性行为功能分析案例。在这个研究中，测试的三个情境（包括关注、游戏和独自一人）与标准化功能分析情境相同。但另一个情境（如作业要求、日常活动、社会要求、轮椅移动等，为要求情境）则根据男孩的具体情况进行了调整。在该情境中，该男孩每一次出现问题行为之后，干预者会推着他的轮椅移动30秒。测试结果显示，该男孩的攻击性行为在最后一个要求情境中发生率最高。基于这个发现，研究者又设计了功能性交流训练方案（关于运用功能性交流训练来开展功能分析的方法，可参见后面的卡尔和杜兰德的功能分析法），让该男孩通过功能性交流方式来要求别人推动轮椅。结果显示，该男孩的问题行为消失了。这说明其攻击性行为功能与要求推动轮椅有关。

另一个研究是林达赫尔等人（Ringdahl et al., 2009）对一名被诊断有严重智力障碍的18岁女孩的问题行为的功能分析报告。该女孩的问题行为表现是攻击性行为和试图离开房间。最初的功能分析采取了三种标准的测试情境，包括关注、要求和游戏情境。但测试结果显示，该女孩的问题行为在三类情境中的出现情况没有规律性，很难得出有关问题行为功能的结论。随后研究者又设置了两个情境，这两个情境都让这个女孩在走廊里走。第一个情境是：这个女孩有持续的机会在走廊里走，而且干预者会定时给予关注。第二个情境是：这个女孩能够有持续的机会接触到娱乐用的东西，也能从干预者那里获得关注，但是只有在其攻击性行为发生之后才被允许走。测试结果显示，该女孩的攻击性行为只发生在后面这个情境中。基于上述情况，对该女孩攻击性行为功能的分析结果是其行为是为了获得行走的机会。后续的干预策略也证实了这个功能。

知识拓展

功能分析法的应用

博雷罗等人（Borrero, Vollmer, Borrero & Bourret, 2005）对三名分别存在轻度智力障碍、自闭症和中度智力障碍、轻度智力障碍和癫痫的儿童（其年龄分别为12岁、8岁、7岁）的问题行为进行了功能分析。他们的问题行为主要是对他人的攻击行为和破坏性行为。每一个行为评估时间段为10分钟或者5分钟。评估者设置了四种实验情境，分别是关注、要求（指令）、触摸和游戏情境。在关注情境，儿童在问题行为出现之后会得到简短的批评。要求情境则是每10秒钟提出一个作业要求和提示，儿童发生问题行为会导致30秒钟的任务中断。在触摸情境，行为出现之后儿童有30秒钟的时间接触到他们偏好的刺激物。游戏情境则是儿童能够自由地接触到喜欢的刺激物，每隔30秒能够获得评估者的关注。第一个儿童在关注情境中表现出明显的破坏性行为增加，说明关注是维持该儿童问题行为的特殊变量。第三个儿童在关注、要求和触摸情境都表现出攻击和破坏性行为的明显增加。第二个儿童则仅仅在触摸情境中显示出问题行为的明显增加。

朗格等人（Lang et al., 2010）对一名4岁被诊断为艾斯伯格综合征的男孩的奔走行为进行了功能评估。整个功能评估是在该男孩所在的教室和他接受个别辅导的资源教室中进行的。每个评估段的时间长度为5分钟，分别设置了关注、要求、游戏和触摸四个情境。在触摸情境，该男孩能够看电视和录像。在进入评估之前，男孩能够看10秒钟他喜欢看的录像；在评估时间段内，每一次奔走行为发生之后他就可以看录像。结果显示，该男孩在资源教室中的关注情境下、在教室里的触摸情境下，发生的奔走行为较多。而后续采取的干预策略显示，在资源教室基于关注功能设计的干预策略，以及在教室里基于触摸情境下提出的功能假设而设计的干预策略都很有效。这说明，对该男孩奔走行为的功能分析结果是符合男孩的实际情况的。

汤格等人（Tang, Patterson & Kennedy, 2003）对6名4~17岁被诊

断为严重智力障碍或者多重障碍的儿童的问题行为进行了功能分析，这些儿童都有一种或者两种问题行为，比如咬手、摇头等。功能测试情境是四种标准的情境，即关注、要求、游戏和独自一人。每一个评估时间段的时间长度为5分钟。结果显示，6名儿童有的在所有四种情境中的问题行为出现次数都较多，有的则是在独自一人的情境中出现的问题行为次数较多，这表明儿童的这些问题行为大多数或者全部是由自动化强化所维持着的。在随后的干预评估过程中，研究者对其中5名儿童采取了感觉掩蔽的策略，探讨在感觉掩蔽的情况下儿童的问题行为是否有所变化。比如，给儿童戴上耳机或者安全耳塞进行听觉掩蔽，戴护目镜进行视觉掩蔽等。结果发现，感觉掩蔽的策略对其中3名儿童的问题行为产生了一定的效果，随后研究者进一步探讨了在掩蔽加替代性感觉刺激输入情况下儿童问题行为的变化。结果发现，3名儿童中有2名儿童的问题行为产生了积极的变化：其中1名儿童的问题行为几乎下降到0。另一名儿童的问题行为也下降得非常明显，这证实了前面的功能分析结果是正确的。

王尔德等人（Wilder et al., 2009）对一名被诊断有严重智力障碍和自闭症的37岁男子的反刍行为（如将以前吞咽下的食物回流、咀嚼、再次吞咽）进行了功能分析。研究者设置了四个标准的测试情境，各由四个穿着不同颜色T恤的评估者呈现。每种情境每天评估两次，一次在午饭前，另一次在午饭之后。每次评估时间长度为10分钟。结果显示，在午饭之前，该男子没有出现反刍行为。但是，在午饭之后的所有四个测试情境中，该男子都出现了高频率的反刍行为。基于该男子的表现，研究者认为该男子的反刍行为不具有社会功能，而是由自动化强化所维持的。虽然不知道强化的来源，但是研究者假设该男子的反刍行为可能与口腔刺激有关。基于这种行为功能假设，研究者设计了一个干预策略，采用一种喷雾剂作为引入的口腔刺激对其进行强化。结果显示，该男子原本每分钟会出现2.8—3.7次的反刍行为，在引入新的口腔刺激物之后，下降到每分钟1次。最后，该男子可以通过自己每隔10分钟对口腔喷雾一次，将反刍行为控制在较低的水平。

2. 卡尔和杜兰德的功能分析法

卡尔和杜兰德（Carr & Durand，1985；Durand & Carr，1987）也运用类似于伊瓦特等人采用的方法对行为功能进行了评估。伊瓦特等人的功能分析方法对行为的前奏刺激和结果同时进行了控制，而卡尔和杜兰德则仅仅控制了前奏刺激。如果目标行为被假设为由关注所维持（例如，问题行为在关注被剥夺一段时间的情况下发生），那么就可通过功能性交流训练教个体用恰当的方式获得关注。如果目标行为被假设是由逃避功能所维持的（例如，问题行为在某个学习要求之后发生），那么同样可用功能性交流训练教个体在完成学习任务的过程中用恰当的方式获得辅助。但是在整个功能分析过程中，对问题行为出现之后的结果不进行控制。也正是因为这个原因，这种方法在推测行为的功能时会缺乏令人信服的理由。虽然这种方法在当前的功能评估过程中使用并不普遍，但是这一功能分析方法具有非常重要的意义：它第一次将干预措施纳入到功能评估的过程中。因此，卡尔和杜兰德的功能分析方法也可称为干预评估方法。

干预评估方法常常被研究者用于标准化的功能分析之后，即在设置关注、要求、游戏、独自一人（或加上触摸）情境对个体问题行为功能进行评估之后，再采取干预措施介入的方法，以进一步观察个体问题行为的变化，验证功能分析得出的行为功能是否正确。前文中所提到的汤格（Tang，Patterson & Kennedy，2003）对6名4～17岁被诊断为严重智力障碍或者多重障碍的儿童的咬手、摇头等问题行为进行的功能分析，就是先采取了四种标准的功能分析测试情境，测试儿童在这些情境中问题行为的出现情况。然后又通过引入感觉掩蔽、感觉掩蔽加替代性感觉刺激输入的策略设置了干预评估情境，探讨这些干预策略对儿童问题行为的影响。结果显示，感觉掩蔽的策略对儿童的问题行为有一定的影响，感觉掩蔽同时引入替代性感觉刺激对其中2名儿童的问题行为有非常显著的影响，从而证实了功能分析中认为儿童问题行为的功能是感觉性强化或者自动化强化的观点是正确的。

又如，王尔德等人（Wilder et al.，2000）对一名被诊断为严重智力障碍、视觉障碍的30岁女子的双侧头部摇摆行为进行了功能评估。研究者设置了四个标准的测试情境，每10分钟为一个评估时间段。结果显示，该女子在所有四个情境中都出现了高频率的问题行为，这也说明该女子摇头的行为不存在社会化强化功能，而由自动化功能所维持的。研究者在此基础上进一步设计了干预策略以验证功能分析的结果。通过引入振动按摩、改变照明、增加噪音刺激等方式进行刺激干预，结果发现，在振动按摩情境下，该女子的摇头行为快速减少，而改变照明、增加噪音刺激则对该女子的行为没有影响。研究者进一步对这两种增加环境刺激的策略条件下该女子摇头行为的变化进行了比较，这两种策略都提供了多种环境刺激物，其唯一的区别在于其中一种策略的刺激物清单中有振动性刺激，而另一种策略中则没有振动性刺激。结果显示，有振动性刺激物存在的环境刺激物能够更有效地减少该女子的摇头行为。这说明该女子的摇头行为是由获得振动感觉的自动化强化所维持的。

从上述研究可见，卡尔和杜兰德的功能分析方法的设计思路虽然与伊瓦特等人的功能分析方法不同，不是直接从行为结果的角度对行为功能进行验证，但是通过基于前期评估的功能假设设计干预策略，去验证个体问题行为功能的思路对于行为干预计划的制订是非常有益的。这种介入干预策略的功能评估方法很好地将行为功能评估与干预联系了起来，不仅验证了行为功能评估的结果，而且也确定了干预的思路和方法。

根据汉利等人（Hanley et al., 2003）对277个评估问题行为功能的功能分析研究进行的回顾，目前在儿童领域，尤其是被诊断为存在发展障碍的儿童领域，功能分析是最常用于问题行为评估的方法；这种方法也最常被使用于住院机构、学校以及寄宿制机构内的个体。最常被评估的问题行为有自我伤害、攻击以及破坏性行为。而人们之所以对功能分析的兴趣越来越高，一部分原因与这一方法的社会效度有关。一些研究显示，教师和父母普遍接受这种对行为出现原因的解释，其评估的过程也被认为是可接受的（Reid & Nelson, 2002）。最重要的是，基于行为功能开展干预的方法与措施在目前被认为是改善儿童问题行为的最有效方法（Umbreit, Ferro et al., 2007）。

但是，尽管功能分析在对行为问题进行评估时具有明显的优势，也具有广泛的接受性，但也存在一些缺点和不利之处。莱登和希利等人（Lydon, Healy et al., 2012）在他们的回顾研究中总结了这一方法的缺点和不利之处：一是行为功能分析一般耗时较长。一些研究者（Tincani et al., 1999）统计了150篇公开发表的研究中平均用于功能分析的的时间长度，结果显示，该方法平均耗时约为6个半小时，这还不包括功能分析之前用于访谈的时间、评估过程中的间隔时间以及用于训练工作人员的时间。因此，要将功能分析方法应用于学校等传统的行为干预服务机构，这一方法的适用性就受到了质疑。二是开展行为功能分析需要熟练的工作人员，而缺乏可以成功实施功能分析的工作人员是目前实际工作中遇到的一个难题。三是功能分析可能不适用于某些类型的问题行为，比如，发生次数相当高频的问题行为、可能对个体自身或者他人产生伤害的行为、在某些时段只发生一次的行为（Borrero & Borrero，2008；Thomason-Sassi et al.，2011）。另外，一些研究者也担心采用功能分析进行问题行为功能评估的过程可能会为一些问题行为带来强化，反而强化问题行为，使得他们在未来发生问题行为的频率增加（Najdowski et al.，2008）。

功能分析方法所存在的这些不利之处也促使研究者不断改进评估技术。莱登和希利等人（Lydon，Healy et al.，2012）对功能分析方法的变化进行了回顾，研究结果显示，在应用研究中，可以更好地避免传统功能分析不利之处的方法在增多，比如简略功能分析（brief functional analysis）、延时功能分析（latency functional analysis）、先导功能分析（precursor functional analysis）、采用保护设备的功能分析（functional analysis with protective equipment）以及基于尝试的功能分析（trial-based functional analysis）方法在实际的问题行为功能评估(即干预)中，正在被使用。总之，在当前的行为功能评估领域，很多研究者仍在持续地探索快速、简便、有效的行为功能评估方法，以得出确切地符合个体问题行为实际情况的行为功能假设，为有效的行为干预提供科学基础。

知识拓展

行为功能评估案例

莫莱等人（Moore et al., 2010）对一名脑创伤儿童的自我伤害行为进行了功能评估。该儿童叫贾斯汀，6个月大时遭遇严重的脑创伤（被看护人员使劲摇晃），导致弥漫性脑水肿、双侧硬膜下血肿、视网膜出血（左侧比右侧更严重）。贾斯汀从昏睡中醒来之后没多久就出现按压鼻子的行为。在随后的日子里，慢慢地从按压鼻子到按压右眼、戳眼睛。脑创伤8个月后，贾斯汀按压右眼的频率越来越高，这也使得其婴儿痉挛问题越来越严重。虽然开始时服用抗痉挛的药物似乎有一些效果，但是按压右眼、戳眼睛的行为仍旧持续存在。贾斯汀也开始能够发出口语声音，他对母亲表现出了强烈的兴趣，如果他的母亲没有回应他，他就会发脾气（尖叫、大哭）。

研究者确定了贾斯汀按压眼睛行为的操作性定义：用任何一只手指或手接触眼睛或者眼皮，以及通过将眼镜压到其他人的身体或者物体从而将眼镜的右镜片按压至眼皮的行为。

在整个功能评估过程中，研究者以10秒钟为一个时间单位记录了贾斯汀按压眼睛的行为的发生情况，即每10秒行为发生的次数。所有观察阶段全部进行了拍摄，并随机选择其中33%的视频由两名观察者分别进行独立计分，并对两者的评分结果进行了一致性检验，最终确定了贾斯汀按压眼睛的行为的发生频率。整个问题行为功能评估包括以下三部分：

描述性评估。 评估者先就贾斯汀的问题行为进行了入户的功能评估访谈，观察了贾斯汀在白天自然环境下按压眼睛行为的发生情况，以进一步确定这个自我伤害行为的形式以及有关的功能。访谈结果显示，除癫痫发作之外，贾斯汀的妈妈无法确定这个问题行为发生之前的环境因素。她确定身体接触（如将他的手从眼睛部位拿开、拥抱或安抚等）、唱歌、给予玩具是她在贾斯汀出现按压眼睛行为之后出现的主要反应。非正式的直接行为观察证实了妈妈的报告，按压眼睛的行为常常跟随在贾斯汀癫痫发作之后，但是这一行为也同样发生在其他时间，比如游戏时间；也证实了上述的身体接触（如将贾斯汀的手从眼睛部位拿开等）、唱歌以及给予玩具是贾斯汀的妈妈常常出现的反应，且常常跟随在贾斯汀自我伤害行为出现之后。

功能性分析。在进行正式的功能分析之前，让贾斯汀服用了抗痉挛药物，以防止其在功能评估过程中出现癫痫发作。功能分析共持续了3周，共4天。研究者设计了一系列测试情境以确定其自我伤害行为的功能。这些测试情境分别用于测试自我伤害行为是否具有正强化（包括获得社会性关注和接触所喜欢的玩具）、负强化（如逃避要求，如物理治疗）以及自动化强化功能（感觉刺激）。控制情境则是给予持续的关注、身体接触以及玩具而且没有任何要求的游戏情境。每个评估时间段的时间长度为3分钟。测试采取ABCBC设计：A为妈妈引导，贾斯汀坐在椅子上；B为妈妈引导，妈妈抱贾斯汀坐在大腿上；C为评估者引导。测试结果显示，在要求情境（要求贾斯汀参加物理训练）下，贾斯汀没有出现任何自我伤害行为。在关注情境及没有任何交流的情境下，贾斯汀出现自我伤害行为的频率最高。而在触摸情境和游戏情境下，贾斯汀出现自我伤害行为的情况非常类似，都保持在一个比较低的水平。测试结果显示，贾斯汀按压眼睛的行为是由妈妈给予的身体接触、位置调整或者活动改变所维持的，属于社会化的正强化功能。

功能性交流训练。评估者通过功能性交流训练教贾斯汀使用替代性交流装置进行交流。当贾斯汀按压键盘时，这个键盘就会说出一些话，比如"妈妈来这里"。行为记录结果显示，当贾斯汀发现使用这个装置可以与其母亲进行接触之后，其自我伤害行为的发生次数就减少了，而当这个装置没有让他能够接触到母亲时，他使用这个装置的次数就会下降，而自我伤害行为就会增加。这也说明贾斯汀按压眼睛的自我伤害行为是为了获得母亲的关注。

总之，干预评估所确定的问题行为功能与功能性分析所获得的结果是一致的。贾斯汀按压眼睛的行为的功能是为了获得母亲的关注，属于社会性正强化功能。

第四章

基于行为功能的行为干预思路及行为干预计划制订

干预者通过访谈、行为观察、功能性分析等功能评估过程，分析并确定了个体的问题行为功能之后，就可以着手制订行为干预计划。在此过程中，行为干预小组需要仔细思考问题行为的功能对于个体的意义，检查问题行为 ABC 序列中的每一部分（即行为前奏事件、情境事件以及行为结果）在问题行为发生及维持过程中的作用，继而确定行为干预计划的具体内容。

第一节　基于行为功能的行为干预思路

问题行为功能在行为干预计划制订及实施过程中具有什么作用？这是每一个行为干预工作者需要不断反思、实践的一个问题。对这一问题的回答实际上反映出了干预人员对问题行为功能的意义的认识。从个体出发，以个体成长这样一个具有时间跨度的过程作为背景，将个体所出现的问题行为置于这个背景中进行考虑是积极行为干预应有的立场。行为干预者必须深刻认识到，个体的问题行为真正反映出的是：当前个体所掌握的知识和技能等，与其在适应生活和社会的过程中处理所面临的困难与挑战时所需的知识和技能之间存在差距。最佳的行为干预计划应该着眼于提高个体某些领域的知识和技能水平，来帮助个体解决其面临的困难与挑战。如果仅仅是专注于减少或者消除其问题行为，就如头痛医头、脚痛医脚，并不能真正提高个体解决问题、适应生活的能力。

基于行为功能的行为干预首先要考虑行为功能的合理性问题，也就是回答"这个问题行为的功能合理吗"这个问题。对于这个问题的回答，无非有两个答案，即行为功能是合理的或行为功能是不合理的。一般来说，基于"行为功能是合理的"这个答案而思考得出的行为干预内容与具体措施，更多是基于行为干预的近期目标；而基于"行为功能不合理"这个答案所制订的干预内容与方法更着眼于长期目标。

在考虑功能合理性的基础上，干预者还可以从问题行为的前奏事件、情境事件以及行为结果出发，分析行为干预的重心、内容以及具体方法是什么。

一、基于行为功能合理性的干预思路

以问题行为功能为基础开展行为干预,其技术的来源仍旧是应用行为分析理论。但是之所以采用这些行为矫正技术,其出发点依赖于问题行为功能特点以及合理性分析。下面分别从功能是否合理两个角度进行说明。

(一)行为功能合理

所谓行为功能合理,指的就是个体在某些前奏事件条件下产生某些问题行为,所要达到的目的(也就是功能)是合理的。换言之,并不是个体问题行为的功能出现了偏差,而是个体采取了错误行为来实现某个目的,而且问题行为之后出现的结果也达成了这一功能,因而强化了这种错误行为。另外,也可能是个体所处环境中出现了不良刺激物,使得个体产生了某种需求,促使其采取一定的行为去满足这一需求,而个体所选择的行为却是不恰当的。

以自闭症儿童为例,这一类障碍儿童常常出现各种问题行为,如自我伤害、刻板、发脾气、攻击行为等,这些行为不仅有可能威胁到他们自身或者其他人的身体安全,同时也会影响他们与其他人保持良好的社会交往关系,阻碍他们学习新的知识和技能(Horner, Carr et al., 2002; Matson & Nebel-Schwalm, 2007; Matson, Wilkins & Macken, 2009)。在对自闭症儿童的这些问题行为进行干预时,研究者常常采取的一种做法就是通过功能评估过程确定自闭症儿童问题行为的功能,然后通过教他们功能性替代行为或者技能来代替原有问题行为,即通过功能性技能替代训练或者功能性交流训练来减少或者消除自闭症儿童的问题行为。而采用此种方法的首要原则就是替代行为与原先的问题行为的功能是相同的,即替代行为对环境所产生的影响与原先错误行为是相同的(Carr, 1988; Johnston & Pennypacker, 1993)。从功能的角度也可以说是替代行为与问题行为的功能是等值的。这样的一种干预思路的前提就是认可自闭症儿童的问题行为功能,认为应该满足他们的功能需求,错误的仅仅是问题行为而已。因此,可以通过训练他们学习替代行为来满足问题行为的功能。

在前一章中，我们也报告了莫莱等人（Moore et al., 2010）对一名脑创伤儿童贾斯汀的自我伤害行为进行的功能评估案例。在这个案例中，贾斯汀的行为功能评估结果显示，他按压眼睛的自我伤害行为的功能是为了获得母亲的身体接触、位置调整或者活动等形式的关注，属于社会化正强化功能。在干预过程中，莫莱等人通过功能性交流训练教贾斯汀使用替代性交流装置与母亲进行交流，如通过按压键盘让"妈妈来这里"。结果显示，当贾斯汀使用这种交流装置的行为增加时，其按压眼睛的问题行为也减少了。这样一种以教儿童功能性交流行为作为干预重点而非采取传统行为干预技术直接处理按压眼睛行为的干预思路，其隐含的一个内在逻辑就是认为贾斯汀应该获得母亲的关注，但是不应该采取按压眼睛的方式获得，而是可以通过恰当的交流行为向其母亲表达，要求其对自己进行关注。因此，干预的重心在于教其如何进行恰当地表达。这样的一种干预思路对于提高贾斯汀整体的社会交往能力是很有帮助的。

对于具有社会负强化功能的问题行为，有时我们也会认为个体拒绝、逃避或回避某类外界刺激的行为是合理的。这一推理实际上也符合个体适应社会的需求，因为任何人都会遇到一些自己不愿意做的事情，需要学会用恰当的行为拒绝他人提出的要求。对于家长和教师来说，也需要教会儿童采用恰当的行为来拒绝他人的要求。基于此种考虑，表现为拒绝、逃避、回避行为的社会负强化功能在一定程度上是合理的。因此，对于此类问题行为的干预，在这一阶段的干预重点应该是教会个体运用恰当的方式进行拒绝、逃避或者回避。比如，杜兰德和克莱明斯（Durand & Crimmins, 1987）通过教一名自闭症男孩说"帮帮我"来代替他原先出现的不恰当的发声，作为他拒绝作业要求的一种正确逃避行为。经过6个月的训练，当该男孩掌握了这一替代行为之后，其原先不恰当的发声也随之减少了。杜兰德和卡尔（Durand & Carr, 1987）还将此方法运用到了另外4名自闭症儿童身上，这4名自闭症儿童每当遇到较难的作业任务时就会出现具有逃避功能的刻板行为，干预者同样通过教他们在遇到较难的作业时说"帮帮我"来要求辅助。干预效果显示，这一干预方法很好地减少了这4名自闭症儿童的刻板行为。

对于功能是生理正强化或者生理负强化（即自动化强化）的问题行为，如果认为此种功能是合理的，那么干预的重点一方面在于如何减少、消除引发问题行为的外部刺激物，防止个体出现相关的感觉需求。比如，对于注意力缺陷多动障碍的儿童来说，假如他们在教室里突然站起来、离座走动等行为的功能是生理正强化功能，而且认为他们对高兴奋水平的刺激物的追求是合理的，那么行为干预就需要考虑如何预先调整外部刺激物，让他们的感觉水平总是能够维持在一个恰当的高兴奋水平。如通过课堂教学活动的合理组织，动静有机结合，使得个体不需要通过多动、冲动等问题行为方式让自己的兴奋水平回到最佳刺激水平。另一方面干预的内容也需要考虑教儿童通过恰当的替代行为来满足生理的需求，而非通过问题行为的方式。比如，李艳（2009）对一名9岁的自闭症男孩频繁咬衣服（衣袖或衣领）的刻板行为进行了干预，功能评估结果显示，该儿童咬衣服的刻板行为的功能之一是获得口腔刺激。在干预过程中，研究者选取了老师、家长都能接受的咬磨牙胶来代替其咬衣服的行为，并教其在需要口腔满足的时候咬磨牙胶。杨丹蓉（2011）也对一名15岁自闭症儿童在教室里揉搓生殖器的行为进行了干预。功能评估的结果显示：该行为有多种功能，其中一个功能是为了获得触觉和嗅觉的感觉刺激。因此，在行为干预过程中采取了使用适当物品满足他需要的触觉和嗅觉刺激的措施。通过让其揉搓或嗅闻家长、教师和其他同学都能接受的带香味的丝织手帕来代替问题行为。这两个案例中的干预者都通过教自闭症儿童用另外一种可接受的恰当行为来满足其内在身体的感觉需求，从而达到了改变问题行为的目的。

这样的行为干预思路实际上都是认可了自闭症儿童问题行为功能的合理性，认为应该满足其功能，但是不应该采取问题行为的方式。干预的重点也就在于教个体通过恰当的方式满足生理的感觉需求。

（二）行为功能不合理

在很多情况下，我们并不认为个体的问题行为功能是合理的；或者说，从个体长远发展的角度来说，其问题行为的功能是不合理的。比如，对于功能是获得社会化关注的问题行为，从短期来看，大多会被认为是功能合理的行为，认为应该满足其关注的需求，该儿童只是需要通过恰当行为来获得别人的关注而非以问题行为的方式。但是，从儿童长远的发展来看，这一行为的功能又是不合理的。任何一个个体都需要学会在缺乏他人足够关注的情况下亦做到行为表现恰当,也就是说,个体不应该将寻求他人的关注作为行为的目标。从这个角度来说,这种行为的功能又是不合理的。

如果儿童发脾气、攻击、自我伤害等行为的功能是为了逃避作业任务、要求等,人们(尤其是家长和老师)更多会认为这种行为功能是不合理的,他们通常会说,"学生怎么可以不做作业呢?如果不做作业学业怎么可能达到要求呢?"而且,从人的发展来说,每个人都会需要做一些自己不愿意却又不得不做的事情。如果个体没有学会自我控制,而是一味地遇到自己不喜欢的事情就用问题行为来逃避,那么个体实际上很难具备适应社会生活的能力。

对于身体的某些特殊情况,包括需要某种生理刺激或者身体的某些不舒服症状,个体也是需要学会恰当地进行自我控制,这也是人跟动物所不同的地方。比如说,当个体处于很嘈杂、吵闹的环境中时,即使因为环境的噪音水平远远超过自己可接受的水平,个体仍旧需要学会克制自己,让自己心情平静,而不是因为环境嘈杂而出现尖叫或者其他问题行为。换句话说,当个体成长为一个社会人时,他就必须学会控制自己的生理需求,去做符合社会规范的事情。这也是个体适应社会应该学会的行为。

因此,在基于行为功能的行为干预计划制订过程中,干预者还需要从功能不合理的角度考虑个体应该学会什么行为,这些行为可以如何进行训练。在大多情况下,干预者会通过自我控制、自我管理训练等方式提高个体对不良刺激的容忍力以及自我控制能力。

二、基于 ABC 序列的干预思路

所谓 ABC 序列,就是前面所提到的前奏事件(也可包括情境事件)、行为及行为结果。ABC 序列反映了从问题行为发生之前到发生之后整个行为的发生、变化过程。对于反复出现的问题行为,这个过程也已经达到了习惯化或者自动化的水平。有时,我们甚至可以借用行为链的方式将这个过程描述出来。当然,这个自动化的行为链是一个错误的行为链,比如,有些儿童在其父母拒绝其要求时的第一反应就是哭闹，而在其父母满足其要求之后哭闹马上停止。这一行为发生变化的过程实际已经达到自动化的水平，而父母也已经不由自主地适应了这一过程，并对其无可奈何。对于干预者来说，在制订行为干预计划时需要思考影响这一行为链的每一环有哪些因素；是否可以通过调整这些因素，打破行为链的某一环；哪一环会更容易被打破，且对个体的负面影响更少，即干预更加积极。从这个角度出发，干预者可以从行为发生之前的前奏事件与情境事件、行为以及行为发生之后的行为结果这三个角度进行思考。

（一）基于前奏事件、情境事件的干预措施

最佳的行为干预措施应该让个体的问题行为消弭于无形，即起到预防的作用。按照兵家之策，让敌人不战而降为上上策。积极行为支持的首要目标是预防问题行为的发生（Carr et al., 2002；Chandler & Dahlquist, 2002, 2006）。基于前奏事件、情境事件的干预措施的目的就在于通过改变、撤销可引发或者维持问题行为的环境变量，或者引入新的可引发恰当行为的环境刺激，达到预防问题行为发生、发展的目的（Carr et al., 2002；Chandler & Dahlquist, 2002, 2006）。不管行为功能合理还是不合理，在设计行为干预计划时，首先需要考虑的是可以通过何种措施预防问题行为发生。在这个过程中，以下问题是需要思考的：

若针对前奏事件，问题可以是：

- 引发当前问题行为的事件是什么？
- 这些事件是否可以通过一定措施消除、减少？如果可以，措施是什么？如果不可以，减少这些事件的影响的措施是什么？
- 引发恰当行为的事件是什么？

若针对情境事件，问题可以是：

- 与问题行为发生相关的情境事件有哪些？
- 这些情境事件是否可以通过一定措施消除、减少？如果可以，措施是什么？
- 如果不可以，改变情境事件对个体行为的影响的措施有哪些？

不管是前奏事件还是情境事件，在考虑干预措施时，首先要回答这些环境因素是否可以撤销。如果引发问题行为的事件可以撤销，那么通过撤销该事件就可以起

到减少或者预防问题行为发生的作用。如果不可以撤销，则可以考虑这些事件是否可以得到调整或者改变。比如，对于儿童拒绝做作业的行为，布置作业作为一个前奏事件在很多老师和家长看来是不可以撤销的，那么就需要考虑是否可以通过改变作业的某些性质来减少儿童对作业的厌恶，从而减少儿童拒绝做作业的行为。例如，降低作业的难度、增加作业的趣味性、让儿童能够自己选择想要做的作业，或者调整作业的完成形式，从而提高儿童完成作业的动机，减少拒绝完成作业的行为。又如，对于注意力很容易分散的儿童，减少所处环境中容易引发其注意力分散的刺激物，调整活动的动静组合方式，都是通过调整前奏事件减少问题行为发生可能性的方法。

相比前奏事件，要撤销与问题行为发生有关的情境事件会更加困难。在日常生活中，大多数情境事件是不可消除的，也很难改变，比如父母离婚、家庭经济状况不良、曾经发生的创伤事件、个体的残疾或者障碍、药物的副作用等。当无法改变这些情境事件时，需要考虑的一个问题是如何减少这些事件对个体行为的负面影响。虽然情境事件不可消除，但是采取一定措施还是可以减少事件对个体行为的负面影响的。在大多数情况下，干预者可以引入新的刺激或者事件，以减少不良环境事件对个体行为的负面影响，或者让个体对这些不良环境事件有更加正面的认识。

霍纳等人（Horner et al., 1996）提出了几条干预者可用于减少此类事件对学生行为影响的措施，包括：改变与学生的交往；改变对学生的期望；改变学校环境中的其他因素等。钱德勒和达尔奎斯特（Chandler & Dahlquist, 2006）也在其书中举了几个这方面的例子。比如，如果一个学生总是很难适应学校日程表的变化，则可以通过不断地提醒或者提供图片示例对儿童说明即将到来的日程变化（如远足），让其对未来环境的变化有更好的控制感，从而使其更好地适应日程表的调整。这种策略对帮助自闭症儿童适应日程表的变化很有帮助。自闭症儿童常常对行为程式有着异乎寻常的固着，如果日程表上的活动突然发生变化，他们很容易采取负面的问题行为进行应对。又如，对于正在经历父母离婚事件的学生来说，教师需要改变对学生行为的期望，对学生出现的问题行为需要有更多的容忍性，并调整与他们的交往，在与学生的谈话中给予他们更多的理解与安慰，让他们学会更加积极地看待家庭生活中发生的这些变故。这些措施并没有撤销或者改变情境事件，而是尽可能地促使这些带有消极意义的情境事件变得中性化或者减少它们对学生行为的负面影响。

（二）基于行为的干预措施

在行为干预过程中，如果总是从问题行为出发去考虑干预的措施，有时并不一定能够达到很好的效果。从个体良好的、恰当的行为出发去设计干预的策略，更符合教育的理念和儿童学习的特点。一些研究者认为，应该将对恰当行为的干预纳入干预计划中，通过确定可以代替问题行为并与问题行为具有同一功能的恰当行为，促使个体行为的改变（Carr，1997；Horner & Car，1997）。这一类行为干预措施的设计和实施都是基于这样一个假设，即个体问题行为的功能是合理的且可以被接受的，个体需要学习新的恰当行为来获得功能的满足。根据卡尔等人的观点（Carr，1997；Horner & Carr，1997），确定代替问题行为的恰当行为的策略有5种：

1. 选择教育性或者功能性的替代行为

恰当的替代行为应该是那些促进个体独立性、拓展个体行为技能范围、最大程度融入家庭、最少受限制的学校和社区环境的行为，而功能性或者教育性的行为则是那些在多种环境中都有效的行为，或者是对高级的行为技能来说是必须先掌握的行为（Chandler & Dahlquist，2002，2006）。尤其对于言语沟通能力非常有限的儿童来说，他们的问题行为常常具有沟通的目的，在确定恰当的替代行为时，要考虑其沟通的需求以及能力水平的限制，设计功能性的交流行为。当功能性的交流行为通过训练被儿童掌握之后，他们还可以将之用于其他情境。比如，前面提到的杜兰德和克莱明斯（Durand & Crimmins，1987）教一名自闭症男孩在遇到较难的作业时说"帮帮我"来代替原先的不恰当发声，这一表达方式可以泛化或者迁移到其他情境，提高该男孩与人的沟通能力。一般来说，功能性或者教育性的行为可适用于多个情境，即前面所说的"在多个情境中都有效"，这意味着行为可以有更多的机会在自然的环境中受到行为结果的强化和维持。

2. 选择正常化行为

积极行为支持的理论受到了融合教育思潮的影响，正常化的原则不仅体现在行为干预措施的选择上，也表现在选择恰当的替代行为上。正常化的行为（normative behaviors）指的是那些与个体年龄相适应的行为，即个体的同伴常常使用、与其生理年龄相符合的行为（Chandler & Dahlquist，2002，2006）。从行为结果来说，这一类行为更有可能被同伴所接受，也因此更有可能在不同情境中被更多人强化，也更有利于保持。

有时，选择正常化的替代行为对于干预者来说是非常困难的一件事情。比如，有一名语言能力非常有限的一年级盲生，她常常在别人大声说话或者将同样的话语重复多遍时去打对方。功能评估结果发现，该儿童的行为是想让别人停止说话。学校教师试图通过恰当替代行为的训练提高其交流技能，但是该儿童的语言能力非常有限，而且所在班级的其他同学都是盲生，对其要求对方停止说话的动作也几乎看不见。而教师希望找到可以泛化到多种交流情境中的行为，也就是说大多数人不需要专门提醒就可以明白该行为的意义，即属于正常化的行为。根据该盲生的具体情况，为其选择一个正常化的替代行为以达到交流的目的是很有难度的。

有时，选择正常化的替代行为几乎是不可能的事情。比如，前面李艳（2009）对9岁自闭症男孩频繁咬衣服（衣袖或衣领）的刻板行为的干预，以及杨丹蓉（2011）对一名15岁自闭症儿童在教室里揉搓生殖器的行为的干预，就属此类。由于这两个行为的功能并不是在普通同龄伙伴中常见的行为功能，不可能选择符合其生理年龄的正常化行为来替代问题行为。

总之，在选择恰当的替代行为时，干预者不仅需要考虑是否可以找到适应个体生理年龄的正常化行为，还需要考虑个体的能力和发展水平，以及行为发生情境中的某些社会化要求。

3. 选择可接受的替代行为

替代行为是否可以成为个体行为技能的一部分，不仅仅要看它是否可以被掌握，还要看它在生活中被使用时是否可以为周围人所接受。因此，在选择恰当的替代行为时，研究者要考虑行为当事人及与其有关的那些重要人员，如父母、教师的意见。仅仅停留在训练室内的替代行为最多只能作为别无他法情况下的短期目标，但不是一个良好的选择。这一类行为由于不为同伴、家长和老师所接受，在自然情境下很难获得自然的强化，也因此无法长时间维持。所以，在行为干预计划制订和实施过程中，研究者要将这些重要的关键人员纳入到干预小组中（Carr et al., 2002；Chandler & Dahlquist, 2002, 2006）。

4. 选择高效的替代行为

高效的替代行为不仅是说这一行为可以产生与问题行为同样的功能，还要在它产生理想的功能时可以与问题行为进行有效地竞争。钱德勒和达尔奎斯特(Chandler & Dahlquist, 2006) 认为，高效的行为可表现在以下几个方面：

- 比问题行为花费的时间或者精力更少；
- 比问题行为产生更多数量或者更高强度的强化；
- 比问题行为更常产生功能，即更常有机会获得功能满足；
- 比问题行为更快获得强化，从替代行为出现到获得强化之间的时间间隔比问题行为更短。

从人趋利避害的天性来说，高效的替代行为更容易被个体在实际生活中应用和维持。

5. 选择与问题行为不相容的恰当行为

不相容行为的区别强化是应用行为分析领域的一个重要技术。其中不相容行为指的是一组行为，如果当一个行为的发生次数增加时，另一个行为的出现率必然减少，那么这两个行为就组成一对不相容行为。在应用行为分析领域，针对问题行为的不相容行为进行干预是非常有效的措施。比如，洛瓦斯等人（Lovaas et al., 1965）曾经采用这一程序对一名9岁女孩的自伤行为进行了矫正。该女孩的自伤行为是用头或者手臂碰撞墙壁或者有棱角的家具。研究者为该女孩所选择的不相容行为是配合音乐的节奏唱歌、拍手或者摇手。当女孩参与这些韵律活动时，就给予她所希望的社会赞许。而当她唱歌、拍手或者摇手时，她的自伤行为就不会出现，结果，女孩参与韵律活动的时间越来越多，而自伤行为的表现越来越少。

在积极行为支持领域，应用不相容行为区别强化的目的在于：通过增加与问题行为有同一功能的恰当不相容行为，来达到减少问题行为的目的（Chandler & Dahlquist, 2002, 2006）。因此，不仅要选择与问题行为无法同时发生的恰当行为，还要注意这一不相容行为是否能获得与问题行为同样的功能，是否可以帮助个体解决所面临的问题。比如，斯图尔特与阿尔德曼（Stewart & Alderman, 2010）运用不相容行为区别强化、低比例行为区别强化、隔离技术等，对一名39岁的脑创伤男子的不良行为进行了干预。该男士的大脑因受到攻击而严重受伤，之后常常出现言语爆发以及对自己、物体和他人的攻击行为，也会朝着工作人员或者其他服务人员扔家具、图画、咖啡杯以及其他物体，尤其是在完成个人卫生活动时，这些问题行为的出现频率非常高。干预初期，研究者采取了不相容行为的区别强化技术。如果他在15分钟内表现出与攻击和不合作行为不相容的行为，干预人员则给予表扬和一个代币（一个塑料盘）。任何时候表现出的亲社会行为，尤其是直接与参与康复活动相容的行为，都可以获得表扬；反之，如果表现出攻击和不合作行为，则会被提醒，并被告知他在下一个15分钟内还有机会获得奖励。所获的代币可以在日间指定的时间内用来交换一些强化物。相反，当攻击性行为和不合作行为发生时，则对他采取强化物隔离的方式，工作人员撤销对他的持续关注或者完全不予以反应。但是干预结果显示，不相容行为的区别强化程序没有让该男士的攻击行为次数有效降低。从功能分析结果来看，该男士之所以出现攻击性行为，其目的在于逃避个人卫生活动或者其他康复活动。但是从研究者采取的不相容行为来看，其完成个人卫生活动或者康复活动的行为，与问题行为所要达成的功能完全不同。这是否可以解释不相容行为区别强化技术为何没有达到有效减少个体问题行为的目的，为何解决其面临问题（比如大脑受伤难以有效地自我控制以完成任务），值得研究者进一步考虑。

总之，研究者在制订行为干预计划时，要将问题行为和恰当的替代行为都纳入干预目标中。根据伍新春、胡佩诚（2005）的观点，问题行为就是个体不需要的行为，而良好的、恰当的行为就是需要的行为，应该根据个体的特点，确定需要的行为属于什么性质，是需要加强、发展还是拓展，然后再相应地设计干预训练的方案。

（三）基于行为结果的干预措施

行为结果是个体行为之所以反复出现的最重要理由，也是个体行为功能最直接的反映。基于行为结果的干预措施不管功能合理与否，其目的都是为恰当的替代行为提供支持，以及撤销或者改变支持当前问题行为的结果（Chandler & Dahlquist,

2002，2006）。在这一过程中，可以思考的问题是：

(1) 针对问题行为的问题可以有：

- 问题行为结果需要撤销并且可以撤销吗？即可以针对问题行为应用消退策略吗？一般来说，外界社会提供的强化物不管是给予关注、刺激物还是撤销个体厌恶的刺激物，都可能可以撤销，但也要注意撤销过程中可能出现的突发事件。另外，如果行为真正的结果是感觉的强化，那么撤销这个行为结果就会比较困难。
- 问题行为结果的强度、持续时间、频率或者强化的时间程式可以进行改变吗？强度降低、持续时间变短、频率变少、强化的时间间隔越来越长，都会使得行为结果维持问题行为的有效性降低。
- 问题行为之后可以引入新的结果吗？比如，在撤销原有强化物的同时是否可以引入新的厌恶刺激（即惩罚），使个体难以通过问题行为获得愿望的满足，反而因问题行为而付出代价。

(2) 针对恰当的替代行为的问题可以有：

- 原有问题行为的结果可以出现在恰当的替代行为之后吗？应以何种形式出现？比如，如果原先问题行为的功能是获得关注，那么在干预过程中，恰当的替代行为出现之后应该给予什么样的关注呢？
- 如果原有问题行为的结果无法出现在恰当的替代行为之后，那么支持恰当行为的新的结果应该是什么呢？

总之，基于行为功能的行为干预计划要综合地考虑问题行为以及恰当的替代行为之后的结果。

 知识链接

关于消退与惩罚

消退指的是行为出现之后，不再跟随以往的强化，也就是通过撤除原先维持行为的结果（即撤销强化）的方式促使行为减少。一般来说，行为不再获得强化之后就会逐渐地减少，但在此之前，行为的频率、持续时间和强度常常会出现暂时增加的现象，一些个体甚至会出现更加严重的攻击、自我伤害等行为，以迫使周围人再次对其进行强化。这种现象被称为"消退爆发"。因此，如果确定不再给予以往的强化，干预者就要做好面对个体行为出现消退爆发的准备，有时甚至要做好应急预案，以防止个体的行为伤害到其自身以及他人的身体。

惩罚则是指个体的行为出现之后，所跟随的是厌恶刺激或者原先获得的强化物的损失，以促使个体的行为停止、减少或者不再出现。惩罚根据惩罚物的性质可以分为正惩罚与负惩罚。正惩罚即是在行为出现之后让个体承受某种厌恶刺激，而负惩罚则是让个体损失原先获得的强化物，这两种惩罚的目的都在于让行为停止、减少或者今后不再出现。但在惩罚使用过程中要避免副作用的产生，惩罚的副作用主要表现在以下几个方面：

- 会引起个体的不良情绪反应和攻击行为；
- 容易产生条件惩罚物，可能逃避实施惩罚的家长或者教师；
- 容易让受到惩罚的个体模仿；
- 可能使实施者上瘾，使实施者首先想到采用惩罚，而非其他更具教育意义的行为干预措施；
- 过度惩罚可能导致其他良好行为的抑制；
- 惩罚往往对行为只有短期效果，它只针对旧行为，而非新行为。

在积极行为支持领域，消退与惩罚都不属于积极干预的策略，而是消极干预策略。之所以称这两种技术为消极干预策略，其原因在于这两种技术都仅仅是让原有的行为停止、减少或者在未来不再出现，而不针对新的

恰当的替代行为的学习。这两种技术在使用过程中都会使个体出现一些消极的负面情绪反应，有时甚至会出现严重的攻击、自我伤害行为，可能会伤害到个体或者他人。因此，如果在行为干预计划中包含这些消极干预的策略，那么必须有积极干预的策略与之相配合。比如，如果采取撤销强化物的方式对问题行为进行消退，那么最好将原有强化物用于新的良好行为的强化；如果使用惩罚技术，也是如此。有不少研究都显示，在对问题行为进行惩罚（如代币剥夺或者隔离技术）的同时对良好行为进行强化，行为干预的效果会更好。

（昝飞，2007；Chandler & Dahlquist, 2002, 2006；Cooper et al., 2007）

知识拓展

基于行为功能的行为干预方法的决策模式

乌姆布莱特等人（Umbreit, Ferro et al., 2007）认为，基于行为功能的行为干预计划由三类基本的方法组成，即教替代性行为、改善环境、调整行为与结果之间的关系。

在选择这三类方法干预学生问题行为时，可以询问以下两个关键性的问题：

1. 学生能够表现出替代性行为吗？

    A 如果答案是"否"，则采用第一种方法，即教学生替代性行为。

    B 继续询问下一个问题。

2. 前奏状况反映出了"最有效的教育实践"吗？

    A 如果第一个答案为"是"、第二个答案为"否"，则采用第二种方法，即改善环境。

    B 如果两个问题的答案都是"是"，则采用第三种方法，即调整行为与结果之间的关系。

C 如果两个问题的答案都是"否",则采用第一种方法和第二种方法,即教学生替代性行为以及改善环境。

具体决策过程如下:

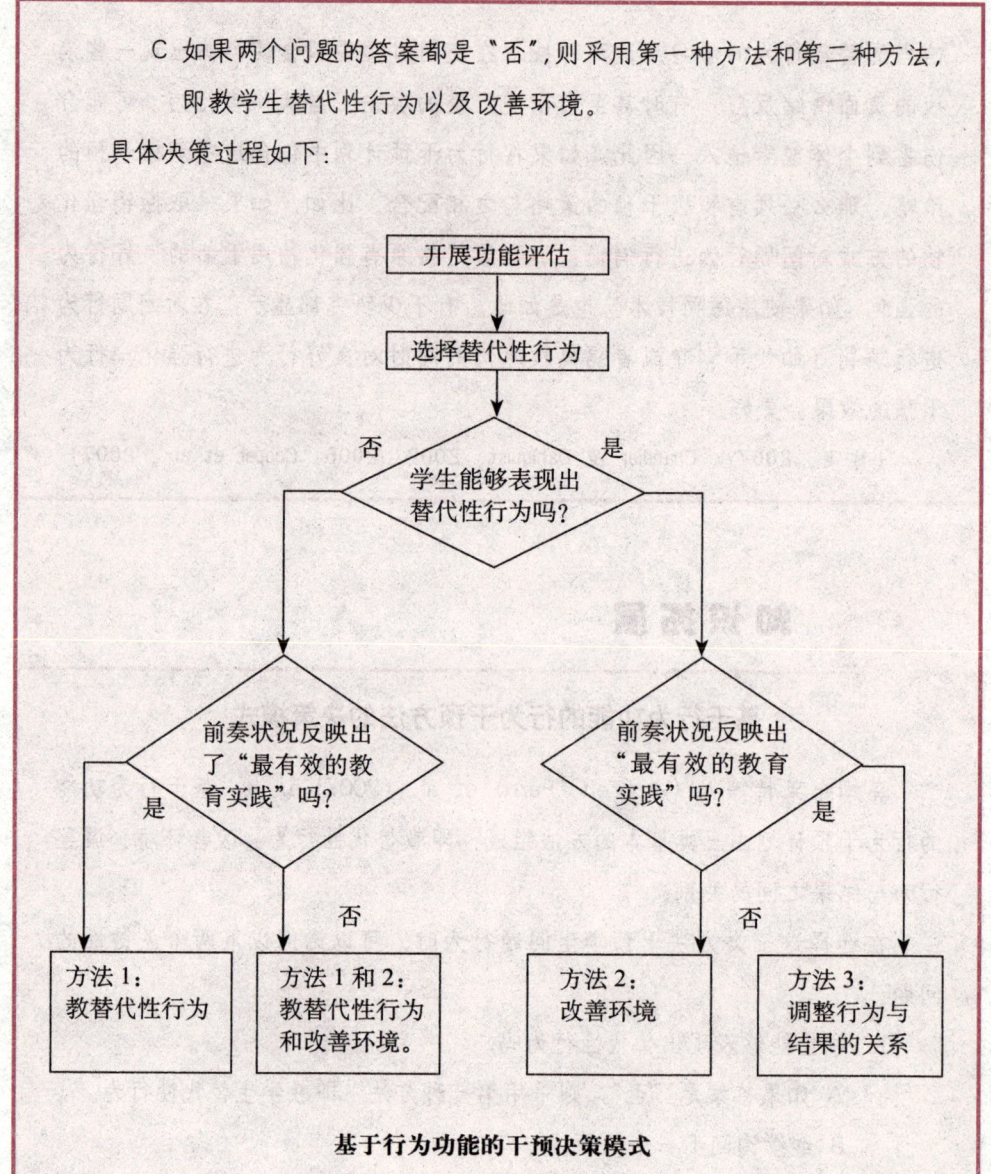

基于行为功能的干预决策模式

第二节 制订行为干预计划

行为干预计划的制订是行为干预过程中非常重要的一个阶段。在这一阶段，要完成多项任务，包括确定行为干预目标、确定行为干预措施、制订行为进展情况的监控方案等，所有这些内容（包括之前已经介绍过的行为评估过程以及评估结果）都应该写入行为干预计划中。在前面一节中，我们已经简单地介绍了积极行为支持领域行为干预的整体思路，本节将进一步介绍行为干预计划制订中要遵循的一些原则以及行为干预计划文件的基本格式。

一、确定行为干预措施的基本原则

前面我们已经提到，完整的综合的行为干预计划应该将两类行为都纳入干预的范畴，即问题行为和恰当的替代行为，伍新春、胡佩诚（2005）将它们称作不需要的行为和需要的行为。在基于功能合理性前提下分别确定这两类行为所要达到的目标之后，确定具体的行为干预措施就是之后要完成的一项重要任务。在前一节中我们已经从功能合理性以及 ABC 序列角度对整体的干预思路进行了分析。但在这一过程中，到底有哪些方法可以用于具体某一目标的干预，其确定则需遵守一定的原则。

（一）关注行为功能，强调积极干预

积极干预的原则应该是每个开展行为干预的工作人员首先坚持的一条原则。以积极的态度面对个体（尤其是存在行为能力限制的特殊儿童）的问题行为，才能更好地理解他们所面临的难题。问题行为的出现，反映出个体已具备的能力与所面临的问题所需的能力之间存在差距。因此，从个体问题行为功能出发开展干预，是积极干预的首要原则。而与个体问题行为功能一致的行为更有可能迁移或者泛化到新的情境中，也更能在个体的生活中维持（Durrand & Carr, 1992）。因此，基于行为

功能的干预策略比不基于行为功能的干预策略更有可能获得成功（Kazdin，2001；Horner et al.，2002）。

强调积极干预意味着不管面对何种问题行为，首先采用的应是非厌恶性干预措施，此类措施很少引发个体的负面情绪体验。只有当积极干预措施无法有效改善问题行为时，才采取惩罚之类的消极干预措施。强调积极干预并不是反对使用消退、惩罚等具有厌恶性的行为干预技术，而是强调在采用这些技术时要考虑到这些技术在使用过程中可能产生的负面作用，以及由此产生的问题行为反弹等现象，并在干预计划制订过程中就对此做好思想准备以及应急准备。另外，干预人员若使用惩罚、消退等消极行为干预技术，则一定要有对恰当行为进行强化等的积极干预技术的配合。积极行为支持立足于个体生涯发展，因此，单纯使用消极行为干预技术的行为干预计划从来都不能算是一个好的行为干预计划，这些技术只是针对旧的行为，而不是新的良好行为。

（二）关注个体良好行为，以提高个体整体的社会适应能力为目标

相比问题行为，积极的行为干预更注重的是个体的良好行为而非问题行为，帮助个体掌握能够解决其面临的挑战的适当行为才是行为干预的真正目标。这一原则对于儿童来说尤其重要。从发展的眼光看待儿童出现的问题行为，从其问题行为及其要达到的功能发现儿童社会适应能力的不足，并以提高儿童整体的社会适应能力为导向，设计行为干预计划，更符合教育的理念，也更适合学习的观点。

因此，人们在确定行为干预措施时，更要从问题行为的反面（即恰当行为的角度）去思考个体要达到的干预目标是什么，并分析个体需要学习的行为所具有的功能，个体为何没有如普通同龄个体一样学会这一行为，学习这一行为的过程中可能面临的阻碍以及解决方法是什么。总之，行为干预的目标不仅仅限于让原有的问题行为减少或者消失，更重要的是拓展其功能性行为水平，提高其整体的社会适应能力。

(三)重视个体发展特点,强调自然的、正常化的干预措施

研究者确定行为干预措施时要仔细地分析个体本身的特点,尤其是生理年龄特点以及能力发展水平。但任何一个个体,只要是人,其最重要的性质就是社会性,即每一个人都是生活在群体中的人,即使是有严重发展障碍(如自闭症)的儿童,其内心都仍非常渴望被社会群体接纳。这就意味着对问题行为的干预不仅要遵循个别化原则,即重视个体本身的发展特点,同时也要遵循正常化原则,即所采取的行为干预措施也应该是绝大多数同龄人出现此类问题行为时常常使用的措施。这类措施被认为是正常化的干预措施。不管是基于前奏事件、情境事件、行为结果还是行为的措施,行为干预的具体过程应该是个体所处环境中常常发生的,同样也可以应用到其他个体身上的(Chandler & Dahlquist,2002,2006)。

正常化的干预措施是个体所在群体中的那些关键人物在自然情境中常常使用的措施,是自然的干预措施,正因为他们非常熟悉这些干预措施,也更能接受,更容易使用(Chandler & Dahlquist,2002,2006)。对于需要进行行为干预的个体来说,他们不会因为应用这些干预措施而使得他们在群体中显得非常特别,可以更少因为接受干预而被关注。当然,人们并不是任何时候都可以找到自然的、正常化的干预措施。而且对于什么是正常化的干预措施,不同人的见解可能有所不同。此时,被干预者接受的干预措施就是更接近正常化的措施。

(四)重视环境的作用,采取可接受的合乎情理的干预措施

从前文的分析中可以看到,在引发以及维持问题行为方面,各种环境因素在其中起着非常重要的作用。在制订干预计划的过程中,干预者要清醒认识到环境中的不同人员的行为方式以及其对个体所做的事情与个体所出现的问题行为之间有着非常密切的关系。研究者要抛弃问题行为是个体自身的问题这样的观点,应认为问题行为是由环境中的某些因素所引发的,并由这些因素维持,只有坚持这样的观点才能真正从学习的角度为个体设计行为干预计划。

要最大程度地发挥干预措施的效果,环境中关键人物(如教师、家长等人)对问题行为的认识、态度以及实施干预措施的一致性都是非常重要的。而要做到这一

点,他们必须对个体问题行为的功能评估结果以及基于行为功能所提出来的干预策略都是接受的。因此,在整个行为评估以及干预过程中,个案管理员作为总负责人要通过各种方式与相关成员进行不断地沟通与协调。只有实施干预策略的这些关键人物认为,对问题行为的功能假设以及行为干预措施都符合个体实际情况,是合乎情理的,他们才有可能接受这些。在干预过程中,他们才更有可能一致地实施这些策略。

但是要做到让环境中关键人物都能接受问题行为功能评估的结果以及相关干预措施,实际上是很有难度的。事实上,对于不同情境中出现的相同表现形式的问题行为,人们的态度常常是不同的;对于干预措施,不同人员的接受水平也有所不同。在实际工作中,提高不同人员对干预措施的接受度以及认识,最有效的做法是让这些人员作为行为干预小组的重要一员参与到个体问题行为的干预过程中来。这也是积极行为支持之所以是一个基于小组合作的过程的原因(Carr et al., 2002;Horner & Carr, 1997;Chandler & Dahlquist, 2002, 2006)。

二、以功能为基础的行为干预计划

通常,在完成行为功能评估与分析并经过干预小组多轮会议讨论确定了个体问题行为的干预措施之后,干预小组需要完成一份完整的行为干预计划。对于制订了个别化教育计划的特殊儿童来说,这个行为干预计划也可以纳入个别化教育计划。

一般来说,行为干预计划与个别化教育计划的结构类似,通常包括以下几个板块的内容:个案基本资料、问题行为评估资料、行为干预内容与措施、行为干预实施、行为干预结果与讨论等部分。

(一)个案基本资料

个案基本资料中,除介绍个案的人口学信息、障碍信息之外,还应该包括家庭基本情况、个体社会适应情况、医院相关诊断结果等信息,并对个案所出现的问题行为的具体表现、出现的历史、对自身及他人所产生的影响以及教师或家长曾经采用的干预措施和效果做回顾性介绍。

（二）问题行为评估资料

此板块要求对纳入评估的问题行为的操作性定义、行为评估过程以及行为评估结果进行详细介绍。纳入行为评估的问题行为并不一定完全与转介过程中所获得的问题行为资料一致，因此要对问题行为下一个操作性定义。

行为评估过程具体介绍问题行为评估的内容与方法，包括对问题行为严重程度以及行为功能的评估情况。如果评估的行为目标也包括个体很少表现的良好行为，研究者也要对此进行详细描述。在前面的行为描述中，也可以对此良好行为的操作性定义进行描述。

行为评估结果主要涉及三个方面的内容：

（1）对问题行为严重性的描述。通过对问题行为发生频率、持续时间、强度等行为指标以及对自身、他人生活、学习及身体的安全性的影响等方面的描述，说明个体问题行为的严重性。

（2）行为功能评估。对前面功能评估的结果进行分析，对个体问题行为的功能进行假设和总结，并对之所以得出这一功能的原因进行描述。

（3）与该行为有关的环境因素。根据行为功能评估结果，对与问题行为发生有关的前奏事件、情境事件、行为结果进行描述，情境事件可以从个体本身的特点（包括神经兴奋类型、障碍类型与程度、能力发展水平等）、家庭因素（包括家庭结构特点、家庭社会经济文化水平、家庭教养方式、家庭情感沟通方式等）、学校及社会因素（课程性质、教学目标、教学内容与方法、在校遭遇不良事件、其他创伤事件等）的角度进行介绍。

（三）行为干预内容与措施

此部分内容包括行为干预目标、具体采取的行为干预措施、干预效果监控措施以及干预小组签名等。行为干预目标即对问题行为、恰当行为通过干预需达到的目标进行描述。行为干预措施即是详细介绍针对个体问题行为以及恰当行为将分别采取哪些措施，可以从基于前奏事件或情境事件的措施、基于行为的措施以及基于行为结果的措施进行描述。监控措施部分则是介绍在行为干预期间如何对个体行为变化进行观察、记录。干预小组签名则可说明干预小组各成员对这一行为干预计划的接受状况，也反映了参与此个案行为干预的具体成员。

（四）行为干预实施情况

此部分将对问题行为的具体干预情况进行描述，也包括对良好行为的个别训练，可采取插页或者粘贴附录等方式说明每次干预的具体内容、过程、时间、行为变化情况、训练者等。如果在干预过程中要对干预计划进行调整、改变，也需进行说明。

在行为干预实施过程中，干预小组可能定期或者不定期地召开行为干预会议，有关行为干预会议的讨论情况也可通过粘贴附录或者插页等形式放入此板块中。

（五）行为干预结果与讨论

经过一段时间的干预，小组要对个体的行为变化情况进行总结。此版块介绍的就是个体行为变化的总结材料及其与行为干预结果有关的原因分析。图 4.1 提供了一个行为干预计划的示例。

填表时间：＿＿＿＿＿＿

一、个案基本资料					
姓名		性别		现所在班级	
出生日期		障碍类型		障碍程度	
家庭基本情况	介绍家长受教育程度、职业、家庭经济状况、对儿童的支持和家庭教养方式、对儿童的期望等。				
学校适应状况	说明个体学习表现、与同伴和老师的相处情况。				
医院诊断情况					
问题行为发生历史					
二、问题行为评估资料					
问题行为（良好行为）描述	描述问题行为的操作性定义。				
行为评估过程	说明行为评估的方法和具体操作过程等。				
问题行为严重程度	说明行为发生次数、持续时间、强度、周围人的看法等。				
行为功能分析	说明行为的目的或者功能。				
与该行为有关的环境因素	说明行为发生的前奏事件、行为结果、个体生理因素、障碍、能力水平、家庭因素等与行为发生的关系。				
三、行为干预内容与措施					
行为干预目标	说明行为干预针对的目标行为需达到的水平。				
拟采取的干预措施	说明具体采取的行为干预措施。				
干预效果监控措施	说明行为监控的方案，包括时间、地点、谁来监控等。				
干预小组签名					
四、行为干预实施情况					
说明行为干预具体实施情况以及行为记录的情况。					
五、行为干预结果与讨论					
说明行为改变的情况并对之进行分析讨论。					

图 4.1　行为干预计划示例

总之，在制订行为干预计划的过程中，干预小组要根据问题行为的功能来选择并确定具体的干预措施。在这一过程中，干预小组要从行为的前奏事件、情境事件以及行为结果角度去考虑个体所处环境中的各种因素与问题行为之间的关系，并尽可能确定与问题行为功能相同的恰当行为，以进行训练，从而代替原来的问题行为。

第五章

与社会性正强化有关的行为干预策略

社会性正强化功能指的是，个体行为出现之后所获得的结果为社会关注或者外界给予的刺激物，如糖果、游戏、休息时间、代币、贴纸等。这一类结果都是令个体行为发出者满意的或者是其期望的结果（Chandler & Dahlquist，2002，2006），即是强化物。也正是因为这些强化物的存在，才强化了或者维持了行为的存在。比如，在特殊学校的课堂里，一些孩子常常出现发出怪叫、用物体敲击桌子、来回走动等课堂扰乱行为。通常，这些行为出现之后老师会批评学生，之后学生的课堂扰乱行为会停止；但是老师批评得越多，学生的课堂扰乱行为反而出现得也越多。有时，学生的这类课堂扰乱行为的功能是获得教师的社会关注。虽然教师在学生出现课堂扰乱行为之后给予了批评，有时甚至会严厉制止，但是这些批评和制止在学生看来则是一种关注。对学生来说，不管关注是积极的还是消极的，只要是关注，行为都会受到强化。

对于具有此类功能的问题行为，根据前一章的行为干预思路，首先我们要确定个体行为的社会性正强化功能是否合理，之后则是根据功能的合理性进行具体行为干预计划的设计。

第一节 基于功能合理的行为的干预策略

在大多数情况下，我们会认为个体问题行为的社会性正强化功能是合理的，比如，父母和教师常常会认为应该给予儿童社会关注。在此前提下，人们对个体问题行为进行干预的首要目标就是教他们能够产生与问题行为有同样功能、可用于代替问题行为的恰当行为（Chandler & Dahlquist，2002，2006）。因此，在具体的行为干预过程中，干预者很关键的一个任务就是分析并确定什么样的恰当行为可以产生与问题行为同样的功能，并可用于代替问题行为。这样的行为干预思路也符合积极行为支持对问题行为进行预防的干预原则。以下，我们将按照行为ABC序列从行为发生之前、行为发生时及行为发生之后对相关干预策略进行分析。

一、用于行为发生之前的干预策略

在个体问题行为尚未发生之前即采取措施以引发恰当的替代行为是干预者在个体问题行为发生之前进行干预的首要目标。换句话说，干预者要回答的问题是：什么样的措施是可以促使或者直接引发个体恰当行为的。而只要个体表现出恰当行为，其问题行为的出现概率也就会相应降低。用于此目标的策略一般有：

1. 消除或减少引发问题行为的不良因素

如果个体问题行为的功能是社会性正强化功能，通常也意味着个体在一般情况下难以通过恰当的行为获得社会性正强化。比如，对于需要通过问题行为获得社会关注的儿童，他们的行为能力往往落后于同龄儿童，很少表现出能够获得老师和家长表扬或者正面关注的行为。如果他们没有表现出问题行为，则很容易处于被忽视的状态。因此，在干预过程中，干预者要分析并确定是否有类似促使或诱发个体问题行为发生的不良因素存在，并尽可能采取措施消除或者减少此类不良因素。这就意味着要对个体所处的环境进行重构，通过改善环境，尽可能消除或者减少引发问题行为的不良因素来改变个体的行为。

比如，当老师向同学们提问时，如果小光举手之后老师没有叫他回答，他就会大叫"我，我"，直到老师叫他回答问题为止。对于小光大叫这一行为，其行为功能是为了获得老师的关注和回答问题的机会。如果老师认为，应该让小光回答问题，也就是说其社会性正强化功能是合理的话，那么在小光举手之后还没出现大叫声音之前，教师就应让其回答问题，而非等到其大叫之后才让其回答。教师在恰当的时间对小光的恰当行为给予关注，可以很好地消除小光缺乏关注的这一不良因素，从而减少其问题行为的发生。

2. 给予提示或者警告信号

如果个体在完成某个任务的过程中，常常出现有社会性正强化功能的问题行为，干预者可以在布置任务时就给予提示，或者在出现问题行为的苗头时给予警告，以提醒个体，促使其表现出良好行为。通常，这类提示或者警告信号的内容与恰当的替代行为以及之后的强化物有关（Dunlap & Kern, 1993）。有关良好行为的说明或者指导类的提示一般在个体开始完成某项任务之前提供，而警告信号则用于任务完成的过程中。

关于恰当替代行为以及之后跟随的强化物的说明可以通过多种途径提供给个体，干预者可以根据个体的语言理解能力、任务开始之前的具体情境进行选择，具体有以下几种形式：

- 口语说明。即用清晰明确的语言将要求个体表现出的恰当行为以及之后跟随的强化物告诉个体。比如，老师可以告诉学生，"老师提问之后，如果你能安静地举手，而不是大声叫喊，老师会叫你回答问题，并奖励你一张贴纸。"
- 文字说明。比如，在任务开始之前，老师可以在学生的桌子上或者铅笔盒上贴一张书面说明："记住，要求老师帮助时要举手"或者"认真做作业5分钟之后，老师会过来检查"。
- 图片说明。对于语言能力较弱的学生，老师可以通过图画的方式告诉学生恰当行为是什么，不恰当行为是什么。比如，老师可以在任务开始之前，边告诉学生什么是恰当行为以及之后的强化物，边给他看相应的图画，在恰当行为的图画上打一个"√"，而在错误行为的图画上打"×"；也可以将之贴在学生的桌子以及铅笔盒上，以不断提醒学生在完成任务的过程中应该表现出什么样的行为。
- 手势和动作说明。手势和动作既可单独使用，也可作为其他几种提示的辅助工具。比如，对于语言理解能力落后的学生，教师可以设计恰当的手势和身体动作来帮助学生理解。
- 身体辅助提示。比如，对于一些学生来说，教师可以直接进行身体辅助，帮助其做出恰当的行为，如抓住学生的手从铅笔盒中拿出铅笔，然后对这一行为进行表扬。

当然，在使用提示时要注意，不同的提示对个体行为的介入程度是不同的，其中身体辅助手把手地提示介入程度最深。干预者在设计提示时要注意在自然情境下的提示方式是什么，即普通同龄个体做出此类行为时常面对的提示方式是什么。尽可能地使用自然的正常化的提示措施，这有助于个体更好地适应，也有助于他们通过观察同龄个体的行为反应进行模仿。

如果个体在任务完成过程中表现出即将出现问题行为的信号，干预者可以采用警告信号提示个体，提醒其表现出良好的行为。一般警告信号要比任务完成之前的提示要简单。比如对于学生，如果是口语警告，教师的语言要简短、精炼，如"举手"；如果有书面提示、图片提示，教师可以通过指点提示的方式提醒学生；教师也可采用某个关键动作、手势（如举手的动作）提醒学生。

要注意的是，不管是在任务呈现之前出示的提示还是任务完成过程中的警告信号，干预者都应该首先告诉个体什么是恰当行为，即个体应该做什么，而不是告诉他们不能做什么。在日常生活中，教师和家长往往习惯于告诉孩子不应该或者不要做什么，并且很自然地认为孩子在知道不应该或者不要做什么的时候就会知道该做什么。但事实上，孩子并不总是如此，尤其是对障碍儿童来说。相当多的个体并不知道"不应该"背后的恰当行为是怎样的。干预者运用提示以及警告信号清晰地向儿童说明恰当行为是什么，有助于儿童明确恰当行为的要求，并按照这一要求来做。

二、用于发展恰当的替代行为的干预策略

恰当的替代行为按照伍新春、胡佩诚（2005）所认为的即是需要的行为，可能存在三种情况：一是个体的技能水平还没达到掌握的水平，需要学习、训练此类行为；二是个体的行为从技能的水平已经掌握，但表现次数较少，需要通过干预进行加强；三是个体的行为需要拓展到其他情境。干预者在分析并确定了恰当的替代行为之后，要根据行为的这三种情况选择相应的干预策略。实际工作中最容易出现的是前两种的情况，即个体可能因不会或其他原因没有表现出恰当的替代行为。第三种情况一般用于令恰当的替代行为迁移或者泛化的训练中，即在某些情境中，这一恰当的替代行为已经表现得很好了，但未能在问题行为发生的情境中出现，所以可以通过迁移训练对其进行训练。在社会性正强化功能合理的前提下，恰当的替代行为的功能与问题行为功能相同，其行为目的是帮助个体获得所需要的刺激物，如关注、食物、休息或者活动时间之类的强化物。

（一）用于尚未习得的恰当行为

如果恰当的替代行为是个体尚未习得的，干预者需要设计特别的行为学习课程以帮助个体掌握恰当的替代行为。对于教师来说，可以设计多种教学活动，通过多种方法帮助学生学习恰当的替代行为，比如，通过照片、图片、录像、文字描述、身体演示等方式让学生知道恰当的行为是怎样的，同时在实际生活中促使他们表现出恰当的行为，并对他们表现的恰当行为给予表扬或者奖励其他强化物。当然，若恰当行为之后出现的行为结果所达到的功能与问题行为相同，那么儿童也更有可能在实际生活中表现出恰当行为。

塑造、渐隐、链锁这三种行为养成技术常常用于此类恰当的替代行为的训练。干预者也可采用示范模仿疗法，让个体模仿榜样示范的恰当行为。

1．塑造

塑造是通过对连续趋近于目标行为的行为进行系统地有区别地强化，并最终帮助个体学会新的目标行为的过程，这个过程是个体从不会到一步步学会某个新行为的过程（伍新春，胡佩诚，2005；昝飞，2009）。之所以采用这种技术，是因为个体的行为能力与所要习得的目标行为之间存在较大的差距，很难采用强化、示范模仿等方法让个体习得恰当行为，需要干预者根据个体目前的行为能力水平设定逐渐趋近于目标行为的行为，逐级训练才能最终帮助个体掌握需要的行为。因此，运用这种技术最关键的是要确定干预训练的起始行为，以及逐渐趋近于最终目标行为的行为（昝飞，2009）。一般来说，起始行为通常是个体在目前的条件下有可能发生的，并且与目标行为具有相似特征或者某种联系的行为。之后，干预者可以对起始行为与目标行为进行具体分析，从而确定各个阶段性行为目标。塑造的方法可用于功能性交流行为的训练中。

2．渐隐

渐隐的方法常常被人们用于帮助个体学会新的行为，它是指逐渐变化控制行为反应的刺激，最后当这个刺激达到自然刺激水平，个体也能做出相同的反应（昝飞，2009）。这一种干预技术与塑造的不同之处在于，它是通过变化引发个体行为的刺激物，使个体总是能够成功地表现出需要的行为。与塑造这一行为养成技术有点类似，渐隐这一行为干预技术的关键步骤也在于确定各个阶段中，什么刺激可作为控制个体行为反应的条件，包括引发目标行为的最终目标刺激、起始刺激以及各个阶段性刺激。对于行为能力非常有限的儿童来说，教师的言语辅助、文字或者图片提示、身体指导等都可用于引发他们的恰当替代行为，这些额外的辅助则可以通过渐隐的程序系统地、缓慢地进行撤销，从而帮助他们逐渐地掌握所需要的行为。渐隐这一行为养成技术也可以用于功能性交流行为的训练。

3. 链锁

链锁指的是通过训练行为链或者刺激—反应链的方式来建立目标行为的方法（昝飞，2009）。这一行为养成技术用于复杂行为的训练，即所训练的行为并非是只由一个刺激—反应组成的简单行为，而是由多个刺激—反应组成的特定行为系列，故称为行为链，或称刺激—反应链。在这个行为链中，每一行为都是后一行为的特定辨别刺激，可以引发后一行为。如果干预者为个体所设计的恰当的替代行为属于复杂行为，而个体的能力水平有限，很难一下子学会，干预者则可以通过分析行为链的方式将复杂行为分解为多个简单行为，并对个体进行有效训练，使个体完整地掌握整个行为链。

4. 示范模仿疗法

示范模仿疗法既可以用于需要养成的行为，也可以用于需要加强或者拓展的行为，它是一种基于社会学习理论的让个体通过观察榜样及其示范的行为，进而引导个体增加或获得良好行为、减少或消除不良行为的行为矫正方法（伍新春，胡佩诚，2005；昝飞，2009）。干预者可以通过各种符号表征的形式（如录像、图片等方式）给予个体恰当行为的示范，也可以让真实的人物（如同伴、成人）进行示范，可以是单人示范也可以是多人示范。个体通过观察这些榜样所示范的恰当的替代行为，学习并掌握需要的行为。

（二）用于已习得但很少出现的恰当行为

对于个体在技能上已经掌握但是很少在实际生活中出现的恰当行为，干预者除了通过前面所提到的示范模仿疗法，让个体对榜样的行为进行观察，以促进其在生活中更多地表现出所需要的行为之外，行为干预的策略更多着眼于从行为出现之后的结果入手，通过对结果的加强达到行为强化的目的，以提高行为的出现次数。

区别强化技术是常常被使用的一种干预技术。干预者可以将对恰当的替代行为的强化与问题行为的消退相结合，帮助个体发展恰当的替代行为，同时减少或消除问题行为的出现。常用的区别强化技术包括不相容行为区别强化和替代行为区别强化等。不相容行为的区别强化是指对与不良行为不能同时发生的良好行为进行强化，而当不良行为发生时则没有强化（昝飞，2007）。在这一技术中，关键是要确定与个体常常表现出的问题行为不相容的良好行为。当良好行为发生次数增加的时候，个体原先的问题行为出现的概率也会降低。如果干预者所确定的恰当的替代行为是原先问题行为的不相容行为，那么就可以采取不相容行为的区别强化进行训练。替代行为区别强化这一干预技术与不相容行为区别强化非常相似，只是干预者所确定的恰当行为可以替代问题行为，但并非个体原先问题行为的不相容行为。也就是说，从理论上来说，这一组行为可以在同一时间出现，这就好像控制行为的肌肉群并不是同一肌肉群，但对个体来说，当恰当的替代行为发生次数增加的时候，原先问题行为的出现概率也会降低。因此，可以通过对恰当的替代行为的强化与问题行为的消退相结合的方式来增加恰当的替代行为，减少或者消除问题行为。有关行为结果的强化策略详细参见后面"用于行为发生之后的干预策略"部分。

（三）用于已习得但需拓展的恰当行为

干预者有时会发现，对于所确定的恰当的替代行为，个体在一些情境中可以很好地使用，但在问题行为发生的情境中，个体还没学会应该如何使用，即行为的迁移或者泛化还未在此情境中发生。对于这一类恰当的替代行为，干预的重点应该在于促使个体将在其他情境中已经学会使用的行为应用到这一目标情境中。针对这一类行为，常见的策略有：提供多个范例、示范模仿疗法、序列矫正法等。此部分内容可进一步参考第八章。

提供多个范例被很多研究者认为是一种可用于帮助学生掌握在哪些情境中使用某种行为的很好的策略（Chandler & Dahlquist，2002，2006）。如果学生已经习得该行为，需要将该行为迁移到目前的新情境中去，干预者可以在原有基础上引入、提供新的目标情境作为例子，让学生认识新的目标情境与原有情境之间具有的共同特征，从而学会将原有行为应用于新的目标情境。

示范模仿疗法也同样可以用于此类恰当的替代行为的训练。让多个同伴在目标情境中采用该行为，并取得良好的效果，可以促使个体在目标情境中更有可能采用该行为。

序列矫正法通常用于个体已经在某些情境中表现出某个行为，但在一些情境中还没有出现迁移或者泛化的情况。如果学生能在一些情境中表现出该恰当的替代行为，并且干预者在这些情境中采用过某些干预策略，但是个体在另外一些情境中仍旧用问题行为来达到目的，那么干预者就可以采用这种序列矫正技术，即将原有的干预策略用于问题行为发生的情境，促使个体表现出恰当的替代行为。

知识拓展

功能性沟通训练

功能性沟通训练常常用于减少由社会性正强化维持的问题行为。研究者发现，通过功能性沟通训练教会个体用另一种恰当的替代行为来获得强化物，可以非常有效地减少问题行为。不过，功能性沟通训练所针对的恰当的替代行为与个体的技能发展水平有密切关系，干预者可以根据个体的言语沟通能力水平选择手势、图片、字卡或者口语等方式，对个体的沟通行为进行训练。当然，如果将功能性沟通训练作为干预个体问题行为的一种方式，也就意味着原有的问题行为不仅具有社会性正强化的作用，还具有沟通和表达作用。

斯加福斯和迈克勒（Sigafoos & Meikle, 1996）对两名有中重度智力障碍且患有自闭症的男孩的攻击行为、自我伤害行为以及破坏性行为进行了干预。行为功能评估结果显示，这两名男孩的问题行为的目的与获得食物、饮料、玩具以及社会性关注等强化物有关。根据这一功能评估结果，教师开始教他们用更加社会化、更被接受的方式要求这些强化物。其中一名男孩没有能力使用任何表达性言语，他们就教这个男孩通过轻拍教师的手去要求注意，同时也训练他采用指点图片的方式去要求食物、饮料或者玩具。另一名男孩可以说一些口语，教师就训练他说老师的名字和物体的名称，以获得教师的关注或者相应的物体。干预结果显示，功能性沟通训练很好地减少了两个男孩的问题行为，并使得他们有效的社会性沟通行为增加。

不过研究也发现，在选择功能性沟通行为进行训练时，干预者要考虑这一功能性沟通行为是否会比问题行为更加有效。如果功能性沟通行为要求个体花费更多精力、获得的强化较少或者强化不够及时，那么功能性沟通训练就很难说会是有效的（Buckley & Newchok, 2004）。当然在通过功能性沟通训练让个体学会某个功能性沟通行为之后，干预者就可以设计一个强化稀化的程序让个体能够忍受获得更少的强化或者延迟更长时间获得强化，并通过自然的结果来维持这一沟通行为，根据个体用沟通行为表现出的愿望、想法进行相应的反馈会取得很好的效果。

三、用于行为发生之后的干预策略

问题行为之所以反复发生与行为发生之后的结果具有紧密的联系。具有社会性正强化功能的问题行为所出现的行为结果（如社会关注、喜欢的刺激物或者活动等）对个体的问题行为起到了维持或者加强的作用。因此，干预者在设计行为干预计划的过程中，要仔细考虑用于行为发生之后的干预策略有哪些，这不仅包括用于问题行为发生之后的策略，还包括用于恰当的替代行为之后的策略。

1. 停止或者撤销对当前问题行为的强化

对于具有社会性正强化功能的问题行为，其发生之后的行为结果对问题行为有着错误的维持或者加强作用，因此，干预者在设计干预计划时，一般首先要考虑一个问题，即该问题行为之后的行为结果是否可以停止或者撤销。比如，如果儿童打自己头的目的是为了获得父母的关注，那么父母是否可以在儿童打头行为出现之后不给予关注呢？停止或者撤销行为原有的强化就是消退。在回答是否可以对问题行为采用消退技术这一问题时，干预者要仔细考虑消退技术应用过程中可能会出现的负面影响。事实上，消退技术虽然看起来很简单，但实际上并不是一种很容易实施的技术。在消退技术的应用过程中，干预者很容易遇到个体问题行为消退爆发的现象，即在问题行为减少或者消失之前，情况可能会变得更坏、更糟糕。

比如，当父母不再关注儿童打头这一行为之后，儿童打头的行为可能会更加厉害，力量更大，动作节奏更快，甚至出现其他伤害自己的行为。又如，在课堂上，学生通过不断喊老师、说无关话语的方式来获得教师关注，如果教师不再给予关注，学生喊老师、说无关话语的声音会更响，且持续时间会更久。因此，干预者在决定是否采用消退技术时就要考虑在当前问题行为发生的情境，个体周围的这些重要人员是否能够在一定程度上容忍这种行为爆发。如果最终决定采取消退的技术，干预者也要做好思想及技术应对准备。干预小组中的每一个成员都要对个体即将出现的消退爆发现象有一定的预期，认识到问题行为在开始下降之前会有增加现象，而且行为的减少可能是非常缓慢的而不是很迅速的（Fisher et al., 2004；Chandler & Dahlquist, 2002, 2006）。干预者也要预先想好问题行为出现时恰当的应对是什么，以防止问题行为严重危害到个体自身和他人的身体安全。若是在课堂上，教师则要考虑如何应对才有可能减小对学生自身和其他同伴的学习及课堂教学秩序的影响。

一般来说，消退技术的采用最好与恰当替代行为的强化技术相结合，其效果也会更加明显。根据一些研究结果，两者相结合的干预效果要远远优于只采用正强化技术或者只采用消退技术（Kelly et al., 2002）。由于消退技术常常会使得个体出现负面的情绪反应，而且该技术只是告诉个体该行为是错误的，但并不告诉个体什么样的行为是恰当的，因此，仅仅采取消退技术不足以让个体学会新的行为，所以这一干预技术并不是一种积极的措施。因此，在积极行为支持领域，人们更常采用问题行为的消退与恰当替代行为的强化相结合的技术。

2. 将当前问题行为之后的强化物用于新的恰当替代行为

从行为功能角度来看，问题行为之所以长期存在与其很好地达成了行为功能有密切的关系。因此，将当前维持问题行为的强化物用于新的恰当替代行为是一个很好的策略。前面也提到，消退技术是一种消极的干预技术，人们最好能够将消退技术与恰当替代行为的强化技术结合使用。如果强化恰当替代行为时采用原来强化问题行为的强化物，即在行为功能上进行匹配，则更有可能提高个体采用恰当替代行为的动机。当然，采用这一策略的前提是问题行为的社会性正强化功能是合理的，个体在恰当替代行为出现之后可以获得强化原有问题行为的强化物。

费希尔等人（Fisher et al., 2004）报告了四个不同年龄（5岁~33岁）个体自我伤害和攻击行为的干预研究。结果发现，相比单纯使用消退技术，当干预者将问题行为出现之后的强化物用于恰当替代行为，并与问题行为的消退结合使用时，问题行为的下降更加快速，效果更好。

3．用于新的恰当替代行为的强化多于原先问题行为所获得的强化

每个人都有追逐利益的一面，如果个体发现，恰当的替代行为比起问题行为可以获得更多的强化，也就是说，恰当替代行为要比问题行为更高效，那么个体更会倾向于表现出恰当替代行为。

所谓比原先的问题行为强化更多，可以有多层意思。比如，新的恰当替代行为更经常地获得强化，强化物数量更多，强化在行为出现之后更加及时出现，获得强化所费精力更少等（Chandler & Dahlquist, 2002, 2006）。

这一策略也可以结合消退技术一起使用。在无法对问题行为采用消退技术时，干预者可以减少问题行为之后的强化；同时应用此技术，也可以有效地改变个体的问题行为。

4．采用区别强化策略处理恰当替代行为和问题行为

区别强化技术就是将对恰当替代行为的强化与停止对问题行为的强化相结合的行为干预技术。这一技术相比单独采用恰当替代行为的强化以及单独使用问题行为的消退，能更有效地减少问题行为。前面我们已经介绍了两种区别强化策略，即不相容行为的区别强化与替代行为的区别强化。除此之外，干预者还可以采取其他行为的区别强化、低比例行为的区别强化、高比例行为的区别强化等技术。

其他行为的区别强化即零反应的区别强化，指的是在某一特定的时间间隔内，不良行为不发生即给予强化。换句话说，即只要问题行为不发生，任何其他行为出现都可以获得强化。由于其他行为也有可能是问题行为，因此如果采用这一技术，要注意强化程序针对的时间间隔内有可能出现这一情况。如果在这一时间间隔内，出现的是其他问题行为，此时给予强化就可能让个体产生误解，以为其他问题行为可以获得强化。一些研究者建议，在此情况下可以等待一小段时间直到个体没有问题行为发生之后再给予强化（Chandler & Dahlquist, 2006）。也正因为如此，干预

者在采用区别强化程序时，可以首先考虑不相容行为的区别强化以及替代行为的区别强化。

低比例行为的区别强化即当行为发生低于一定的比例时才给予强化（昝飞，2007）。这一种区别强化的目的不在于消除问题行为，而在于让问题行为更少发生。若个体所出现的问题行为在较少频率发生时是允许的或者可以容忍的，干预者就可以采取此种区别强化技术。比如儿童上课时注意力分散的行为在一定程度上是可以容忍的，对儿童课堂学习的有效性的影响也是非常有限的。另外，一些研究者也认为，当个体的问题行为发生频率非常高时，也可以采用此种区别强化技术（Chandler & Dahlquist，2006）。在行为干预过程中，干预者可以通过逐渐降低强化所要求的问题行为发生次数，不断地提高行为干预要求，从而达到有效减少问题行为发生次数的目的。一般来说，如果采用这一区别强化技术，也说明个体问题行为的功能具有一定的合理性。

高比例行为的区别强化的干预目标在于让个体的某个或者某些行为以高比例的方式出现，同时，这类行为也可获得与问题行为相同的功能。与低比例行为的区别强化类似，高比例行为的区别强化也针对个体已有的行为，但其目标是不断提高个体行为的发生次数，当个体行为以某一高比例的频率发生时就给予强化。由于恰当的行为以高比例的方式发生的时候，问题行为的发生次数也会降低。因此，干预者可以采取高比例行为的区别强化技术对某些恰当行为进行强化。在行为干预过程中，干预者也可以采取塑造的方式逐渐地提高行为发生的次数，以最终达到行为的高比例要求。比如，对于在书写过程中很容易出现叫喊他人以吸引他人关注的儿童，干预者可以对其某段时间内书写的字数提出要求，当儿童达到书写字数要求时就给予强化，通过不断提高字数的要求量逐渐加快其书写速度。只要儿童书写字数增加，书写过程中叫喊他人的行为也会不断得到改善。

 **案例分享**

采用积极行为支持对3名学前儿童问题行为的干预研究

艾克，3岁半，非洲裔美国人，被诊断存在中度语言发展迟缓，故在一家学前儿童中心接受每周2小时的言语治疗。艾克的父母和老师最担心的是他的发脾气和攻击行为（打、咬、抓玩具）。发脾气时，他常常大哭，一直持续到他的要求得到满足。这一行为严重干扰了课堂的教学活动。另外，他还不听从指令，做作业时常常分心，打扰邻座的同伴。

威尔逊，4岁，拉丁美洲人，被诊断存在注意力缺陷多动障碍，但语言方面的诊断发现其水平为中等。开始学习时，他就吃针对这一障碍的药物。他的问题行为包括：拒绝坐或者参与圆圈活动，在这一段时间他常常睡在教室的一个角落里或者躺在圆圈活动区域的地板上。当教师要求其参加活动时，他会朝教师或者同伴尖叫；他也常常分心，玩手指或衣服，还会摆弄其他与活动无关的位于附近的物体。老师给予指令时，他也常常无法服从。他还会出现对同伴的身体攻击行为，如打、推、抓同伴等行为。

亚历克斯，3岁，非洲裔美国人，被诊断存在广泛性发育障碍，在语言发展方面存在严重落后，每周接受两个小时的言语治疗。他不能用口头语言与其他人进行交流，在教师多次重复指令之后，他可以跟随这些简单的指令。亚历克斯常常一个人玩或者参加一些平行游戏。在结构化的集体活动中，他常常表现出分心，出现刻板行为，如摇晃身体，拍胳膊，躺地上，或者斜靠在老师身上，玩跟活动无关的物体，也常常出现发脾气行为，有时会攻击同伴，如打、推、拧等。

研究者对他们的问题行为进行了功能评估，评估结果显示：

1. 艾克的问题行为包括发脾气、分心、攻击以及不能恰当表示喜欢某活动或者物体，轮到同伴或者老师给予指令时会表现出不顺从行为等，其功能可能是：①获得喜欢的活动参与机会或者物体；②获得教师的关心；③逃避作业的要求。

2. 威尔逊的分心、不顺从、破坏、攻击等行为常常发生在成人不注意他时，或者成人提供了一个他不喜欢的活动、指令或迫使他参加一个活动时，以及同伴打断了他的观点时。因此，他的问题行为的功能可能是：①获得成人或者同伴的关注；②逃避作业要求；③获得喜欢的活动参与机会。

3. 亚历克斯的分心、发脾气或者攻击行为常常发生在要求其参加不喜欢的活动时，教师没有给予或者延迟给予关注或他所喜欢的物品时，或者同伴以攻击性的方式与其交往时。因此其问题行为的功能可能是：①获得教师的关注或者喜欢的物品；②逃避活动或者同伴。

基于上述的行为功能假设以及三位儿童各自的特点，教师和研究者在共同商讨下，制订的行为干预策略如下：

1. 艾克，预防其问题行为的策略是：①通过使用"先……然后"这一词组以及视觉线索（如有儿童照片并写着其名字的有序号卡片）帮助其有次序地活动；②教师通过身体靠近、语言表扬、拍他的膝盖等方式，常常（如每分钟）对其提供关注；③在活动中提供选择以提高其参与度；④提供其喜欢的活动。如在圆圈活动时间教师选择他喜欢的书和歌曲，在唱歌和故事阅读时间增加其运动的机会。教师还运用系统的教学程序，如线索、口语和身体提示、示范等方式教艾克如何要求轮到自己活动、做出选择或者等待轮到自己。当艾克表现出问题行为时，教师就采用这一教学程序促使艾克表现出替代性行为。反应策略方面包括：当艾克出现问题行为时，撤销其关注或喜欢的活动或者物品，以防止其问题行为得到强化；在撤销强化物一小段时间（15~20秒）之后，教师再提供选择内容或者给予指令，或者给予使用新技能的线索提示。如果问题行为在给予选择或者再次引导之后仍旧出现，教师可撤销社会强化物，直到艾克停止发脾气或攻击，除非他的问题行为对他本人或者其他学生都比较危险。反应策略还包括实施正强化（如给予表扬、击掌或者拥抱），以使其更多地参加活动和使用新的行为技能。

2. 威尔逊，预防策略主要集中在：①尽可能地减少相关的前奏事件（如鼓励威尔逊的母亲限制其晚上玩电脑游戏，让他生活有规律，每天早晨督促其服药；如果他到中心之前忘记服药则当其一到之后就鼓励其服药；当他在服药方面很合作时，给他提供一个做特殊的帮助者的机会）；②给威尔逊布置一个特殊的工作任务（如帮老师举着板，或者将小道具放到板上面）；③用"先……然后"的语句和视觉线索给予指令；④坐在有恰当的社会技能的同伴旁边，保证他不坐在亚历克斯旁边——因为亚历克斯常常是威尔逊攻击的对象；⑤在圆圈活动时间，使用书、玩偶等威尔逊喜欢的东西。对威尔逊的教学内容重点有：在需要重新引导的时候教他做出选择；当提供选择项时，教师可采用线索、口语和身体提示和示范程序；教师也通过用玩偶讲故事的方式教威尔逊在感到挫折或者生气的时候进行自我调节。反应策略则包括对由注意或者喜欢的活动维持的问题行为进行消退：当他出现问题行为时，教师会撤销社会强化物一小段时间，接着再给他提供另外一个活动或者使用另一种行为技能的线索。

3. 亚历克斯，预防策略包括：①使用迷你小圆圈的日程表，让亚历克斯辅助教师翻转活动卡片或者将它们贴到板上；②通过倒计时方式提醒他下一个活动或者要求，并结合视觉或者实物线索，帮助其适应活动要求；③在亚历克斯喜欢的圆圈活动时间使用书和材料（如唱歌时玩玩偶、大书本、身体运动配合歌曲）；④提供圆圈活动时间的规则卡片，以帮助亚历克斯复习活动规则，让其能持续留在圆圈活动中，与同伴积极地互动；⑤减少圆圈活动时间，从30分钟减到20分钟。教学策略着重在采用视觉线索、言语和身体提示、示范等方式教亚历克斯坐在圆圈里，不出现碰触或者打扰同伴的行为，在他即将分心或者要发脾气时教他进行选择。反应策略则与艾克和威尔逊相同。

干预结果显示，在基线期，艾克、威尔逊或亚历克斯在圆圈活动时间出现问题行为的平均概率是34.2%、72.5%、77.3%；干预期间，下降到4.2%、14.5%、7.3%。参与活动的时间百分比由基线期的61.6%、27.6%、20.7%增加到96.1%、87.5%、89.1%。

在上述案例中，这三名儿童问题行为的主要功能是要求关注和获得喜欢

> 的物体等，但也有部分功能是逃避作业和指令。因此，有部分行为干预策略是针对逃避作业或者指令功能的行为的。
>
> (Blair, Fox & Lentini, 2010)

第二节　基于功能不合理的行为的干预策略

有时，我们并不认为个体问题行为的社会性正强化功能是合理的。比如，在上数学课时，每当老师推出超市模拟购物架或者拿出一些新颖的教具时，小亮总是非常冲动地大叫"老师，老师，我，我"，并且用力很猛地站起来，身体前倾去拿货物架上的商品或教具，老师总是无可奈何地让其先拿。小亮这些行为的功能就是社会性正强化，其目的是为了早点拿货物架上的商品或教具。老师让小亮拿商品或教具的行为实际上强化了小亮的问题行为，一定程度上维持了小亮问题行为的持续存在。对于小亮的冲动性行为，我们还需要从功能不合理的角度去考虑如何对其问题行为进行干预。若认为问题行为的社会性正强化功能不合理，那么干预的思路更多是帮助个体发展自我控制的行为，即当个体存在此类需求时，个体可以采取什么样的方式进行自我控制，而非必须采取行动去满足自己的需求。另外，我们也需要考虑，如何进行环境调整以帮助个体更好地进行自我控制。

一、用于发展恰当行为的干预策略

如前所述，对于社会性正强化功能不合理的问题行为，干预的重点是帮助个体在有行为需求时克制自己的欲望，不追求满足需求的行为。比如，对于前面所说的小亮的冲动性行为，老师要通过干预让小亮学会在想要某件东西时克制自己不马上去要，而是能够安静地等待轮到自己。因此，干预者可以采取一定的程序教小亮如何安静地等待，以减少其不恰当的冲动行为。

又如，一些自闭症儿童对某些食物有特殊的偏爱，在课堂上有时也会不断地向老师提出要吃某种食物或者做出要吃某种食物的动作，如果老师不加以满足，其行为则会不断加剧，因此，老师常常无可奈何地给予其食物。但是这种做法也使得自闭症儿童的这种不恰当地要求食物的行为得到了维持与加强。通常，老师并不认为学生在课堂上要求食物是可以被允许的，也就是说，上课时老师是不应该给予学生食物的。从这一点来说，自闭症儿童在课堂上要求食物的这一行为的功能是不合理的。对此，老师既需要帮助儿童认识到课堂上是不允许吃食物的，还要帮助儿童掌握一定的方法去处理这种不合理的需求。

干预者可以采取多种方式发起个体的恰当行为，对其需要社会关注或者其他外界刺激物或活动的需求进行自我控制，常用的方法有示范模仿疗法、自我控制训练、延迟满足训练、转移注意法等。

1. 示范模仿疗法

示范模仿疗法是人们常常使用的一种行为训练方法。学生可以通过观察和模仿同伴的行为学会恰当的行为。比如，对于前面的小亮来说，老师可以让小亮观察、模仿同伴安静等待的行为，让其知道在货物架推出或者教具呈现之后应该如何表现。除了同伴、成人提供示范之外，干预者还可以通过录像提供榜样，以供个体进行观察模仿。这一录像示范模仿疗法也是目前常用的一种示范模仿法，越来越被自闭症干预领域所关注。

采用录像而非现实场景的方式可以让学生观察到恰当的替代行为，继而模仿这些行为。这一方法目前常用于特殊儿童社会沟通技能、功能性技能以及功能性问题行为的干预。例如，老师可以录制同伴在教师推出货物架或者教具呈现之后的安静等待行为，播放给小亮观看，并引导小亮在实际情境中表现出安静等待的行为，并对之进行强化。录像示范模仿疗法也可以将个体自身表现出的恰当替代行为作为榜样，即为自我录像示范模仿疗法。例如，可以通过拍摄小亮偶然出现的安静等待行为或者在教师引导下出现的安静等待行为，将之按照一定要求进行剪辑，播放给小亮观看，让小亮看到自己在教师推出货物架或者教具呈现之后安静等待的样子，以促使其学会这一恰当的行为。

2. 自我控制训练

自我控制训练常常可以帮助个体学会抑制即刻能带来满足的行为，因此，在问题行为的社会性正强化功能不合理的情况下，干预者可以通过自我控制训练帮助个体发展恰当的行为。通常采用的自我控制训练方式有：自我指导、自我监控、自我强化等。

(1) 自我指导，即个体通过特殊的自我对话形式影响自己的行为。干预者可以根据个体的行为特点设计特殊的语言指令，并引导其在问题行为出现的情境中，通过这些特殊的语言指令对自己的行为进行指导，从而表现出需要的恰当行为。比如，当货物架推出或者教具呈现之后，老师可以引导小亮对他自己说"我要安静地坐在椅子上"，甚至可以将这一指令写在字卡上，并将字卡粘贴在课桌显眼处，以对小亮提供行为指导。

(2) 自我监控，实际上就是个体对自己的行为进行系统地观察和记录，其核心是自我记录。干预者可以针对个体的问题行为设计行为的自我记录表，让个体能够在目标行为发生时就马上意识到，这样他们就能更好地对自己的问题行为进行控制。比如，对于小亮，教师可以设计两张行为的自我记录表，一张是关于冲动地要求满足的行为，另一张则关于安静等待的行为。开始时，教师可以引导小亮在每次出现目标行为时在相应的自我记录表上打勾。如果发生的是冲动地要求满足的行为，在打勾之后小亮还可以给自己加一个加油的记号或者符号；如果出现安静地等待的行为，则可以给自己加一个笑脸贴或者其他的奖励符号。教师也可以引导小亮在一节课或者半天、一天结束时对自己的行为进行回顾。当小亮掌握了这一行为自我记录表的使用方式之后，教师可以减少教导。

(3) 自我强化，是自我奖惩方式的一种，即个体对自己出现的恰当行为进行强化。干预者可以与个体进行协商，确定对其恰当行为进行自我强化的具体方式。这一策略可以结合自我记录进行。

3. 延迟满足训练

延迟满足训练实际上是采取塑造的方法，通过不断延长行为发生之后强化物出现的时间，来帮助个体学会抑制强化物即时满足的行为。对于小亮来说，他需要学会安静地等待老师叫自己的名字，但是这一行为不是他一下子就能学会的。因此，教师可以采用塑造的程序，逐渐地增加安静地等待的时间。比如，在货物架推出之前告诉小亮，只要在货物架推出之后安静地等待一个同学选完，就轮到他选择商品；

然后逐渐地增加这个等待时间，如第3个选择商品，第5个选择商品。当然，延长多少时间恰当，可以根据个体的具体情况进行确定。

逐渐地延长强化物满足的时间的方法也可以用于家庭教育领域。一些孩子常常要求父母马上满足他们的需求，如果不满足，则马上出现发脾气等问题行为。对于这些问题行为，家长可以通过逐渐地延长强化物满足的时间来培养儿童的耐性，使他们能够有更好的耐心等待要求被满足，从而让他们学会对自己的需求进行自我抑制。

4. 转移注意法

在行为干预过程中，转移注意法可以作为一种辅助手段帮助个体控制自己的行为。当个体出现某种需求时，比如要求老师关注或者得到某种偏好的刺激物，干预者可以通过训练其将注意力转移到其他感兴趣的事物上，而非所要的强化物上，以达到控制行为的目的。

这一方法可以结合自我控制训练一起进行，干预者可以训练个体采取以语言、字卡或者图片为中介的自我指导方式，让自己在要求满足某种需求时做到注意力转移。比如，在想吃某种食物时，引导其看铅笔上所贴的贴纸。

二、基于环境调整的行为干预策略

从行为功能的角度出发开展行为干预，干预者一方面要回答个体需要表现出的恰当行为是什么；另一方面，则需要回答当前的环境是不是一个好的环境，即当前的环境是否为个体表现出恰当的行为提供了最好的支持。如果个体行为的社会性正强化功能是不合理的，那么个体需要学会如何抑制自己，减少功能满足的行为。另外，干预者也需要考虑环境是否为个体学会抑制需求满足的行为提供了很好的支持。

以前面介绍的小亮为例，小亮需要学习在货物架推出之后安静地等待的行为，即教师没有让其挑选商品，他就不应该冲动地站起来叫着要挑选商品。同时，教师也需要通过调整环境，为小亮学会这一行为创造条件。基于环境调整的干预策略包括用于行为发生之前的干预策略和用于行为发生之后的干预策略。

（一）用于行为发生之前的干预策略

在问题行为还未发生之前即采取措施，以引导个体出现恰当行为是最佳的策略。在社会性正强化功能不合理的前提下，干预者需要考虑通过重新调整环境中的哪些因素才能更好地抑制个体的需求满足行为。常用的策略有：

1. 减少或者消除引发个体需求的因素

个体出现问题行为的目的是为了获得强化物，个体之所以有这样的目的，部分原因在于环境中存在这样的强化物。比如个体想吃的食物或者可以玩的玩具或游戏等遍布个体所处的环境，因而不断激发其需求。干预者可以考虑是否可以隐藏这些刺激物，以减少它们对个体的吸引力，进而减少问题行为。

2. 引入提示或者警告信号

干预者如果在引入刺激物之前告诉个体之后将会出现什么刺激物，并提醒其应保持什么样的行为才是恰当的，也可以起到预防问题行为发生的作用。提示或者警告可以让个体知晓在需要获得某种社会性正强化物的时候应该表现出什么样的自我控制行为。

以前面小亮的情况为例，教师在推出货物架之前可以告诉小亮接下来教师会做什么，并提醒小亮应该表现出什么样的行为。当小亮出现冲动性行为表现时，老师及时警告其应该表现出什么样的恰当行为，也有助于小亮抑制自己的冲动性行为。

（二）用于行为发生之后的干预策略

恰当地运用强化是发展个体良好行为的有效策略。如果干预者认为个体抑制需求满足的行为是恰当的行为，那么就应该对之进行强化，以让个体认识到什么样的行为是被鼓励的。前面提到的区别强化策略也可以在此使用，只不过在社会性正强化功能不合理的前提下，强化所针对的恰当行为应该是个体抑制需求即时满足的行为或者延迟满足的行为。比如，小亮安静等待的行为。

对恰当行为的强化与对问题行为的消退技术相结合是非常有效的干预技术。干预者在对个体良好地抑制需求行为或者延迟满足的行为进行强化的同时，对其功能满足的行为可以不强化，在必要的情况下也可以采取惩罚。

总之，对于具有社会性正强化功能的问题行为，干预者在设计干预计划时要分析其社会性正强化功能的合理性，并在此基础上综合考虑行为干预的内容，以及具体采取的行为干预技术。干预过程中，干预者应以着重发展个体恰当的替代行为为目标，以提高其整体的行为能力为目标。通过让个体学会用恰当的方式获得社会性正强化物，或者学会自我控制，或者通过环境调整对良好行为进行强化，可以预防并减少问题行为的出现。总之，积极行为支持着眼于个体行为能力的提高，强调问题行为的预防而非问题行为发生后的处理。

第六章

与社会性负强化有关的行为干预策略

社会性正强化与社会性负强化功能都可以加强或者增加个体的行为，但社会性正强化是指行为出现之后个体获得期望的或者积极的刺激物，而社会性负强化则是行为导致个体能够逃避或者回避某种厌恶刺激、事件或者特定的人物等。逃避与回避行为的不同在于，逃避行为的结果是个体通过行为逃避了真实的厌恶刺激，而回避行为则是使得原先预定到来的厌恶刺激延缓到来或者不再到来。但是不管是逃避还是回避行为，行为的结果都是个体期望的、令其满意的，也因此能够使行为得到加强，未来也更有可能再次发生。

在学校里，一些特殊儿童尤其是能力严重滞后于同龄伙伴的特殊儿童，常常通过发脾气行为、自我伤害行为、攻击性行为、破坏性行为等问题行为来逃避或者回避教师发出的指令、布置的作业活动、分发的教具学具，或逃避或回避特定的人员、某些特殊的场所，等等。还有一些学生可能会采取其他不顺从行为，如保持沉默、与教师讨价还价等，违抗教师的指令或拒绝参与某些活动。对这些问题行为，教师常常会采取规劝、批评等措施，以使得学生停止或者减少这些问题行为的出现，但往往事与愿违。对于一些学生来说，他们之所以出现某些行为，关键并不在于他们所表现出的行为是恰当的还是有问题的，而在于行为之后所达成的结果：如果行为出现之后，他们所厌恶的刺激物或活动等能够减少、消失或者不再到来，那么这类行为就会反复出现。

对于此类功能的问题行为，首先我们可以确定其社会性负强化功能是否合理，也就是说个体的逃避或者回避行为是否是被允许的；之后则是根据功能合理与否进行具体行为干预计划的设计。当然一个完善的综合性行为干预计划应该包含这两部分的内容，而不仅仅只包含其中之一。

第一节　基于功能合理性的行为的干预策略

任何一个人在其成长过程中都需要学习用恰当的行为对自己不喜欢的或者不愿意从事的事情表示拒绝。因此，在一定程度上，干预者需要考虑行为的社会性负强化功能的合理性。也就是说，个体有权利拒绝他感到厌恶的刺激，逃避或者回避厌恶刺激是被允许的。基于此，行为干预的目标主要在于教个体用恰当的替代行为来获得同样的逃避或者回避功能。在设计行为干预计划时，对于干预者来说非常重要的一个任务是确定恰当的替代行为是什么，这不仅要考虑个体的言语沟通能力水平，也与个体厌恶的刺激特点有关。在生活中，常见的厌恶刺激有以下几种：

1. 作业、活动、操作工具和指令等

这是对于学生来说最常见的一类厌恶刺激。作业、活动、操作工具和指令等导致个体厌恶的原因可能与作业任务难度、趣味性、完成时间、主导者、结构化程度、个人兴趣、过去的失败经验、他人的期望等因素有关。如果教师总是向学生布置难度远远超过其能力水平的作业或活动，那么学生就很容易出现拒绝完成作业、拒绝参与活动的行为；作业不符合学生的兴趣、内容本身枯燥乏味、完成作业的时间太长等原因，也容易引发学生的厌恶情绪，导致学生不愿意完成作业，或在完成作业的过程中出现各种不良行为；有一些儿童具有很强的自主性，对于他人主导的作业或者任务等，很容易出现不顺从行为；对于能力水平较低的儿童，任务的结构化程度较低，导致难度增加，也会使得他们不知道如何完成任务，因而出现拒绝或在完成任务的过程中出现问题行为，导致任务完成过程中止。与过去失败经验有关的作业、活动，以及父母和教师等重要人员对其完成作业或任务的质量期望过高等，也常常会使得个体不愿意尝试新任务或者较难的任务，出现逃避或者回避行为，严重的甚至会完全拒绝完成任何任务。

另外，也要注意的是，其他的情境变量也可能增加个体对作业等的厌恶性。霍纳等人（Horner et al., 1996）认为，类似生理疾病等生理变量会增加个体对一些刺激物（如作业）的厌恶性，使得他们对这些刺激物的逃避行为比以往更多。

2. 来自他人的关注

对某些个体来说，他们可能非常不喜欢来自他人的关注，若不知道如何用恰当方式逃避或回避这些令其厌恶的关注，个体就很有可能会采取做出问题行为的方式。这些令个体厌恶的关注通常是来自他人的负面的消极关注，如批评、抱怨、负面评价、讥笑等。比如，孩子面对父母喋喋不休的批评、说教时，可能会出现吼叫等发脾气行为，直到父母不再对其批评或者说教。

3. 某些事物、场所或人

特殊的事物、场所或人也可能会引发个体的厌恶情绪。对某些场所有特殊的焦虑或恐惧情绪的个体常常会采取过激的问题行为方式来逃避或者回避这些场所。一些孩子在面对父母要求其吃讨厌的食物时，也会出现过度的逃避或者回避行为。有些学生在完成任务时，可能特别不喜欢与某些人在一组，如果教师将其与不喜欢的人分在一组，他们就有可能表现出问题行为以表达自己的拒绝。

对于具有社会性负强化功能的问题行为，干预者要根据厌恶刺激的类型和特点来设计个体有能力使用的恰当替代行为。

一、针对厌恶的作业、任务或操作工具

作业与任务对于学生来说是最常见的一类厌恶刺激。如果学生做出问题行为的目的是逃避或者回避作业或任务，且认为其功能是合理的，那么干预的目标则是教会学生恰当地回避作业或任务的行为。功能性沟通训练也常用于处理有社会性负强化功能的问题行为，其训练的重点主要集中在教个体恰当地要求离开作业或者活动（Neidert et al.，2005）。根据完成作业或任务的时间进程特点，恰当的替代行为训练可以有以下几种（Chandler & Dahlquist，2002，2006）：

1. 教个体用恰当的行为表达不想做某项作业、参与某项活动或用某种操作工具

这种策略可以使用于刚刚布置的作业或者任务，它允许个体用恰当的行为表达他们的不愿意。比如，当教师布置完某项作业、学生还未出现问题行为时，他可以说"不"来告诉老师他不想做作业；当学生这样表达的时候，教师应该允许其不做，以鼓励其用恰当的沟通方式拒绝所布置的作业。

易等人（Yi et al.，2006）通过训练两名自闭症男孩说"不，谢谢"、"不，不做这个"来代替原先的问题行为（包括拍打、推、拧等行为），达到拒绝任务的目的。另一名自闭症女孩由于言语沟通能力有限而无法使用言语进行表达，干预者则训练其学习用手势来拒绝任务。最终，他们用来逃避作业或活动的问题行为都得到了有效改变。

不过，教个体说"不"或者用其他沟通方式拒绝开始做某项作业、任务或者用某项操作工具是相对消极的一种策略，干预者可以先尝试其他策略，让个体能够尽可能地做一些作业，参与一些活动，或者使用某项操作工具一段时间。

2. 教个体用恰当的行为要求做另一项作业、活动或者用操作工具

相比教个体恰当的拒绝行为，教个体用恰当的行为来要求做另外一项作业或者参加另一项活动就显得更加积极一些。在刚刚布置完一项作业或者任务或者给予某种操作工具之后，教师可以首先尝试这一策略。当没有语言能力的智力落后学生用尖叫来拒绝做某件事情时，教师可以教其用指点卡片的方式来告诉老师他想做什么。如果某项活动中要用到的某项操作工具是其感到厌恶的，教师也可以教其用恰当的行为告诉老师他想用另外的什么操作工具来完成任务。

值得一提的是，为了防止个体提出无法满足的要求，干预者应该给出选择项，让他们在可能的范围内选出另一个他们想做的作业、活动或者愿意操作的工具，而不应该给予一个完全开放的选择题，后一种做法往往容易导致干预者因无法满足个体的要求反而处于被动地位。

3. 教个体用恰当的行为要求休息

如果问题行为并不是在任务刚刚布置的时候出现的，而是在任务完成过程中出现的，是要达到中断任务的目的，那么干预者可以首先采取让个体在任务完成的过程中休息片刻的方式来减少或者消除问题行为。若休息片刻之后，个体能够回来继续完成任务，那么这就是一个很好的策略。这样做有一个前提，即休息时间短暂且不会对完成任务造成比较大的负面影响。对于交流能力很弱的个体，干预者可以为其设计恰当的沟通行为以告诉父母或者教师他想休息，比如某个特殊的手势、说明休息意图的图片或者字卡。在完成任务的过程中，如果个体无法坚持继续完成任务，他就可以采取这些沟通行为来告诉别人他想休息。

教个体用恰当的行为要求休息是一种比较积极的干预策略，但是在使用过程中也要注意，休息时间的长短要依据个体的最低需求而定，而且干预者对休息的次数应有限制，否则可能会让个体认为，只要他不喜欢或者想休息就可以要求休息，这样反而会让其形成新的错误行为。

此外，此项策略也可以用于刚刚布置作业或者任务时。如果个体能够在休息片刻后开始完成某项作业或者任务，干预者就可以教其用恰当的行为表示自己需要休息后再开始做作业，当然允许其休息的时间要尽可能短。

4. 教个体用恰当的行为要求停止做作业或任务

有时，个体即使经过短暂休息，仍旧会难以坚持完成任务，此时，老师可以教个体用恰当的行为要求某项作业或者任务停止。干预者同样可以根据个体言语沟通能力的水平为其选择恰当的替代行为。不过，干预者要尽可能避免使用这一策略，对于学生来说，在作业或任务还未完成的时候就结束，不是一个成功的经验，即使教师允许其停止，这一经验仍旧会令其感到不愉快。因此，在设计作业或任务的时候，首先要尽可能考虑到个体完成作业或任务的可能性。

总之，以上四种策略的干预目的都在于教个体用恰当的行为逃避或回避作业、任务或操作工具等厌恶刺激。干预者要考虑的一个问题是"对于个体来说，什么样的恰当行为可以代替问题行为，让个体达到逃避或者回避的目的"。另外，干预者在考虑采用上述策略时，还需尽可能让个体有机会完成作业或者任务。

二、针对厌恶的事物、场所或人

针对个体感到厌恶的事物、场所或人等，干预的目标主要在于教个体学会用恰当的行为进行拒绝或者提出新的要求。

1. 教个体用恰当的行为表示拒绝

每个人都有不喜欢的事物，比如讨厌吃某些东西。一些特殊儿童，尤其是自闭症儿童，对一些食物非常挑剔。由于言语沟通能力的限制，他们有时会用尖叫、哭闹、扔掉食物和餐具等方式来达到拒绝吃不喜欢的食物的目的。父母或者教师可以教他们用恰当的声音、手势、动作或语言告诉别人他们拒绝吃这些食物，而非用问题行为来拒绝。

有时，成人让孩子去的地方可能是孩子不愿意去的，他们也可能会用哭闹等发脾气的行为进行拒绝，成人也可以通过教他们恰当的拒绝行为来改善他们发脾气的行为。当孩子发现恰当的拒绝行为可以让他们不用去不喜欢的地方时，他们就有可能更多地选择使用恰当的拒绝行为。

对于孩子不愿意接触的一起游玩或学习的人，成人也可以教他们用恰当的行为拒绝。一些特殊儿童有可能因为教师将他们与自己不喜欢的同伴分在一组而拒绝参与某些活动，并用哭闹等方式达到拒绝的目的。对此，教师可以根据他们的言语沟通能力水平为他们选择并训练合适的沟通行为，以表达他们的拒绝。例如，前面所提到的哈密尔·艾弗林顿（2005）采用功能性沟通训练教莫娜用恰当的拒绝行为来改善其问题行为，就是此种情况。

2. 教个体用恰当的行为提出要求

对于个体感到厌恶的事物、场所和人等，干预者除了教其用恰当的行为拒绝之外，更积极的干预策略是教他们用恰当的行为表示自己想要什么，想去哪里，想与谁在一起，当然，这么做的前提是允许其有选择的权利。

对于言语沟通能力很有限的个体，干预者可以通过图片、照片或者字卡等方式给出选择项，让他们通过指点的方式提出自己的要求，也防止个体提出的要求超出允许的范围，反而导致结果不可控制。对于某些比较自我的个体来说，允许其选择、提出要求，能够有效地减少他们的拒绝行为。

三、针对厌恶的关注

对于他人的批评、抱怨、讥笑等形式的消极关注，几乎每一个人都是不喜欢的，但这些刺激也是任何一个人都会遇到的。事实上，每个人在成长过程中都要学习用恰当的行为方式来应对类似的个体所不喜欢的关注。一些人可能学会的是用问题行为的方式解决问题，比如，在面对妻子不断抱怨其无能、赚不来钱的时候，丈夫可能会采用砸东西、揍妻子的行为来结束她的抱怨。对于这样的个体来说，他们需要重新学习用恰当的行为处理他们所厌恶的来自他人的消极关注。对于用暴力行为结束妻子抱怨的丈夫来说，他需要重新学习与妻子沟通的方式。

基于社会性负强化功能合理前提下的行为干预目标通常是教个体用恰当的行为离开或拒绝厌恶的关注，或者告诉对方自己的要求。

1. 教个体用恰当的行为离开或拒绝厌恶的社会关注

当个体面对自己非常讨厌的来自他人的负面关注时，可以采取暂时离开的方式来应对。比如，当丈夫面对妻子的抱怨时，可以采取离开房间等方式来暂时避开他所厌恶的这一刺激。

干预者也可以教个体用恰当的行为直接向对方表达自己不喜欢其对自己的关注，比如，孩子可以跟母亲说"我不喜欢你总是不断地批评我"。当然，母亲在孩子如此说之后，也应该停止对其批评，以鼓励孩子发展这一恰当的沟通行为。

在实际生活中，个体所厌恶的社会关注在他人眼里并不一定是负面的、消极的。有时，这种关注可能是出于对个体的关心与爱护。比如，前面所提到的莫娜的例子，莫娜的同伴在课间给予莫娜的是关心以及帮助，但这种关心与帮助并不是莫娜需要的。过度的关心与帮助有时也会成为个体所厌恶的一种社会关注。对于莫娜来说，她采取了咬同学的方式以使别人能够让她独处。在日常生活中，孩子对父母的过度关心与爱护也会感到厌烦，有时也会采取发脾气等行为来应对。虽然周围人的关心与爱护方式需要改进，但是人们仍旧需要教孩子用恰当的方式来告诉父母自己不喜欢他们过度地关心自己。

2. 教个体用恰当的行为要求自己喜欢的关注

在日常生活中，很多人实际上并不习惯明确地告诉对方自己希望对方如何对待自己，而对方也可能并不明白自己给予他人的关注是别人所不喜欢的。当一方总是用问题行为来应对自己不喜欢的关注时，双方之间的沟通问题就会变得更加严重。对于这一类问题，干预者可以教个体用恰当的行为来告诉对方自己喜欢怎样的关注。比如，非常不喜欢父母总是长时间批评自己的孩子可以学习对父母说，"我喜欢你们在我表现好的时候表扬我"，或者"我希望你们只批评我现在做错的事情，不要说过去犯的错"。干预者可以根据个体的具体情况对所要表达的内容以及恰当的行为的具体形式进行设计。

总之，当个体逃避或者回避所厌恶的刺激的功能是被允许的时，行为干预的目标就在于让个体学会新的恰当行为，去逃避或者回避其感到厌恶的刺激。至于新的恰当行为是怎样的形式、具体要达到什么样的目的，则要根据个体的言语沟通能力以及所面对的厌恶刺激的类型及特点而定。

第二节 基于功能不合理的行为的干预策略

在实际生活中的大多数情况下，人们并不认为个体逃避或者回避厌恶刺激的功能是被允许的。人们更希望个体能够克服自己的厌恶情绪、坚持完成所要完成的事情。比如，大多数教师都认为完成作业是学生必须做的事情，"他们怎么可以不做作业呢"，这是教师常常发出的疑问。对于某些具有营养的食物，父母也会认为这是孩子必须吃的食物，他们会说"孩子怎么可以不吃呢"。对于任何一个人来说，当他们成年以后进入社会，都需要学会如何克制自己去完成必须完成的事情，这当中可能有很多事情是他们不愿意做或者不喜欢做的，但是他们不能在不喜欢的时候就不做了。从这个角度来说，一些问题行为的社会性负强化功能可能会被认为是不合理的。也就是说，个体的逃避或者回避是不被允许的。此时，问题行为的干预重点就不仅仅在于教个体表达自己的拒绝或者告诉对方自己喜欢的是什么，而是在于通过行为干预改变个体问题行为的功能，逐渐地减少个体对厌恶刺激的逃避或者回避行为。相比前面基于行为功能合理的干预策略，这一角度的干预策略就要复杂得多，而且需要花费的时间更长。

要让个体能够接受其原先厌恶的刺激，而非用逃避或者回避行为进行应对，我们首先要分析厌恶刺激的特点，要仔细分辨个体对于该刺激物的厌恶到底来自哪里。具有社会性负强化功能的问题行为的发生，与之前的厌恶刺激出现有非常紧密的关系，或者说之前的前奏事件直接引发或者诱发了个体问题行为的出现。如果要预防个体的问题行为出现，则干预者必须对这一厌恶刺激进行分析，确认个体真正的厌恶来源是什么。对于学生来说，干预者在制订干预计划时要注意分析作业、活动、材料或同伴等为什么对学生来说具有厌恶性（Horner，1994）。当然，这需要通过访谈、观察甚至通过控制一些变量去观察学生的问题行为变化，来确认其厌恶的原因。而只有在确认厌恶的真正来源之后，干预者才可以设计用于改变刺激厌恶性的干预策略。这部分的干预策略主要应用于个体问题行为发生之前，是针对问题行为的前奏事件而设计的干预策略，对问题行为的预防具有很好的作用。其次是要分析个体积极应对厌恶刺激的行为是什么。最后则是思考如何从行为结果的角度改变个体的行为。

一、针对厌恶的作业、活动和操作工具

（一）应用于前奏事件的干预策略

前面已经提到过，导致个体对作业、活动等刺激感到厌恶的原因可能包括作业任务的难度、趣味性、完成时间、主导者、结构化程度、个体的兴趣、过去的失败经验和他人期望等因素。对于学生来说，上述因素非常容易导致他们出现逃避或者回避行为。如果厌恶的来源与上述因素有关，行为干预的策略可以包括：

1. 改变作业或活动的难度

如果作业或活动的难度过高，干预者则可以通过调整作业或活动的难度来提高个体参与的程度。降低作业或活动的难度的措施可以从调整指导语、材料、操作工具以及内容等几个角度进行考虑。

(1) 调整作业或活动的指导语难度。一些学生之所以认为作业或活动的难度过高，并不一定是因为作业或活动内容本身太难，而是教师给出的指导语不清楚，或者指导语本身难度过高。如果糟糕的指导语与学生的问题行为有密切关系，那么教师应该将调整指导语作为行为干预策略的一项内容。通过调整指导语可以让学生更容易理解作业或活动的具体内容与过程。指导语的调整策略（Chandler & Dahlquist, 2006）可包括：

- 将指导语分解为多个步骤，仅仅在前面的步骤完成之后再提供下一步骤的指导语。
- 提供多种形式的指导语（比如，书面的、口语的、图片式的或者多种符号形式相结合的），或者提供符合学生学习风格的指导语。
- 将指导语中使用的语言简单化（使用学生理解的词汇，符合学生的语言理解能力）。
- 指导语只包含相关信息，无关内容不写入指导语。
- 对指导语中的关键内容进行着重强调。

- 在提供指导语前获得学生的关注。
- 在提供指导语之后、开始作业或者任务之前，检查学生是否理解或者记住了指导语。

(2) 调整完成作业或参与活动所使用的材料和操作工具等。 作业或活动的难度过高也可能与学生需要使用的材料或操作工具有关。比如，一些学生可能存在因脑瘫或者其他生理障碍导致的运动能力发展落后，如果所要完成的作业或者参加的活动要求他们用手操作某些工具或者使用某些材料，如用剪刀剪纸、将胶水涂在线条上等，由于手部精细动作技能发展严重滞后于同伴，这些操作工具和材料的使用会导致其完成作业或者任务的难度过高。教师可以通过调整操作工具或者材料的方式降低作业或者活动的难度，如将用剪刀剪改为用小刀划，让学生用铅笔沾胶水涂在线条上等。

(3) 调整作业或活动的内容难度。 对于能力水平严重落后于班级同龄伙伴的学生，有时仅仅通过调整指导语、改换操作工具或者材料还是难以降低作业或者任务的难度水平的，此时教师就需要通过降低作业或者活动的内容难度，让学生能够完成作业、参与活动。让学生以他们的能力水平参与到学习过程中，而非让学生学习其他同学都在学习的内容，是教师通过良好的教学实践改变学生问题行为的一种有效途径。事实上，相当多特殊学生的问题行为与教师提供的作业或任务内容难度远远超过学生的能力水平有关，这很容易导致学生出现不顺从、发脾气、自我伤害甚至攻击的行为。

(4) 提供完成作业或参与活动所需的线索。 教师提供有关作业或活动的线索也可以降低任务难度，帮助个体成功地完成作业、参与活动，从而减少个体拒绝完成作业或参与活动等的问题行为。这些线索可以用多种方式提供，如图片、字卡、声音或言语等，可以在作业或活动开始前提供，有些线索（如图片、字卡）也可以使用于作业或活动完成过程中。

(5) 在作业或活动完成过程中提供辅助。 在作业或活动完成过程中教师提供辅助也可降低任务难度，帮助个体表现出期望中的行为，促使他们获得成功，从而减少其逃避或者回避作业或活动的行为。对于教师来说，在学生完成作业或活动的过程中，要注意观察学生表现出来的行为，并从其行为中辨别、确认学生是否遇到了困难，从而及时提供辅助，以减少因作业或活动难度过高导致个体出现逃避或回避行为的可能性。当学生能够在完成作业、参与活动的过程中获得越来越多的成功感，他们就会更加愿意完成作业、参与活动，问题行为出现的可能性也就越低。

2. 调整作业或任务量或者完成所需的时间

一些学生之所以在完成作业、参与活动的过程中表现出了拖拉、注意力分散等问题行为，与作业或任务的数量有很大的关系。在日常生活中，如果父母总是在孩子做完学校作业之后还会布置很多课后作业，导致孩子很少有机会玩耍，那么孩子在完成学校作业的过程中就可能很容易出现与作业无关的行为，导致做作业拖拖拉拉。对此，父母通常会认为孩子做作业不够认真，但是有时孩子也是在用此种方式回避学校作业完成之后的家庭作业。要改善这类孩子拖拖拉拉的行为，父母需要合理布置作业与任务，并在开始作业之前与孩子讲清楚作业与任务的具体数量是多少。

另外，有些学生非常讨厌一次完成作业和活动的时间过长。对于这类学生的问题行为，干预者可以将作业任务拆分为多个小任务，每次完成小任务时则提供强化或者休息，这也可以促使学生完成作业或者参与活动，减少其逃避或者回避作业或活动的行为。

比如，莫莱（Moore et al., 2005）对一名 6 岁男孩数学课上不恰当的行为进行了干预，行为功能评估结果显示，该学生不恰当的行为的功能是逃避作业，即社会性负强化功能。研究者对该学生不恰当行为的干预就是基于这一功能假设进行设计的，干预策略包括：将要求学生独立完成的数学作业分解成多个小任务，并指导他在一个小任务完成之后告诉老师，老师再指导他做下一步的作业。这一干预策略并没有减少数学作业的量，只是将数学作业分解成几个小步骤，并让学生在完成每一步之后有一小段时间的停顿。这一策略减少了学生逃避作业的需求，提高了其完成作业过程中的专注水平。

3. 给个体提供选择作业、任务、材料和同伴的机会

允许学生进行选择，可以增加他们完成作业的恰当行为，减少逃避行为（Dyer et al., 1990）。一些学生可能对环境有较高的控制欲望，对于他人要求的作业或者任务很容易出现拒绝。换句话说，老师布置的作业或者任务本身对他们并不具有厌恶性，仅仅因为是老师布置的才导致了他们对作业或任务的厌恶。对于这类学生的问题行为，可以提供同一难度水平、同一主题的多个作业或任务供其选择，以允许他们具有一定的自主性。不管学生选择哪一项作业或任务，他们都可以获得相似的学习效果。但因为所要完成的作业或任务是学生自己选择的，因此可以降低学生对它们的厌恶感，从而减少对作业或任务的逃避或者回避行为。

除此之外，老师也可以为学生提供选择材料和同伴等方面的机会，以提高其完成作业的动机，如"你想用铅笔还是圆珠笔"，"你想跟小王一起做还是跟小强一起做"，"你想先做计算题再做应用题，还是先做应用题再做计算题"等。

要注意的是，为个体提供的选择机会应该有固定的选择项，而非开放式的、没有限制的选择。这一干预策略的目的在于为个体提供最少的选择机会，让个体获得对环境的控制感，从而减少拒绝行为。

4. 提高作业或活动的趣味性

很多学生逃避或者拒绝完成作业、参与活动是因为他们觉得作业或活动没有趣味性、非常乏味。有多种原因会导致学生认为所需完成的作业和活动缺乏乐趣，如过于简单、冗长枯燥、不符合其年龄特点、与学生的生活经验无关或者对学生的生活不会马上产生影响、作业做完之后没有强化物等（Munk & Karsh, 1999）。因此，当发现学生是由于作业或活动缺乏趣味性而出现逃避或回避行为时，干预者首先要确定学生为何认为作业或活动缺乏趣味性，并根据这一原因对作业或活动进行调整，以有效提高它们的趣味性。一般来说，当学生对所要完成的作业或活动更感兴趣时，则更有可能参与到作业和活动中，逃避或回避行为从而减少或者消失。

有多种方式可以提高作业或活动的趣味性，如在文字材料基础上提供其他视觉辅助材料（如图片），让学生有更多动手操作或小组合作的机会，允许学生用多种反应方式来完成作业；在教学过程中，教师也可以通过采用多种教学方式或设计不同的教学活动来增加趣味性，从而提高学生参与教学活动的可能性。

5. 调整对个体的期望

一些学生所表现出来的拒绝行为与作业或活动本身没有任何关系，不管是什么性质的作业或任务，都会导致其拒绝。这些学生常常被教师或父母形容为"非常懒惰的学生"。这一类学生之所以拒绝作业或活动可能与教师和父母的期望有关。一些研究者也认为（如Moore，Anderson，Kumar，2005），当学业的期望不符合学生当前的技能水平时，学业期望就可能诱发学生不理想的行为。由于学生不管如何努力，总是难以达到教师、父母等对他们的要求，完成作业和活动之后获得的也总是负面评价，久而久之，他们就会开始逃避或回避各种作业和活动。对此，教师和父母等与个体有关的重要人员需要检讨自己对个体的期望是否恰当，对个体的行为评价是否影响到个体的拒绝行为，并对期望进行调整。干预者应该对个体努力并逐渐趋近于成功的行为进行强化，而非根据表现水平好坏进行评价或强化，即对个体的行为进行强化而非对其做得好才进行强化。

事实上，在日常生活中，父母常常会犯一个错误，就是不由自主地提高对孩子的要求。当孩子的表现相比以前还不错，但实际上良好行为尚未巩固时，父母就会对其提出更高的要求，而此时孩子很容易又出现对作业和任务的拒绝行为。因此，在行为干预过程中，干预人员要注意反省是否给予了个体恰当的期望以及评价。

6. 调整不同作业或任务的顺序

一些研究者认为，若在学生感到厌恶的作业或活动之前或者之后是他们不感到厌恶的作业或活动，他们则往往更有可能去完成这些厌恶的作业或活动（Blair et al.，1999；Chandler & Dahlquist，2006）。因此，老师可以采取将不同厌恶程度的作业和任务间杂呈现的方式，促使个体减少逃避或回避行为。比如，将难度高与难度低、有趣与枯燥、喜欢的与不喜欢的作业和任务间杂地呈现，有助于提高个体的作业和任务参与程度。

一般来说，如果在个体不喜欢做的作业之后跟随的是他喜欢的活动，一方面会让个体更有可能愿意去做自己不喜欢做的作业；另一方面，喜欢的活动也对个体之前努力完成不喜欢的作业的行为起到了强化作用。

（二）用于发展恰当行为的干预策略

教个体克服厌恶感去完成作业、参加活动是比较困难的事情，但干预者仍旧有必要设计一定的行为干预程序去鼓励并帮助个体表现出这样的行为。

1. 教学生恰当地完成作业、参与活动的行为

学生之所以出现拒绝完成作业或活动的问题行为，可能与他们不知道恰当的参

与行为是什么有关。解决这一问题的有效干预策略在于教学生恰当地完成作业、参与活动的行为。

给予恰当行为的示范，让学生进行模仿，是一种常用的行为干预技术。教师可以在布置完作业之后对学生进行个别辅导，告诉其作业应该如何完成。对于一些能力非常弱的学生，给予例题一步步演示如何解答例题，并让学生按照例题解题的方式完成后续作业，一方面可以降低作业的难度，另一方面也提供了恰当完成作业的行为榜样，有助于减少学生拒绝完成作业等问题行为。

比如，普莱斯阿朵等人（Preciado，Horner，Baker，2009）采用训练学生学业技能的方式对4名拉丁美洲学生的问题行为进行了干预。行为功能评估结果显示，他们在完成作业期间出现的问题行为与逃避作业这一社会性负强化功能有关。他们采取了匹配儿童母语能力水平的教学指导策略（larguage-matched instructional priming，简称LMIP）的干预对学生的问题行为进行了干预，由1个双语教师提供每周4天、每次1小时的教学，内容着眼在：①教学生解码技能，提高阅读技能水平（20分钟）；②复习并预习阅读课上的故事内容和词汇（20分钟）；③回顾、解释第二天独立完成作业的指导语（10分钟）；④教他们更被社会接受的社会技能，如要求教师或者同伴帮助、要求休息等（10分钟）。干预结果显示，这几名学生的问题行为出现了不同程度的减少（分别平均下降68%、72%、49%、20%），而且学业成就水平也得到了提高。

教师不仅可以通过现场示范的方式教学生恰当完成作业的行为，也可以通过录像示范的方式提供恰当的行为榜样。例如，对于某些生活自理类活动（如烹饪菜肴），教师可以提前录制与这些活动有关的录像，让学生通过观看录像知道应该如何完成这些任务，并模仿录像中榜样的行为，从而减少逃避作业或者活动的行为。这类录像也可以以个体本人为榜样，比如，如果学生可以在教师辅助下完成某项生活自理任务，教师则可以将此过程拍摄下来，并利用视频剪辑手段将教师辅助的画面剪掉，让学生看到其本人成功完成该任务的过程。这种自我录像示范的干预技术对于提高个体的学习动机、增加其成功感是非常有效的。

2. 教学生用恰当的行为要求辅助

一些学生有可能因为在完成作业或者参与活动的过程中遇到了困难的任务，又不知道如何求助，而出现用问题行为拒绝继续完成任务的情况。对此，行为干预的重点可以放在教学生在遇到困难的时候用恰当的行为要求辅助。

干预者可以根据学生的发展水平、活动特点和学生所在年级的特点等因素确定学生恰当的求助行为是怎样的。一般在课堂上常见的求助方式包括：举手、走到讲台边、叫老师、询问同伴、用图片或者字卡向老师示意等。对于教师允许的求助行为，教师要对之进行有效反馈，及时提供辅助或者让同伴及时提供帮助，从而促使学生在他人辅助下增加完成任务的恰当行为，减少逃避或者回避作业与活动等的问题行为。

（三）应用于行为结果的干预策略

个体之所以不断出现问题行为，与问题行为出现之后的结果满足了个体逃避或者回避厌恶刺激的需求有密切关系。因此，行为干预计划还应该包括对具有社会性负强化功能的问题行为进行恰当反馈的干预内容，以及对恰当行为进行强化的干预内容。

1. 对问题行为进行消退

在个体问题行为出现之后，减少、撤销厌恶刺激或者延缓厌恶刺激到来等结果有效地维持了问题行为。在干预过程中，可以采取撤销强化的消退策略来改变问题行为之后的结果。比如，如果学生在教师布置完作业之后出现了尖叫，教师可以采取忽视其尖叫，继续要求其完成作业的方式对之进行处理。很多研究者认为，当问题行为与当前的行为结果之间的联系越来越弱时，问题行为也就会减少。

但是，干预者也要注意，在对具有社会性负强化功能的问题行为采取消退策略时，个体也很有可能出现消退爆发的现象。当教师或者父母不管孩子出现什么行为，坚决要求其完成作业时，孩子可能会出现更加严重的问题行为，包括严重的消极的语言对抗等。如果教师与父母将注意力放在这些问题行为上，比如对孩子消极的语言对抗不断地给予反应，有时甚至持续到没有时间来完成作业，此时孩子的行为仍旧获得了逃避作业这一社会性负强化的功能。任何一种拖延完成作业时间的方式都可能是个体为了逃避或回避作业而设置的陷阱。因此，教师或者父母要注意，不要去反复地威胁学生并对他们的问题行为进行冗长地批评，也不要花很长时间去劝说学生完成作业,而是要采取其他策略,如提供完成作业的线索或直接辅助等,促使他们行动,以减少问题行为(Chandler & Dahlquist, 2006)。

2. 提供积极的矫正型的反馈

当个体的问题行为发生之后,干预者忽视其问题行为,给予其有关如何完成作业、参与活动的相关信息,要比关注其做错了什么或者正在表现出什么问题行为要更加有用(Polloway & Patton, 1993;Chandler & Dahlquist, 2006)。为问题行为提供这样的积极的矫正型反馈,不仅能够告诉学生应该做什么、如何做,而且也可以用来阻止学生进一步表现出问题行为。比如,当小强为了不做涂色作业而在纸上乱涂时,教师可以不去批评其乱涂的行为,而是告诉其如何用红色蜡笔涂圆圈。这样的矫正型反馈要比批评小强在纸上乱涂的行为更加有效,并且也阻止了小强通过乱涂这一行为达到不做涂色作业的目的。

如前一章所提到的,教师对问题行为的反馈应该着重在告诉学生应该做什么,而不是告诉他们不应该做什么或者做错了什么。采取这一策略的同时可以对学生的恰当行为进行强化。如果学生能够按照教师的矫正型反馈进行行动,教师就应及时对之进行强化,以促使其完成作业、参与活动等恰当行为的增加。

3. 对个体的参与和努力行为提供强化

一般来说,对于使用具有社会性负强化功能的问题行为应对其厌恶的作业和活动的个体来说,他们可能已经有了相当长时间的失败经历,因而对自己是否能够很好地完成作业任务已经失去信心,也非常害怕再一次因为没有完成作业任务而遭受他人的负面评价或批评。因此,行为干预的重点是帮助他们不断积累成功的经验,树立自己可以完成作业任务的信心。这就意味着干预者在相当长一段时间内要对个体的参与以及努力完成作业的行为进行强化,而非对其完成作业的质量进行强化。

对个体的参与及努力行为进行强化,意味着干预者不仅要在任务结束时对个体进行强化,而且还要在任务完成过程中对其进行强化。在个体完成任务的过程中,干预者对其认真完成作业、参与活动的行为或者每一步趋近于成功的努力进行强化,有助于促进个体的参与,也有益于干预者一步步提高个体的行为能力水平。对于没有能力完成任务中所有步骤的个体,干预者可以采用塑造的方式对个体逐渐趋近于成功完成任务的行为进行强化。当然，运用这种强化方式实际上也意味着干预者降低了对个体的要求和期望，它允许干预者依据个体的能力水平设定每一次强化所针对的行为目标。这在一定程度上也是对个体恰当行为的训练，或者是对个体完成任务的技能训练。当个体的行为能力水平提高，强化的要求也就可相应提高了。

比如，卢瑟里（Luiselli，1991）曾对一名患有劳氏综合征的儿童的自我进食行为运用刺激控制和塑造的方式进行了训练。该儿童从不自己吃饭，甚至拒绝任何尝试自己吃的动作（如拿勺子等）；如果要求其自己吃，他会将放在他面前的东西（如盘子、碗或者碟子）推开或者扔掉；每次吃饭都要他母亲或者老师喂，拒绝其他人对其喂食，但是他可以吃完盘子里的所有食物。干预时，干预者将该儿童的进食行为分解为6个小步骤：抓住勺子，用勺子在盘子里舀起食物，将勺子放进嘴里，将勺子里的食物倒进嘴里，将勺子从嘴里拿出来，将勺子放回盘子。根据这些步骤，卢瑟里将训练过程分为6个阶段，每一个阶段都是在前一阶段基础上逐渐提高行为要求，每一阶段各自设定了成功标准，儿童只要达到该阶段的成功标准就可以获得强化。通过这一程序，经过2个多月的训练，该儿童从最开始不拿勺子，到最后能自己完成进食的整个过程（能自己抓住勺子、舀食物、将勺子放进嘴里、将食物倒进嘴里、退出勺子、最后将勺子放在盘子里）。

有研究者（Hawkins，Axelrod，2008）对4名行为障碍学生（2名学生被诊断为注意力缺陷多动障碍，1名学生被诊断为对立违抗性障碍，还有1名学生被诊断为同时存在上述两种障碍）完成家庭作业期间的明显分心行为进行了干预。行为功能评估结果显示，这几个学生在完成家庭作业时表现出来的行为明显是"不做"，而非"不能做"，对其行为功能的假设是逃避作业的要求。研究者采取了强化其专注于家庭作业的行为的方式，对他们的分心行为进行了干预。强化程序分为几个阶段，如果学生能够将注意力保持在作业上连续达到10分钟，则：①可以马上获得5分钟的休息时间（在位置上坐着）；②可以马上玩喜欢玩的活动5分钟；③可以获得一份小点心，如巧克力、饼干、蛋糕等，但要求继续完成作业。从干预结果来看，对其中3名学生最有效的干预策略是作业持续10分钟后提供在坐位上休息的时间；另外，提供5分钟的活动时间也令这3名学生的专注行为有所改善（与干预的基线期相比），其中2名学生的行为改善尤其明显。这一干预策略一方面对学生参与作业的行为进行了强化，同时也通过让其休息，在一定程度上满足了其逃避作业的需求，故而取得了比较好的效果；而另一个学生的行为则在提供食物的条件下获得了明显改善。研究者认为，对该学生来说，食物比休息对其更具有强化效果。

对个体努力的行为进行强化，也可以表现为对其部分完成任务的行为提供强化。如果个体经过努力之后还是只完成了部分任务，干预者也应该对其进行强化，而不是对其进行批评。对于一些能力有限的学生来说，对其努力的行为进行强化还表现在以下方面：对学生回答问题的行为进行强化，即使他的答案是完全错误的；对在某些课上学生安静地坐在椅子上的行为给予代币或者贴纸进行强化；对学生带书来教室的行为进行表扬，即使他没有带笔记本或者其他必备的学具；允许在20分钟的活动中已经参加了5分钟活动的学生休息一会儿（Chandler & Dahlquist, 2006）。对个体努力的行为进行强化也意味着在每一次活动结束时最好给予个体一个成功的结尾，而非负面的评价。这也有助于个体下一次更愿意完成任务，而非拒绝。

二、针对厌恶的事物、场所或人

有时候，外部环境并不允许个体逃避或者回避那些厌恶的事物、场所或者人，而且一味地逃避或者回避也很容易给个体的生活带来不便或者干扰。比如，患有恐高症的个体常常会拒绝去高处，甚至拒绝在高楼工作，这会使得他们的生活或者工作范围受到严重限制。又如，发展障碍儿童常常出现严重挑食行为，拒绝进食某些食物或饮料，因而导致他们的身体无法摄入足够的营养，以致影响身体健康。对此，行为干预的目标在于让个体学会不再逃避或者回避这些厌恶刺激，换句话说，要让他们学会恰当应对厌恶刺激的行为。

在此行为干预目标下，常见的行为干预途径是通过对厌恶刺激的控制逐步让个体掌握恰当的行为，同时对恰当行为进行强化。具体技术主要包括：与刺激控制相结合的渐隐、消退、系统脱敏法、示范模仿疗法和暴露法等。其中，刺激控制、渐隐、系统脱敏法、示范模仿法和暴露法虽然也会包含基于行为结果的行为干预技术，但更着重于前奏干预和发展恰当行为，而消退则更着眼于从行为结果开展干预。

（一）刺激控制与渐隐

渐隐这种技术常常用于矫正个体逃避或回避食物、场所等厌恶刺激的行为。在第五章中就已经提到过，渐隐是指通过逐渐变化控制行为反应的刺激，最后让个体在自然刺激水平下也能做出相同反应的一种干预技术。在用于具有社会性负强化功能的问题行为时，干预者通常按照某个维度细致地对个体所厌恶的刺激物进行逐渐变化，以促使其不断提高对厌恶刺激的适应水平，最终克服对该刺激物的厌恶。不少研究者运用渐隐与刺激控制相结合的方式，对发展障碍儿童的严重挑食行为进行了干预，以引导儿童发展出恰当的进食行为。

卢瑟里和格里森（Luiselli & Gleason，1987）对一名 4 岁女孩的严重挑食行为运用刺激渐隐的技术进行了干预。该女孩几乎完全拒绝进食：只喝牛奶，偶尔吃些婴儿食品。研究者通过逐步增加食物的纹理（即粗糙度），采取对吃掉所给食物的行为进行强化与对逃避进食的行为进行消退（当女孩拒绝进食时，采取身体引导的方式用一只手轻轻地让她张开嘴，同时塞入一只勺子）相结合的技术，改变了该女孩严重挑食的行为。

休莱、巴比特等人（Shore，Babbitt et al.，1998）也采用类似卢瑟里和格里森的干预技术，对四名儿童的进食问题进行了干预，具体的干预技术包括：逐渐增加食物的纹理，对儿童接受和吃掉食物的行为进行强化，并对逃避食物的行为进行消退（不移开勺子），最终改善了他们严重挑食的行为。

卢瑟里等人（Luiselli，Ricciardi & Gilligan，2005）也曾经运用渐隐的方式对一名 4 岁自闭症女孩拒绝食物的行为进行了干预。该女孩非常挑食，干预前只能吃一些饼干、薯片、爆米花和水果，喝医生推荐的增加营养的液体饮料小安素，但是她只喝 50% 小安素兑 50% 牛奶的混合饮料，如果父母增加牛奶的比例或者让牛奶成为她唯一的饮料时，她就拒绝。研究者通过逐渐增加牛奶的比例来发展这个女孩进食牛奶的行为。训练起点是 50% 的小安素兑 50% 的牛奶；每次牛奶增加量约为 6.25%（一大汤勺），即之后牛奶的比例增加到 56.2%、62.5%、68.7%、75.0%、81.2%、87.5%、93.7%。当该女孩在一个阶段能够连续 2～3 次喝掉 90% 或者更多的混合饮料时，就转向下一阶段。最终该女孩学会了喝没有混合小安素的牛奶，即不再对牛奶出现拒绝行为。

（二）消退

对个体逃避行为进行消退的技术常常是应对儿童挑食行为等拒绝行为的干预实践中的重要组成部分（Piazza，2008）。比如在前面介绍的卢瑟里和格里森、休莱和巴比特等人，在挑食行为干预研究中都采用了这种技术。

一些研究者认为，在挑食行为的干预中，如果不采用消退技术，儿童的挑食行为常常不太容易消除（Najdowski，Tarbox & Wilke，2012）。但是正如前面提到的，当个体原先被强化过的行为不再跟随原先的强化物时，很容易出现行为的消退爆发现象。在对儿童拒绝进食行为进行消退时，也很容易出现这种副作用（Piazza，Patel et al.，2003）。当儿童出现更加严重的问题行为以抗拒进食时，会严重影响父母等喂养者对行为干预技术的满意度，并因此导致行为干预失败，反而加重儿童的挑食行为。这也是运用这一技术应对挑食等问题行为时要注意的问题。

（三）系统脱敏法

系统脱敏法指的是让个体在身体处于充分放松状态下，逐渐地接近所害怕或焦虑的事物，或是逐渐地提高此类刺激物强度，以逐渐降低个体敏感性，从而减轻和消除个体对该刺激物的恐惧或焦虑情绪的干预技术（昝飞，2007）。这种干预技术通过应用不相容反应来对抗对厌恶刺激的恐惧、焦虑等情绪，从而达到减少或者消除个体对厌恶刺激的逃避或者回避行为的目的。不少研究者运用这种干预技术对有发展障碍、智力障碍的个体害怕狗或老鼠、害怕看牙病、恐高等行为进行了干预（Newman & Adams，2004；Altabet，2002；Riccardi et al.，2006）。

比如，纽曼和艾德姆（Newman & Adams，2004）对一名17岁的中度智力障碍男孩害怕狗的行为进行了干预。在干预过程中，研究者使用了逐级暴露与放松训练相结合的系统脱敏程序，同时，也采用了成人榜样示范的方法，最终取得了较好的干预效果。

又如，阿尔塔别特（Altabet，2002）运用系统脱敏法对35名重度和极重度智力落后个体害怕、逃避牙齿治疗的行为进行了干预。在干预过程中，研究者根据牙齿治疗的过程为每一个干预对象建立了恐惧刺激等级表，通过逐级暴露的方式让个体接触他们所害怕的刺激物，同时还采取了示范、塑造、放松和强化等技术。干预效果显示，系统脱敏法能够改善智力障碍者对牙齿治疗的恐惧，更多地接受牙医的治疗。

（四）暴露法

暴露法也称洪水满灌法，是一种让个体直接接触引起他们焦虑、恐惧的事物与情境，并限制他们出现任何逃避或者回避的行为，从而帮助个体克服逃避或者回避行为，学会恰当地应对恐惧事物的行为的干预技术。在行为干预过程中，干预者还会与个体讨论面对恐惧事物时的感受，并对其努力面对恐惧事物而不逃避、回避的行为进行表扬或者强化，随着暴露次数增加，个体对恐惧事物的控制能力也相应增强，其回避或者逃避行为也随之减少。暴露法也可以结合其他方法一起使用，如示范模仿疗法。

（五）示范模仿疗法

示范模仿疗法也可以用于教个体处理那些令其厌恶的、感到恐惧的刺激物。在干预过程中，个体观看榜样有技巧地处理那些厌恶或者恐惧的刺激物而没有表现出任何的恐惧（Davis & Ollendick, 2005；Ollendick et al., 2004)，同时他们也被鼓励与恐惧的刺激物进行接触，然后一步步地学会不再逃避或者回避这些刺激物。在个体暴露在厌恶的刺激物的情境中，榜样也会通过温和的言语支持、身体引导（如用手轻拍肩膀、手把手地引导）让个体逐渐地接近这些刺激物，然后通过渐隐的技术让榜样逐渐地隐退，最终让个体能够独立地面对这些刺激物。

示范模仿疗法被成功地运用在对某些智力障碍或者发展障碍个体的恐惧行为（如害怕狗、电梯、购物等）的干预中（Lindsay et al., 1988；Matson, 1981；Runyan et al., 1985)。在前面提到的纽曼和艾德姆（Newman & Adams, 2004）对17岁中度智力障碍男孩害怕狗的行为的干预中，也采用了示范模仿疗法。在这个案例中，研究者以这个男孩的母亲作为榜样，让他观看其母亲接近狗的行为，由于其母亲也害怕狗,因此研究者认为其母亲接近狗但没有表现出害怕的行为更具示范效果。

研究者认为,让个体真实地暴露在厌恶刺激情境中,让榜样示范恰当地接触恐惧刺激的行为,同时让榜样给予个体言语和生理的支持和引导,并引入塑造和渐隐技术,可以让个体一步步地学会如何处理厌恶或者恐惧刺激,从而减少逃避或者回避的问题行为。

(六)认知行为矫正技术

认知行为矫正技术也可以用来发展个体处理厌恶或者恐惧刺激的恰当行为。这一技术在运用前面提到的渐隐、刺激控制、逐级暴露、强化、消退等技术之外,还运用心理教育的方法去改变个体所持有的与焦虑、恐惧有关的对刺激物的错误看法(Najdowski, Tarbox & Wilke, 2012)。赫莱(Hurley, 2004)曾运用此种方法对一名34岁患有唐氏综合征的轻度智力障碍男子的恐高行为进行了干预。当该男子的恐高行为明显减少时,其生活质量也得到了很好的改善。但总体上,这种方法很少用于能力发展较落后的智力障碍个体或发展障碍个体,只有用在能力水平较高的个体的身上才有一定的效果。

另外,值得一提的是,对于一些有严重障碍的个体来说,他们不仅可能通过问题行为来逃避或者回避所厌恶的刺激物,同时他们也可能通过错误的逃避或者回避行为获得成人的关注。干预者在设计行为干预计划时还需要考虑这类行为同时所具有的社会性正强化功能。

三、针对厌恶的关注

对于个体厌恶的关注,基于功能不合理的前提,行为干预的重点在于发展个体恰当的行为去处理这些厌恶的关注,提高对此类关注的容忍性。常用的行为干预技术包括塑造、环境调整、认知行为矫正技术、强化与消退技术等。

（一）塑造

对于个体所厌恶的某些关注，其程度在其他人眼里可能是在合理范围内的，或者是不具有厌恶性的。对于这一类关注，个体需要学习新的恰当行为以达到逐渐适应的目的。在前面第五章中我们已经提到，塑造是一种通过对连续趋近于目标行为的行为进行系统的、有区别的强化，最终帮助个体学会新的目标行为的干预技术（昝飞，2007）。这一干预技术也可用于提高个体对外界关注的容忍性。

例如，鲍尔斯和索尔沃斯（Powers & Thorwarth，1985）曾运用这一技术对一名30个月大的自闭症儿童杰森拒绝他人身体接触的行为进行了干预（在此例中，我们将来自他人的身体接触看作为一种社会关注）。研究者根据杰森与训练者身体接触的时间长度变化设计了塑造程序：第一阶段，杰森要达到的目标行为是能连续1分钟安静地坐在训练者腿上，然后是90秒、2分钟、3分钟……最后直到9分钟。通过这一程序，研究人员让杰森从完全无法安静地坐在训练者腿上，逐渐一步步做到能够安静地坚持9分钟，从而改变了杰森拒绝他人身体接触的行为，达到了训练目标。

（二）环境调整

对于来自外界的批评、负面评价、抱怨等消极关注或者过度的积极关注，干预的内容一方面是帮助个体学习恰当容忍这些关注的行为；另一方面则是需要对这种错误的关注进行调整。减少对个体的批评、负面评价、抱怨以及过度的积极关注是减少个体逃避或者回避关注行为的有效干预策略。在家庭教育中，尤其要注意分析是否是父母的过度关注、负面评价或者批评等导致孩子对某些事物出现了逃避或者回避行为。如果是，那么父母调整自己与孩子的沟通方式则是非常必要的，否则孩子仍旧很难坚持采用恰当的行为来应对这些负面关注。

在前面提到的莫娜的例子中，同学们发现莫娜之所以咬同学是因为她想独处，不希望同学总是不经她同意就拉她去操场、卫生间等地方。于是同学们就非常注意在课间让莫娜有一个比较宽松的空间，而不是像最初那样，总是有很多同学围绕着她，这也一定程度上减少了莫娜出现咬同学行为的可能性。

（三）认知行为矫正技术

对外部不良关注进行调整的同时，对个体恰当行为进行训练是常用的干预策略。前面提到的认知行为矫正技术可用于恰当行为的训练。对于外部社会关注感到厌恶的个体常常对他人给予的关注有一种错误的看法。比如，对父母的过度关心感到厌烦的个体常常认为父母过于干涉自己的生活和自由；会认为父母的批评和老师的负面评价代表他们看不起自己。在前面提到的丈夫揍妻子的例子中，妻子一抱怨，丈夫想到的就是妻子看不起自己，这种对外部关注的非理性观念有可能影响到个体对外部关注的行为反应。因此，干预者可以通过心理教育的方法改变其对外部关注的看法，并结合对恰当行为的训练（可以采取前面提到的示范模仿等方法），促使个体发生行为改变。

（四）强化与消退

对恰当行为的强化与对问题行为的消退相结合的技术也是常用的技术（Piazza et al., 2003）。当个体表现出对负面关注的容忍行为而非问题行为时，干预者应该给予鼓励，以逐渐提高其对负面关注的容忍力。另外，当个体出现问题行为以逃避或者回避外界关注时，也可采取消退技术，限制其用问题行为来达到目的。

比如，前面提到的鲍尔斯和索尔沃斯（Powers & Thorwarth, 1985）对自闭症儿童杰森拒绝他人身体接触的行为的干预研究。在干预过程中，研究者采取了负强化的技术对杰森安静地坐在训练者腿上的行为进行了强化：当杰森能坐在训练者腿上没有激烈哭泣持续2秒钟时，训练者就将拥抱杰森的手放松些，并允许其在房间里逛30秒钟；如果他试图挣开训练者的拥抱，那么训练者就将其紧紧地抱住。这些基于行为结果的技术与其他技术的结合使用，使得杰森拒绝别人身体接触的行为得到了有效改善。

总之，对于个体所出现的具有社会性负强化功能的问题行为，研究者要既考虑其具有功能合理性的一面，也要从环境调整等角度改变个体对厌恶刺激的逃避或者回避行为，从而提高其整体的行为能力。

第七章

与自动化强化功能有关的干预策略

自动化强化指的是行为所获得的强化物来自于行为本身，这一功能也被一些研究者称为感觉刺激或者感觉调整功能（Chandler & Dahlquist，2002，2006）。如前所述，自动化强化可以表现为生理性正强化（也可称为自动化正强化）和生理性负强化（也可称为自动化负强化）。前者指的是行为能为个体带来感觉刺激（如视觉、听觉、触觉、嗅觉、本体感觉等某种感觉通道的刺激），后者则是行为能够消除个体生理内部的痛感以及其他不舒服的状态，也意味着身体的疼痛或者不舒服（如牙疼、头疼或者内分泌问题）是引发个体问题行为的原因。

　　目前的研究发现，一些发展障碍儿童（尤其是自闭症儿童）所表现出来的很多问题行为常常是由自动化强化的功能所维持的（Reese et al.，2005）。比如，自闭症儿童常常出现的刻板行为（如不断地反复摇晃身体）、自我伤害行为（如啃咬自己的身体）等问题行为，常常与其行为之后获得的感觉刺激或者感觉调整结果有关（Roantree & Kennedy，2006）。

　　因此，在行为干预过程中，确定个体问题行为的功能以寻找恰当的行为干预方法是非常关键的。由于这类问题行为的功能与其身体的特殊状态有密切关系，因此，在行为干预时必须考虑个体需求的合理性。比如，对于有生理负强化功能的行为来说，有时需要使用医学治疗手段以缓解个体的身体疼痛或者不舒服。总的来说，当问题行为的功能是自动化强化功能时，行为干预的途径与目标一般包括（Chandler & Dahlquist，2002，2006）：

- 通过调整外部环境，减少或者增加环境刺激输入，或者提供多样化的感觉刺激，以符合个体生理所需的感觉刺激水平和感觉刺激类型。
- 帮助个体调整身体内部的生理刺激水平，以使得个体不被过度刺激或者过少刺激所伤害。
- 教个体用恰当的行为表达自己需要改变某种刺激，或者他们不喜欢某种形式或某种水平的刺激输入。
- 尽可能地提高个体在环境没有为他们提供最佳水平和最佳类型的感觉刺激的情况下的行为能力水平。

第一节 基于功能合理的行为的干预策略

在大多数情况下，我们会认为个体问题行为的自动化强化功能是合理的。任何个体在身体内部出现某些需求时，都会做出一些行为来使需求得比满足。比如，当个体出现皮肤瘙痒时，就会不可抑制地用手去抓、挠，甚至当皮肤被抓破时还会不断地抓、挠。这种情况与自闭症儿童出现的自我伤害行为（不断地抓挠皮肤，甚至到皮肤破损、不断流血仍不停止）非常类似；当人们感到头痛时也会用拳头敲打自己的头部以试图减轻疼痛。这些行为的出现都与个体身体内部的某种感觉需求有紧密联系。

由于问题行为的自动化强化功能与身体的这种特殊状态有密切的关系，因此，在很多情况下，必须从功能的合理性角度，即个体的生理或者感觉需求的合理性角度，来考虑问题行为的干预策略。同时，个体的问题行为也表明了个体当前所具备的行为能力水平，仍旧不足以用社会规范允许的行为方式，处理其所遇到的感觉刺激或者感觉调整问题。这也意味着在行为干预时，干预者还需要考虑周围人期望个体在这种情况下做什么，或者能够做什么。

在此前提下，此类问题行为的干预目标主要包含两部分：首先是教个体用恰当的行为获得感觉刺激或者感觉调整的功能，即教他们使用可产生与问题行为相同功能的恰当的替代行为；其次是通过环境调整，让他们在自然的情况下获得感觉刺激或者感觉调整功能。

一、用以发展恰当行为的干预策略

对个体问题行为开展积极行为支持，行为干预策略就必须处理个体问题行为的功能。教个体用恰当行为满足内在感觉刺激或者感觉调整需求的干预策略就是基于此原则提出来的。按照前面所提到的最佳刺激水平理论，当个体的身体需要增加刺激或者减少刺激以达到生理的最佳刺激水平时，个体就会通过某个行为或者一些行为来达到此目的。干预者需要教个体用恰当的行为来增加刺激或者减少刺激输入，以满足生理内部的感觉需求。

（一）教个体用恰当的行为拒绝、停止某种感觉刺激

当个体难以忍受某种类型或者某种水平的外部感觉刺激（如安静的活动、很响的声音、某种碰触等）时，干预者可以教其用恰当的行为拒绝接触这些刺激或者要求停止这种刺激物，如"我不能再坐着了"、"我不喜欢别人碰我"、"我不能忍受这个声音了"，来减少其问题行为。

比如，如果个体习惯的最佳感觉刺激水平总是低于其他同龄个体的最佳刺激水平，那么，当其参加小组讨论这样的高刺激性活动时，长时间的来自外部环境的过度刺激常常会让他们感觉不舒服、烦躁，因而出现发脾气之类的行为。此时他们需要安静一会儿，降低他们的生理兴奋水平。干预者可以教他们用言语、手势、卡片、声音等符合他们言语沟通能力水平的恰当行为，来表达离开小组讨论以停止这类感觉刺激的需要，从而减少因生理感觉需求而产生的问题行为。

需要注意的是，运用此种策略的前提是：外部环境提供的感觉刺激类型或者感觉刺激水平，与个体的感觉刺激需求存在严重不匹配的状况。与其他普通同龄伙伴相比，个体对刺激的感受水平与需求存在特殊性，因此需要允许他们能够有短暂的或者在一段时间内拒绝或者停止外部环境中的某些感觉刺激的机会。

但是，如果个体总是用这种方式来应对其所厌恶的活动或作业，那么就有可能出现新的问题行为，引发个体逃避或者回避厌恶的活动或作业。此时，个体拒绝、停止刺激物的行为功能就有可能不再是本章所提到的自动化强化功能，而是社会性负强化功能。因此，在行为干预过程中，干预者要注意分析个体问题行为及其功能的变化，以便及时根据个体的情况调整行为干预计划。

（二）教个体用恰当的行为满足感觉刺激或者感觉调整的需求

当个体需要某种刺激才能满足生理的需求时，干预者也可以教他们用恰当的行为来满足。比如，一些自闭症孩子可能在触觉方面存在特殊的需求，为了满足这种需求，他们常常会不由自主地去触摸别人以及别人的物品。这种反复触摸的行为会

导致他人的反感，有时甚至会引发他人的吼叫以及肢体动作。对于这类行为，在日常教学实践中，教师可能会通过批评、叫他们停止触摸或者将他们与别人分开等措施进行处理，但是这些措施往往仅能在当时阻止儿童的触摸行为，但不足以减少它的发生频率，儿童的触摸行为还是会不断地反复发生。对于此类具有自动化强化功能的触摸行为，教师需要考虑其触觉刺激需求的合理性问题，可以通过教孩子用恰当行为去满足触摸方面的感觉需求，来减少其错误的触摸行为。教师可以根据学生触摸行为发生的情境特点，为其寻找可以满足其触摸需求的物品，如表面有颗粒状物的塑料小球或者毛茸茸的小球等小物品。当学生需要触觉方面的刺激时，教其通过抓握、触摸这些小物品来获得感觉需求的满足，而不是去触摸同伴或者他们的物品。当学生采用恰当方式满足触觉需求的行为增加时，他们不恰当的触摸同伴或者物品的行为也就会随之减少。

在确定什么样的恰当行为可以用于满足个体的感觉刺激或者感觉调整方面的需求时，干预者要仔细分析问题行为帮助个体获得了或者减少了哪方面的感觉刺激，确定具体的感觉刺激类型或者种类（Chandler & Dahlquist, 2006）。比如，对于注意力缺陷多动障碍的学生来说，如果他上课时突然冲动地从坐位上站起来，然后在教室里走动的行为是为了获得动觉方面的刺激，那么教师就需要考虑在课堂教学过程中有什么样的恰当行为是可以帮助学生获得此类动觉方面的刺激的。通常，在课堂教学过程中，当安静型的教学活动持续进行一段时间之后，有注意力缺陷多动障碍的学生的兴奋水平就会下降，他们就会不由自主地做出一些冲动性动作以保持其最佳兴奋水平。对此，教师可以教他们在需要时向教师提出站起来或者在教室内走动的要求，并在教师允许后行动，以满足其生理方面的感觉需求，减少其不恰当的冲动行为。

这种干预技术实际上采取的是刺激替代的方法。所谓刺激替代指的是用恰当的与个体生理需求相匹配的刺激去代替维持问题行为的强化物。教个体用恰当行为满足感觉刺激或者感觉调整的需求，实际上就是要确认可以代替原有强化物的感觉型刺激物。因此，正确地分析个体问题行为获得的是哪一种感觉刺激类型或刺激水平是非常重要的。

有时，为个体选择满足其感觉刺激或者感觉调整需求的恰当行为会非常困难。

比如，在前面提到的李艳（2009）对一名9岁的自闭症男孩频繁咬衣服（衣袖或衣领）的刻板行为进行的干预中，干预者最终设计了老师和家长都能接受的咬磨牙胶这一行为作为代替男孩咬衣服的恰当行为，并教该男孩在需要口腔满足的时候咬磨牙胶。而杨丹蓉（2011）在对自闭症儿童在教室里揉搓生殖器的行为进行干预时，选择的满足其原有问题行为功能的恰当替代行为是揉搓带香味的丝织手帕。在这两个案例中，选择满足口腔刺激以及满足生殖器触摸需求的恰当行为是一件非常困难的事情，尤其还需要求恰当替代行为能够在教室这一公共场合采用。因此，有时候，为个体选择并确定恰当的替代行为以满足问题行为所具有的自动化功能，需要干预者的创意。干预者需要基于多种因素进行考量，如问题行为发生的情境、个体的行为能力以及社会规则的约束等，来分析并确定恰当的替代行为。

二、基于前奏事件的干预策略

基于前奏事件的干预策略即是通过环境调整的手段创造一个能够契合个体生理刺激类型、水平的外部感觉刺激环境，这样，个体就能在自然的、正常化的条件下获得感觉刺激或者感觉调整功能的满足。也因此，个体就无需通过问题行为的方式去获得自动化强化。这也是一种有效的积极预防问题行为的干预方法。常见的策略包括：

（一）合理安排高刺激性活动与低刺激性活动

个体之所以用问题行为来满足其感觉刺激或者感觉调整的功能，与外部环境给予的过度刺激或者过少刺激有密切的关系。因此，采取一定措施以调整环境中的感觉刺激水平是预防个体过度受到刺激或者过少受到刺激的一个重要策略（Chandler & Dahlquist, 2006）。

在课堂教学中，我们常常可以看到，当某一类型的教学活动持续时间过长时，一些学生，尤其有智力障碍、自闭症以及其他发展障碍的儿童，很容易出现用手摸书本文具、讲话、东张西望、发呆等注意力分散的问题行为。钱德勒和达尔奎斯特（Chandler & Dahlquist, 2006）介绍了兰迪的例子，该儿童在自由游戏时间常常仅仅选择高刺激性活动，因此当游戏时间结束时，他总是处于过度兴奋状态。当下一个安静型的学习活动开始时，他无法快速地静下心来参加活动，教师只能让他先到阅读角那里安静几分钟，等他能够很好地坐下来之后再回来参加学习活动。教师常常批评兰迪过于兴奋、无法按照要求参与学习活动的行为，但都没有减少兰迪的问题行为。教师对兰迪游戏时间之后的问题行为进行了分析，认为这一问题行为与其在游戏时间受到过度刺激有密切的关系。因此他们对兰迪游戏时的活动进行了重新规划，合理安排了高刺激性活动和低刺激性活动，以主动地将兰迪的兴奋水平维持在一个相对平衡的状态。这样在游戏时间结束时，兰迪就不会因为受到过度刺激而处于高度兴奋状态，需要独自在阅读角安静之后才能参与到学习活动中。

在调整高刺激性活动与低刺激性活动的顺序时，对于总是处于高兴奋水平的个体，干预者可在高刺激性活动结束时安排一个安静型的活动，这有助于这类个体更好地适应后续的活动。而对于低兴奋水平的个体，干预者在高刺激性活动开始前安排一个热身活动，也有助于提高他们的兴奋水平，对他们更快、更好地参与到高刺激性活动中也是很有益的措施（Chandler & Dahlquist, 2006）。

合理安排高刺激性活动与低刺激性活动的策略非常适合教师在课堂教学过程中采用。对于教师来说，课堂上的集体教学不仅要满足个别学生的需求，更要满足全班同学的需求。一个班级中不同学生的感觉刺激或者感觉调整功能存在很大的差异，教师很难在同一时间内满足不同学生的多样化需求，但是通过合理安排高刺激性活动与低刺激性活动，每个学生都有可能在某段时间获得某种感觉刺激或者感觉调整方面的满足，从而尽可能地减少因要满足这一功能而出现的问题行为。

家长也可以采用这一策略合理安排晚饭后儿童的游戏活动和作业时间。一些儿童在完成作业的过程中常常会因作业时间过长或者无聊等原因，导致生理内部的感觉需求发生变化，因而出现某些不恰当的行为。家长可以通过适当地安排活动，让动静有机结合，使儿童更好地参与到活动中来。

（二）提供多感官的刺激或者个别化的感觉刺激

为个体提供多感官的刺激有助于满足他们对外界环境的某些感觉刺激的需求。对于一些学生来说，当教师提供的刺激或者材料不符合他们的感觉刺激需求时，他们就很容易出现注意力分散等问题行为，因而很难高质量地完成作业和任务。为他们提供多感官的刺激有助于增加他们注意力集中的行为。这一策略可以用于教师的集体教学过程，让教师更有可能在同一时间满足不同学生对刺激的生理需求。一些研究发现（Vollmer et al., 1994），当环境中有丰富的刺激时，特别是有个体偏好的感觉刺激时，这种情况能够有效地减少由自动化强化功能维持的问题行为。当环境中有两类感觉型刺激物（与个体生理刺激需求匹配的刺激物或者不匹配的刺激物）存在时，则更能明显地减少个体的问题行为（Adhearn et al., 2005）。

但是，一些特殊个体对刺激的需求非常特殊，可能很难通过教师在集体教学过程中提供的多感官刺激而得到满足。对于这些学生，教师需要为他们提供特殊的个别化的感觉刺激，以满足他们独特的生理刺激需求。比如，对于在触觉方面有特殊需求的个体，在课堂教学过程中，教师可能要为其提供能够满足其触觉需求的可碰触的物品。这种个别化的感觉刺激能够有效地减少学生不恰当地触摸同伴以及他们的物品的问题行为。拉普（Rapp, 2004）对一名患唐氏综合征的男孩在两天时间里所表现出的快速旋转物体的刻板行为进行了观察和比较：第一天，该男孩独自待在一个房间里，房间里有绳子和汗衫，他可以用它们转30分钟；第二天同前面一天一样，只是这个过程比第一天延后了3小时。研究结果显示，第一天接触可以旋转的物体让其第二天表现出的旋转物体的刻板行为的水平降低。也就是说，前期接触可引发刻板行为的物体可以让其后续的刻板行为减少。这意味着，在一定程度上满足个体的感觉刺激需求可以让其之后的刻板行为减少。

对于某些对感觉刺激非常敏感、总是寻求低水平感觉刺激的学生，教师可以根据他们对感觉刺激的需求特点来选择恰当的教学材料或者其他刺激物，提供更适合他们生理需求的环境。比如，让他们坐在不容易与其他人的身体发生接触的坐位上或相对安静的区域，选择安静、动作轻柔的同伴，对他们所处的环境进行结构化布置等，都有助于减少外部环境对他们的不良刺激，从而降低问题行为出现的可能性。

干预者也可以将个体所表现出来的刻板行为的形式作为教学活动的素材，尤其是在个别训练中，在正常教学或者训练过程中满足其特殊的生理需求。比如，有一名自闭症儿童，他常常出现的一个刻板行为是不管其手中拿到的是什么东西，他都会用手去转动。教师在训练过程中将他用手转动物体的这个行为作为训练的一种活动形式，将语言、认知等方面的训练内容穿插在这一活动中。这样，在开展语言、认知等方面的训练时，个体同时能够获得感觉刺激方面的满足。又如，一名自闭症儿童在整个训练过程中一直做的一个动作是敲击各种形状的塑料棒，反复敲击某样东西是其刻板行为的一种表现。干预人员将其敲击塑料棒的行为作为一个用来训练儿童认知、交往技能的游戏，结果其参与训练活动的行为越来越多了。在这两个案例中，干预者都将自闭症儿童常见的刻板行为设计成某个训练游戏或者教学活动，使得原先并无意义的刻板行为变成了有意义的学习和训练活动，不仅让儿童能够有效地参与到学习过程中来，同时原先的问题行为因为被赋予了学习的意义而不再被看作为是刻板行为，从而减少了问题行为的发生。这一行为干预的策略非常有助于个体问题行为的改变，而且更加重要的是，这样的行为干预看起来更加自然，对个体非正常化的介入也更少。

（三）减少等待

对于学生来说，还有一个很容易出现感觉刺激或者感觉调整功能需求的事件是等待的时间。当等待时间过长而学生在此时间内又无事可做、感到无聊时，他们就很容易出现与同学聊天、推拉别人身体、离开队伍等行为。对于在等待期间出现的问题行为，其行为功能往往就是感觉刺激或感觉调整这一自动化强化功能。对于这类问题行为，教师可以通过减少等待时间、设计活动来让等待时间变得有趣、有意义，以减少或者消除此类问题行为。

钱德勒和达尔奎斯特（Chandler & Dahlquist, 2006）列举了学生在课堂教学实践中常常遇到的几种等待情形，具体包括：等待分发材料，如书本、学具、玩具、测验纸、作业本等；排队等候，如排队去餐厅、操场、上卫生间、洗手、领餐具等；在活动中等待轮到自己，如等待回答、表达自己观点、在黑板上写字、玩游戏；等待辅助，如等老师来检查自己的作业；等待轮到自己用某种材料，如使用某种实验器具、胶水、剪刀等；过渡期间的等待，即在一个活动结束而另一个活动还没开始时，等待另一个活动开始。

对于学生在等待期间所出现的问题行为，干预者可以根据其问题行为特点以及等待的具体性质重新设计此段时间内的活动，以便让学生等待的时间更短，并且更有意义。比如，当特殊教育教师逐个提问以确认班级中每个学生是否已经掌握知识点时，一些学生会在其他学生回答问题时出现注意力分散等行为，尤其是在教师个别提问的时间较长的时候。教师可以通过重新设计提问环节，比如减少对每个学生的逐个提问，或者在对某个学生进行提问时也为其他学生布置任务（如将该学生的答案写在黑板上或者纸上），以避免学生总是处于等待他人回答的状态。这也有利于提高每个学生的有效参与程度，从而达到在减少此类教学活动时学生出现的注意力分散等问题行为。

对于学生来说，过渡时间的等待是一种非常特殊的等待。在此期间，前面的一个活动已经结束，而后一个活动还没开始。在此段时间内，教师大多不会布置非常明确的任务，对于学生来说，他们的任务是等待下一个活动开始。此段时间常常是学生容易出现问题行为的时间，其原因在于过渡期间的活动常常是非常松散的、无结构化的、吵闹的，也是很少有要求和指导的（Strain & Hemmeter, 1997），学生除了等待下一个活动开始，大多处于无目的的状态，做什么完全是学生自己决定。如果要减少此段时间内学生所出现的问题行为，教师就需要为学生设计更加高效、有效的过渡，以便学生在过渡时间结束时能更快地进入教师组织的教学活动中。高效、有效的过渡意味着老师要对学生此段时间内的行为给予清晰、明确的引导，为学生提供符合他们生理刺激需求的活动。比如，为需要高水平刺激的学生提供特殊的活动，让他们能够获得一定程度的感觉刺激；并在过渡时间快结束前给予学生提示，以便让他们为下一个活动做好准备（Chandler & Dahlquist, 2006）。对于需要低水平刺激的学生，他们可能无法忍受过渡期间的无序、嘈杂状态，因而可能表现出发脾气、哭泣、自我伤害或者攻击性行为等，教师也可为他们设计符合他们刺激需求的活动，让这一段时间的活动更加结构化，更具控制感，从而减少问题行为的发生。前面提到的兰迪的例子（Chandler & Dahlquist, 2006）也是干预者对过渡期间的活动进行了结构化，促使该学生能够在该段时间结束时快速地适应某种感觉刺激水平的教学活动。

总之，当干预者能够减少个体的等待时间或者填充这段时间，那么就有可能减少这段时间常常出现的问题行为（Lawry et al., 2000）。

（四）提供有关恰当行为的提示和警告信号

如果干预者在问题行为功能评估过程中发现，学生很容易在完成某些活动或者任务的过程中出现某些具有感觉刺激或者感觉调整功能的问题行为，并且干预者也期望通过教其用恰当行为满足生理方面的刺激需求来减少问题行为，那么在活动或者任务开始之前，干预者也可以通过提示恰当的行为来告诉学生：当其需要满足生理方面的刺激需求时，他可以做的恰当行为是什么。社会故事可以作为一种提示，帮助个体做好恰当行为的准备。干预者可以根据个体的具体情况编写社会故事，通过图片、文字的方式告诉个体什么时候什么样的行为是恰当的。

同时，当个体在完成活动或者任务的过程中由于内部的生理刺激需求产生了某些问题行为的苗头时，教师也可以通过语言、图片、字卡、声音等方式给予学生警告，以在问题行为刚刚出现的时候给予引导，让其快速停止问题行为，并用恰当的替代行为来满足自己的生理刺激需求。

三、基于行为结果的干预策略

如前所述，在问题行为自动化强化功能合理的前提下，行为干预的重点在于让个体通过恰当的方式获得感觉刺激或者感觉调整功能的满足。从行为结果角度来看，对其问题行为进行消退以及对恰当行为进行强化是行为干预过程中可以采用的策略。

（一）强化

对个体运用恰当方式拒绝、停止不符合其内在生理刺激需求的刺激或者要求的情况，干预者可通过强化的方式促使其增加这种行为。这也是行为干预过程中常用的一种策略。比如，当学生用字卡表示自己需要安静一会儿时，教师可以允许其到教室一角休息一会儿，以此作为强化手段，鼓励其用字卡来表达自己对感觉刺激的需求。当然，这也意味着教师要在教室里设计一个有助于降低学生兴奋水平的安静区域，以便在需要时让学生能在该安静区域独处，从而减少过多的外部不良环境刺激。

在选择强化物时，干预者需要根据个体的生理兴奋水平及其对感觉刺激的需求进行确定。对于总是处于高兴奋水平、对外界刺激需求水平较高的学生，教师可以用多感官的、高刺激性的强化手段（而非消极的、低刺激性的强化手段）对其恰当的行为进行反应，如重重的击掌、拥抱、热情洋溢的表扬等。反之，对于刺激水平较低的学生，教师则应选取低刺激型的强化手段，如轻拍肩膀、赞许的微笑等（Chandler & Dahlquist, 2006）。干预者也可以将个体所需要的某种感觉刺激作为强化物。比如，对于对触觉刺激有特殊需求的自闭症儿童，当儿童出现良好行为时，老师可以将触摸某种可满足其触觉需求的特殊物品作为强化物，对其良好行为进行强化。

（二）感觉消退

由自动化强化功能维持的问题行为，其强化结果不是来源于外界提供的强化物，而是来自于个体的内部。对于此类问题行为，通过消退来切断行为与结果之间的关系来达到让问题行为减少或者消失的目的，是比较困难的一件事情。因为只有当问题行为不再给个体带来具有强化作用的感觉刺激，才是真正的消退。由于自动化强化物都是感觉方面的强化物，比如视觉、听觉、触觉、嗅觉、本体感觉等感觉通道的刺激，因此干预者需要根据个体行为之后感觉刺激的来源来设计特殊的方法，以使得问题行为原先的感觉强化物可以停止出现。这种方法也被称为感觉掩蔽，干预者通过掩蔽个体问题行为的感觉刺激来达到消退的目的。比如，通过让自闭症儿童戴头套的方式来隔绝他们打头、撞头所带来的感觉刺激或者感觉调整，以减少或者消除他们打头、撞头的行为，这种行为干预方法采取的就是感觉消退的方法。莫莱等人（Moore et al., 2004）采用这种保护性装置（如头套、手套）对由自动化强化维持的自我伤害行为进行了感觉消退。

迪佛尔等人（Deaver，Miltenberger & Stricker，2001）也曾使用这种消退技术对一名2岁5个月大的女孩的揪头发行为进行了干预。该女孩在睡觉或者单独一个人的时候常常会出现揪头发的行为，行为功能评估的结果显示，该女孩揪头发的行为并不是为了获得他人的关注，而是为了获得感觉刺激。干预者所采取的行为干预措施是在该女孩揪头发行为常常出现的时间段内，让她戴上薄的棉套子，以防止揪头发行为给其带来的充分的感觉刺激，最终减少了其揪头发行为的出现频率。

　　由于撤销问题行为之后的感觉刺激从技术的角度来说有一定的难度，在实际工作中，父母或教师常常发现很难找到恰当的感觉掩蔽手段对个体问题行为的感觉后果进行消退。因此，干预者也可以对问题行为先用某个外部强化物进行强化，使得问题行为与干预者提供的强化物建立某种稳定的关系，当个体习惯问题行为出现之后可以获得所要的刺激物时，再通过撤销外部强化物来对问题行为进行消退。当然，干预者要注意的是，并不是每种问题行为都可以采取这种先强化后消退的行为干预程序。

　　另外，在对这类由自动化强化功能维持的问题行为进行消退时，干预者仍旧要对消退过程中可能出现的消退爆发现象做好准备。由于问题行为的出现与个体内在的生理需求有关，因此在消退过程中出现的问题行为严重化情况往往会比由其他功能维持的行为更加厉害。为减少此种情况，干预者也可将消退技术与其他积极干预策略结合使用，如教其用恰当的替代行为满足内在生理需求等，通过采取区别强化的程序而非单独使用消退程序，来对个体的问题行为进行干预。

（三）惩罚

　　除了对问题行为进行感觉消退、对恰当的替代行为进行强化之外，也有研究者采取了反应限制、矫枉过正等惩罚方法进行了行为干预。比如，对自闭症儿童的身体摇晃动作采取身体限制的方式制止其继续摇晃。

　　迈科德等人（McCord et al.，2005）运用反应限制的方式对自闭症儿童的异食行为进行了干预。通过对异食行为的分析，干预者认为，在行为链早期通过反应限制方式制止该儿童的异食行为，是一种有效的干预策略。

卢瑟里（Luiselli，1998）也对一名15岁的多重障碍男孩里奇的咬手行为运用反应限制和其他行为区别强化策略进行了干预。在干预过程中，当里奇试图做出咬手行为或者将手放入嘴巴的时候，教师或者助教就：①抓住他的手；②如果手已经在嘴巴里则制止该行为或者将手从他的嘴巴里拿出来；③引导他将刚才放入嘴的手放在腿上，同时抓住另一只手；④将他的手放在腿上持续15秒钟；⑤15秒钟结束之后，教师或者助教放开他的手，然后重新设定时间间隔。

理查迪等人（Riccardi et al.，2003）则利用矫枉过正的方式来减少自闭症儿童的异食行为。爱德森和利（Anderson & Le，2011）也曾对一名7岁被诊断为自闭症的男孩鲍勃的言语刻板行为进行了干预。其中矫枉过正的具体策略是：每当鲍勃发出刻板声音时，训练者就采用身体引导的方式让鲍勃用手做出一个"嘘"的手势，将食指快速地放到嘴唇部位，连续100次。不过，研究者也认为，对问题行为的惩罚策略与积极干预策略相比，并不是一种有效的做法，而且一般非常费时间。

第二节　基于功能不合理的行为的干预策略

虽然在大多数情况下，我们会认为问题行为的自动化强化功能是合理的，个体只是需要学习用恰当的替代行为去处理自己身体内部的感觉需求，但是从个体的发展角度来说，每个人都需要学会如何控制自己，克服身体内部的生理需求去做符合社会规则的事情。比如，在公共场所，即使身体的某个部位很痒，个体仍旧不能脱掉或者掀开衣服对此部位进行挠痒，他们需要学会控制自己不去满足这种生理需求。从这个角度来说，干预者还需要从自动化强化功能不合理的角度去分析并制订具体的行为干预计划。在此前提下，行为干预的目标通常是改变问题行为的功能，发展个体的行为控制能力，改善其在生理兴奋水平与外部环境刺激水平不协调情况下的行为能力。

一、基于行为和行为结果的干预策略

在学校里，教师常常会对学生提出一些基本的行为要求，比如，上课要安静、注意力要集中、认真听、排队等待时要安静等，但是对于有感觉刺激或者感觉调整需求的学生来说，遵循这些基本的行为要求并表现出恰当的行为有时会非常困难。告诉一个孩子"你要安静地坐好"并不一定能够让其真的做到安静地坐好。对于有注意力缺陷多动障碍的学生来说，这可能常常出现。对于这种情况，一方面，教师需要在活动中增加动的机会让学生能够通过适当的方式获得感觉需求的满足。但仅这样是不够的，教师必须认识到，学生在活动或者完成作业的过程中注意力集中时间太短、很容易受外界环境因素干扰等表现，也表明了学生注意力集中的能力水平与完成作业任务对注意力集中的要求是不相适应的，也需要干预者通过一定的训练对之进行改变。因此，另一方面，干预者通过训练来延长他们的注意力集中时间也是重要的干预内容。

又如，对于听觉刺激过敏的儿童，他们对于生活或者学习环境中的噪音水平常常有很高的要求。虽然教师可以通过降低教室环境内的噪音水平来减少其问题行为的出现，但是提升儿童对噪音环境的容忍力也是非常重要的，这也是学生适应正常生活或学习环境所提出的要求。毕竟，对于任何一个人来说，所处环境中的噪音水平是否在一个适度的水平并不是完全可以控制的。比如，在学校教育中，教师常常通过小组活动、讨论等方式让学生进行合作学习、探究学习，教师有时也会鼓励学生进行辩论，以加深学生对某些知识点的理解，而这些教学活动形式往往容易导致教室噪音水平过高。对于学生来说，即使在这样的噪音环境下，他们也需要控制自己表现出恰当的学习行为。因此，通过训练逐渐提高个体对某些感觉刺激的容忍力，发展个体的自我控制能力，也是针对具有感觉刺激或者感觉调整需求的学生开展问题行为干预的一个重要内容。

塑造、渐隐、自我控制训练等方法常常用于此方面的干预。

（一）塑造

运用塑造这一行为养成方式可以不断地提高个体对不良环境刺激的容忍力。个体之所以出现感觉刺激或者感觉调整方面的需求，与环境刺激的强度水平同其生理需求不相匹配有直接的关系。因此，在行为干预过程中，干预者可以通过不断地延长个体对外界不良刺激的容忍时间来提高其容忍力。

比如，对于注意力缺陷多动障碍儿童，干预者可以运用塑造的方式不断延长其注意力集中在作业任务上的时间。如果开始训练时，儿童注意力集中在作业任务上的平均时间为 5 分钟，而 5 分钟之后他就会出现发呆、手摸物体等行为，那么干预者可以以 5 分钟、6 分钟、8 分钟、10 分钟、12 分钟这样逐渐延长注意力集中时间的方式来进行训练。当然，每次增加的时间以及最终要求的注意力集中时间可以根据儿童的具体情况而定。

又如，对于非常需要触觉刺激的儿童来说，干预者则可以通过不断地延长其不接触触觉刺激的时间来对其容忍力进行塑造。如果该儿童平均 7 分钟就要去摸别人或者他们的物品，那么可以以 7 分钟为起点，开始时要求其 7 分钟内不摸别人或者他人的东西，当其行为达到要求时就允许其摸某种物体，然后逐渐地将不摸别人或者他人的东西的时间提高到 9 分钟、11 分钟等，从而提高其行为的自控能力。

当然，行为的塑造过程是不断地变化行为目标并对之进行区别强化的过程，干预者要根据个体感觉刺激或者感觉调整需求的具体情况以及活动的要求等因素，对阶段性行为目标、最终行为目标以及强化物进行仔细分析。

（二）渐隐

渐隐则是另一种发展个体对外界环境刺激物容忍力的行为养成技术。比如，对于触觉刺激敏感的儿童，干预者可以通过逐渐给予有不同触觉刺激水平的刺激物，来提高其对触觉刺激的容忍水平。比如，如果儿童对用牙刷刷牙、刷舌这样的刺激非常敏感，每当刷牙时总是会出现哭闹等发脾气的行为，那么进行行为干预时可以考虑逐渐地延长刷牙的时间来发展其对这种触觉刺激的容忍力。

又如，对于听觉刺激过度敏感的儿童，干预者可以通过逐渐地增加儿童暴露于某种噪音水平的时间，或者逐渐地提高噪音的响度水平，来提高其对噪音刺激的容忍力。

渐隐这一行为养成技术同塑造类似，也要求干预者根据个体感觉刺激或者调整需求的具体情况以及活动的要求等因素，对阶段性刺激水平、最终刺激以及强化物进行仔细分析。

（三）自我控制能力训练

对于一些个体来说，干预者也可以通过自我指导、自我监控、自我强化的训练提高他们的自我控制能力（Rief，2005）。

比如，学生可以通过语言对自己完成作业过程中的行为进行指导，"当这段时间结束的时候我至少可以完成3个句子"或者"时间到的时候我可以读到121页"，学生同时可以在目标达成的时候进行自我奖励，比如在自我记录表上给自己贴一颗星（Rief，2005）。当然，每次限定的时间要根据学生的具体情况来设定。这种自我指导的方式可以帮助学生把自己的注意力集中在所要完成的任务上，从而更快地完成任务。

自我监控即自我记录，干预者可以通过让个体对自己在面对不良感觉刺激情况下的行为表现进行记录，来提高其对行为的控制能力。这一方法若与自我强化或者外部强化相结合，效果会更佳。派克（Parker，1990）曾经设计了一套称作为"听、看、想：儿童自我管理方案"（Listen, Look and Think: A Self-Regulation Program for Children）的自我监控策略来提高学生的注意力水平。这一策略包括一盒能发出哔哔声的磁带和自我监控表。当磁带里间歇地出现哔哔声的时候，儿童就要问自己"我是否在集中注意力"，并在表格上做出"是"或"否"的回答，然后儿童立即回到所要完成的作业任务中去。干预者通过间歇的方式提供一种声音的信号来训练儿童对自己是否将注意力集中在作业任务中的行为进行监测，并在其表现出期望行为时进行奖励。这种方式可以用于提高个体对自己行为或者某种状态的自我意识，而对行为的自我意识则有助于改善个体的行为表现。对注意力缺陷多动障碍儿童的干预研究发现，自我监控可以增加与注意有关的行为（DuPaul & Stone，2003）。

自我控制能力训练也可用于有其他感觉刺激或者感觉调整需求的儿童。比如，对于存在触摸需求的学生来说，教师可以设计自我记录表格，让学生对一段时间内自己是否摸了别人或者别人的东西的行为进行记录，以对自己不恰当的触摸行为有更好的自我意识。教师也可以为这类学生设计用于自我指导的语言，如"时间到的时候我没有摸别人和他们的东西"，来提高他们对不恰当触摸行为的控制能力。

但是，要注意的是，自我控制的策略通常要求个体具有一定的能力，即他们能够表现出自我管理的行为，如自我记录、自我强化等。在自闭症儿童身上，自我控制能力的训练一般用于高功能、具有一定语言能力的个体，对于低功能、语言能力非常滞后的自闭症儿童，常常很难开展自我控制训练。

总之，不管是哪一种行为干预技术，都采用了对符合期望的恰当行为进行强化与对不恰当行为不进行强化相结合的区别强化技术。但是，与自动化强化功能合理前提下的技术不同的是，自动化强化功能不合理前提下所强化的恰当行为通常指向的是与个体容忍力、自我控制能力有关的行为，即对个体不再表现出满足其感觉刺激或者调整功能的行为给予强化，而对其满足感觉刺激或者感觉调整功能的问题行为不给予强化。

二、基于前奏事件的干预策略

（一）提供让个体有效参与的活动或者任务

在课堂教学过程中，教师常常会发现，当教师所开展的教学活动因多种原因无法让学生有效参与，学生因而游离在学习活动之外时，学生很容易出现注意力分散、自我刺激等问题行为。这在智力障碍、发展障碍等能力远远落后于班级同伴的特殊儿童身上更加普遍。比如，对于自闭症儿童来说，他们的刻板行为、自我刺激行为常常出现在他们感到无聊的时候。比如，前面提到的9岁自闭症男孩频繁咬衣服（衣袖或衣领）的刻板行为（李艳，2009）以及杨丹蓉（2011）提到的自闭症儿童在教室里揉搓生殖器的行为，研究者在行为观察过程中都发现，当教师所组织的教学活动无法让他们有效参与时，这两名自闭症儿童的刻板行为的出现次数就会明显增加。

让个体有效参与的活动或者任务可以是有趣的、个体偏好的活动或者任务。一些研究者也发现,当为儿童提供了有趣的、儿童偏好的活动或者材料时,他们就更有可能将注意力投入到所提供的活动或者材料中,从而减少自我刺激和自我伤害行为(Shore et al., 1997)。休莱等人(Shore et al., 1997)认为,儿童高度偏好的活动即使没有与儿童生理需求相匹配,也仍旧可以有效地减少他们的自我伤害行为。上述情况在特殊教育教师日常教学中也常常可以看到。如果某个自闭症儿童非常喜欢音乐课,喜欢教师弹钢琴、同学们一起唱歌这样的活动,虽然他自己因能力原因无法唱歌,但是他仍旧会很投入。而因其积极参与到教师所组织的教学活动中,在其他课程中常常出现的反复摇晃身体的刻板行为则很少在音乐课上出现。

让个体有效参与的活动或者任务应该是适合个体能力水平的活动。在课堂教学中,导致学生无法有效参与教师组织的学习活动的绝大多数原因是学生的能力水平与学习活动的难度水平严重不吻合。当学生能力远远落后于参与的学习活动的要求时,学生就很有可能因为不知如何做或者做什么、不知如何使用学具等原因而导致注意力游离在学习活动之外,出现发呆等行为的可能性大大增加;而对于能力水平远高于同龄伙伴的学生来说,由于教师所组织的学习活动常常过于简单,而导致他们绝大多数的时间处于无事可做状态。因此,要有效地改善课堂教学过程中学生出现的此类问题行为,最重要的一条策略应该是教师尽可能设计适合学生能力水平的学习活动,让班级中每个学生都能够在他们的能力水平下进行有效学习。

(二)提供提示和警告信号

干预者在环境中增加视觉或者听觉线索,给予个体提示或者警告,可以让个体对自己的行为具有更好的控制能力。比如,告诉个体一天的日程安排以及相关的行为规则可以用来提高个体对不良刺激的容忍度。塔斯廷(Tustin, 1995)通过提供提示的方式告知学生2分钟后这个活动就要结束,随后将开始另一个新的活动。研究结果显示,这一提示很好地减少了学生的刻板行为,这也说明学生在预知刺激的情况下对不良刺激的适应能力能够有所加强。

对于一些儿童来说,当活动、时间表、人物以及其他环境变化不可预见时,需要减少感觉刺激的个体更有可能出现行为问题(Tustin, 1995; Chandler &

Dahlquist，2006）。这类儿童常常很难调整自己的行为，来适应活动或者环境中这些不可预见的变化。如果教师可以将日程表、活动时间表等告知学生（常规活动表可以张贴在个体容易看见的地方），则可以让其预期不良刺激出现以及结束的时间，并在行为上做好应对准备，从而提高其容忍性。而且在活动进行过程中，在个体刚刚出现具有某些感觉需求的问题行为时，教师也可以通过引导其注意日程表或者活动时间表，让其知道对于不良刺激，他还需要容忍多久。因此，日程表或者活动时间表可以作为一种提示或者警告信号，让个体对即将发生或者正在从事的活动有更好的预见性，从而提高其适应不良环境刺激的能力。

对于自闭症儿童来说，他们常常很难适应日程表的变化。他们的身体内部就像藏着一个时钟一样，当某节课的下课时间到了的时候，这个时钟就会自动提示其身体做出动作。如果学校因开公开课等原因临时调整上课时间，若教师不提前做好准备，到了常规下课时间，自闭症儿童往往很难继续上课，会表现出离开坐位、收拾书本学具等行为。对于此类行为，教师可提前几天，每天告知儿童某日日程表的变化，通过图画、文字等视觉材料显示日程表的变动信息，从而让其对未来的日程表变化做好思想准备。图画、文字等材料还可以张贴在其坐位附近的墙壁或者其课桌上。这一方式可提高儿童对未来环境变化的预期，从而改善其对环境变化的适应能力。

另外，干预者在活动之前明确告知或者在活动过程中提示个体关于活动的要求或者行为规则，也有助于提高个体对自己行为的控制能力。教师可以根据学生的特点以及活动的具体情况，用文字、图片等方式列举活动的要求或者活动过程中要求学生遵守的行为规则，并在活动之前对之进行解释和强调。当个体在活动过程中出现某些问题行为的苗头时，老师则可以再次提示其活动的要求或者行为规则，以促使其表现出良好的行为。

（三）改变个体的生理刺激水平

改变个体的问题行为功能有时可以通过提前改变个体的生理刺激水平来达成。比如，钱德勒和达尔奎斯特（Chandler & Dahlquist，2006）提到，对于高刺激水平的学生，老师在组织刺激性活动时可以设计一些活动让学生安静下来，以降低学生的警觉状态或者刺激水平，从而让其更好地过渡到比较安静、兴奋度较低的学习活动中；而对于低刺激水平的学生，则可以在刺激性活动开始之前，设计一些热身活动来提高其兴奋水平，以帮助其更好地适应后续的刺激性活动。

在实际工作中，教师或者家长也常常发现，当即将开始的某项活动所提供的感觉刺激水平与个体日常所表现出的生理刺激水平不相适应时，如果在该项活动之前设计一些短小的活动来调整其生理的刺激水平，可以降低活动刺激水平对个体的不良影响，帮助个体更好地参与到即将到来的活动中。比如，上课铃响之后，同学们因刚刚听到的一则关于春游的消息仍处于兴奋状态，不时地小声讨论。于是，老师没有马上让同学拿出书本准备上课，而是让同学们低头趴在桌子上，闭上眼睛，默数 20 个数。当同学们数完 20 个数抬起头来之后，教师才开始讲课。老师在正式上课之前所安排的这个小活动很有效地调整了学生的兴奋水平，改变了学生难以有效参与教学活动的行为。又如，如果孩子到了睡觉时间仍旧非常兴奋，难以入睡，妈妈可以让孩子一件件收好玩具，并对玩具说"再见，晚安"，并按步骤地完成睡觉前的一些常规活动（如刷牙、洗脸），也可降低孩子的兴奋水平，促使其入睡。当然，在这一过程中，妈妈的动作、说话语气应该是轻柔的，这样才有助于降低孩子的兴奋水平。

另外，如果个体的问题行为功能为感觉刺激或感觉调整这一自动化强化功能时，干预者还需要进一步对个体的感觉统合能力进行检查。不少儿童可能因为存在感觉统合失调的问题，而导致其难以有效整合来自某些感觉通道的刺激。如果感觉统合能力检查确实发现个体存在此方面的问题，那么干预者也可以将感觉统合训练纳入干预计划中。后者可以在一定程度上为儿童提供了满足其需要的感觉刺激或者改善其整体的感觉统合状况，从而促使其更好地适应外界所提供的各种感觉刺激。比如，一些自闭症儿童可能由于对高度感觉不够灵敏，而常常出现从高处突然跳下等可能导致身体受伤的行为，那么，通过感觉统合训练提高儿童对高度的敏感性便可以纳入到行为干预计划中；又如，如果因对触觉刺激不敏感，儿童常常出现碰撞物体的行为，很容易导致身体受伤，也可以通过感觉统合训练提高其对触觉刺激的敏感性，减少物体碰撞的行为。对于这一类问题行为，干预者可以根据个体的刺激感受水平专门设计相关的感觉统合训练计划。当然，个体感觉统合能力的改善需要较长时间的训练。

　　总之,当个体的问题行为功能是感觉刺激或者感觉调整这一自动化强化功能时,干预者在设计和实施干预计划时要仔细分析个体的问题行为是如何满足其功能的,并在此基础上,考虑什么样的恰当行为可以代替问题行为来满足个体的这一自动化强化功能。另外,行为干预计划还需要直接处理引发个体感觉刺激或者感觉调整需求并与问题行为有关的原因,干预者通过分析外界环境刺激水平与个体生理刺激需求水平之间的不协调状况,尽可能对外界环境刺激进行消除、调整,以达到改变问题行为的目的。当然,从长远来看,干预者也需要通过干预来提高个体对外界不良刺激的容忍力,改变感觉刺激或者感觉调整功能,帮助其真正学会自我控制的行为,更好地适应学习和生活。

第八章

促进行为维持与迁移的策略

一个综合性的、完整的行为干预计划应该不仅包含处理行为功能的策略，还要有促进行为维持与迁移的策略（Chandler & Dahlquist, 2006）。所谓行为的维持与迁移，简单地来说，就是行为干预的效果延伸到与行为干预计划不同的情境与时间内。只有个体在行为干预过程中掌握的良好行为能够继续在日常生活中持续表现出来，应用于各种适当的情境，才能真正促进个体整体能力的提高，改善个体的生活质量；否则，行为干预的效果就是不充分的，也不可能让个体产生积极的改变（Carr, Levin et al., 1999）。积极行为支持强调行为干预对个体生涯发展的影响，因此，其研究者非常重视行为干预效果的维持与迁移效应，认为行为干预计划应该包含有关行为维持与迁移方面的干预内容。

比如，福克斯等人（Fox & McEvoy, 1993）在提到社会技能训练时建议，如果对一个学生开展社会技能训练，教其如何与他人进行交往，当这个技能被学生掌握之后，干预者就要考虑：这个学生是否能够在干预结束之后继续表现出这一目标社会技能；是否获得了其他没有经过直接教授的社会技能；是否可与其他没有参与干预的同学进行交往；是否在更多自然情境条件下使用目标社会行为；是否会在社会技能训练之后表现出同伴关系和社会地位的改善等。上述几个问题实际上反映出个体在干预结束后可能出现的几种迁移情况。

第一节　行为维持与迁移概述

一、行为迁移与维持的概念

在心理学领域，迁移（generalization）指的是一种学习对另一种学习的影响，指在一种情境中获得的技能、知识或态度对另一种情境中技能、知识的获得或态度的形成的影响。在行为干预领域，迁移指的是相关行为在不同的、未接受过训练的情境中出现，如有不同对象、背景条件、人、行为、时间等的情境（Stokes & Baer, 1977）。

罗宾森和斯旺顿（Robinson & Swanton, 1980）对斯托克斯和贝尔（Stokes &

Baer，1977）的迁移概念进行了拓展，认为在判断是否存在迁移时有两种不同类型的标准。首先，它包含刺激的比较（对训练条件与非训练条件进行比较）；其次是包含反应的比较，即在训练条件和非训练条件下都具有相似的效果。他们认为，只要出现其中一种可能，那么迁移就发生了。罗宾森和斯旺顿对迁移的解释实际上反映出研究者对迁移类型的理解，根据他们的解释，可以将迁移的表现分为刺激迁移和反应迁移两种类型。

福克斯等人（Fox & McEvoy，1993）也认为，当以下两种情况出现时，则可认为迁移发生了：一是当其他刺激与原先训练用的刺激之间所具有的相同点发生变化时，目标行为反应也随之变化；二是个体对这些测试刺激所产生的反应没有直接受到过强化。在福克斯等人提到的这两种情况中，前者指的就是刺激迁移，而后者则是行为迁移。

一些研究者（Stoke，Baer，1977）还提出，行为的维持也应被看作是迁移的一种形式，德莱布曼等人（Drabman et al.，1979）还提出了时间迁移的说法。也就是说，行为的迁移可表现为三种形式，分别是刺激迁移、反应迁移和跨时间的迁移。其中，跨时间的迁移实际上就是行为的维持（Draman，Hammer & Rosenbaum，1979；Chandler & Dahlquist，2006）。

（一）刺激迁移

当在一种情境或者某种环境背景下习得的行为，在新的情境或者在当前某种环境特点改变时亦发生，则被认为刺激迁移发生了（Stokes & Osnes，1989）。也就是说，当干预的行为在新的刺激而非原有训练的刺激条件下（如新的环境、人、材料、前奏刺激、活动、作业以及结果等情况下）发生时，迁移就发生了。比如，对于在要求得不到满足时会出现发脾气行为的个体，通过干预学会了用恰当的语言而非发脾气行为表达自己的不满，即当干预者不满足其要求时，他能够用所学的恰当语言来表达。如果在日常生活中，当其父母拒绝其要求时，他也能够用所学的恰当语言来表达，那么就表明刺激迁移发生了。

刺激迁移也可称为情境迁移，即个体在一个不同于干预情境的新的情境中表现出目标行为的程度。前面福克斯等人（Fox et al.，1993）所提到的个体在学会某种社交技能后,"是否可与其他没有参与干预的同学进行交往","是否会在更多自然情境条件下使用目标社会行为",都属于刺激迁移的范畴。

在刺激迁移或者情境迁移这一概念中,有两个非常重要的概念,即干预情境(也称教学情境、训练情境)和迁移情境(Cooper, Heron & Heward, 2007)。其中,干预情境指的是干预实施时的情境,包括当时环境中经过设计或者未经设计的各种元素,这些元素可能会影响到个体对目标行为的习得和迁移。而迁移情境指的是任何一种以某种有意义的方式不同于干预情境的地方或者刺激,在这个情境中,干预所针对的目标行为是被期望的(Cooper, Heron & Heward, 2007)。若个体在干预情境中习得的行为在迁移情境中也同样出现,则意味着刺激迁移发生了。对于干预者来说,如果要通过训练促进个体的迁移,那么就需要仔细分析干预情境与迁移情境,尤其是它们之间的共同点,从而设计相关内容对个体进行训练。

(二)反应迁移

当训练情境中的恰当行为发生改变或者拓展为一系列相关行为时,行为迁移就发生了(Carr, 1988; Stokes & Baer, 1977)。也就是说,当前情境下个体表现出来的行为并不完全与个体在训练过程中习得的行为相同,而是有所变化或者获得拓展。前面福克斯等人(Fox et al., 1993)所提到的"是否获得了其他没有经过直接教授的社会技能",就是反应迁移的表现。

比如,个体通过训练学会了用"我想休息5分钟再做作业"的话而非用发脾气的方式来面对老师所布置的作业。之后,当其在学校里开始用"我今天比较累,休息一会儿再做作业,好吗"这样的表达方式时,反应迁移就发生了。对于个体来说,"我今天比较累,休息一会儿再做作业,好吗"不同于最初训练时的"我想休息5分钟再做作业",因此出现了反应迁移。

总之,反应迁移就是个体表现出与所训练的目标行为功能等值的未经训练的行为的程度。其中,功能等值指的是未经训练的行为与在干预过程中习得的行为所要达到的目的或者功能是相同的。从反应迁移这一概念来说,在个体结束干预之后,其表现出的具有迁移性质的行为变化程度可能是不一样的。这意味着,具有迁移性质的行为变化是一个相对的概念,一些干预措施能够促使个体出现变化比较多的迁移行为，而另一些干预措施可能产生的迁移行为的变化程度比较少。对于个体来说，迁移行为的变化程度越大，则越具灵活性与创新性，更能体现出干预的效果。

（三）跨时间的迁移

迁移的第三种形式跨时间的迁移即指行为的维持，也可称为反应维持。其含义即是指当个体在干预结束后继续表现出训练出的恰当行为的程度（Chandler & Dahlquist，2006）。

行为的维持在专业文献中常常与其他词汇所指的含义相似，比如"追踪"、"行为改变的持续性"以及"对消退的抵制"，常常被混用。因此很容易造成概念的混淆。之所以造成混淆，其主要的问题在于在定义这些术语时所针对的特殊环境条件常常是不一致的。比如，一些研究者将行为维持看作是在干预移去之后的行为改变的持续性，而另外一些研究者则将那些干预的强度或者频率等减少时行为的持续性也看作是行为的维持，后者可以说是对消退的抵制（Fox & McEvoy，1993）。

库珀等人（Cooper et al.，2007）认为，行为维持很容易与刺激迁移（或者情境迁移）混淆，在理解行为维持或者刺激迁移的概念时，要注意区分两者之间的区别。由于对刺激迁移的测量是在干预结束之后进行的，而且绝大多数用于支持刺激迁移的测量数据也可用来支持行为的维持，反之亦然。因此，人们会很容易认为，刺激迁移与行为的维持是相同的，或者至少是不可分离的现象。但是，刺激迁移与行为维持这两种迁移的形式在功能上存在明显的不同，也意味着为个体设计的用于保证持久的行为改变的训练方案也会有所不同。比如，如果一个在干预情境中出现的行为并没有在迁移情境中出现，那么缺乏刺激迁移即是非常明显的；而如果在干预情境中出现的行为在迁移情境中出现一次或若干次，然后停止出现，则意味着此时缺乏行为的维持。造成前者的原因可能在于个体没有在迁移情境与干预情境之间建立起任何联系，个体未能意识到在迁移情境中也可采用干预情境中所训练的目标行为。而造成后者的原因则可能是由于迁移情境中缺乏对行为的强化等，造成了目标行为的消退。因此，这两种情况出现的原因及功能有所不同，干预者在设计促进迁移的干预计划时，其训练的重心与方法也会因此存在差异。

另外，对于个体来说，干预结束之后可能会出现行为维持，但是没有刺激迁移或者反应迁移的情况。比如，目标行为在干预结束后继续在与干预情境相同的情境中出现，这表明有行为的维持；但是目标行为在其他与干预情境不完全相同的情境中未出现，则表明没有刺激迁移存在。另外，个体所表现出的行为与训练的目标行为完全相同，没有丝毫变化，则也意味着没有反应迁移存在。

库珀等人（Cooper et al., 2007）认为，迁移的这三种形式虽然各自具有独立于其他形式的特征，但是它们常常互相重叠，一起出现；甚至，三种形式都在同一情况下发生也是非常普遍的。比如，周一的时候，老师教学生在他做不出数学作业的时候说"老师，我需要帮助"。然后，在下周（行为维持，跨时间的迁移），学生在拿不到放在高处的学具时（刺激迁移或者情境迁移）向老师招手示意让其过来（反应迁移）。这一种情况便包含了迁移的三种形式。

除了上述三种迁移形式之外，一些研究者还提到了其他几种迁移形式。比如，德莱布曼等人（Drabman et al., 1979）将四种基本迁移效果形式，即跨时间（如反应维持）、跨情境（情境迁移）、跨行为（反应迁移）和跨学科，组合为分析迁移效果的概念框架，并称之为"迁移地图"。他们根据每一种迁移效果形式的存在与否与其他几种形式相结合，共分析出16种迁移行为的种类。

二、不理想的迁移表现及影响迁移效果的因素

在行为干预领域，虽然研究者也设计程序对个体的迁移进行训练，但是，要让个体将在干预情境中学到的行为恰当地运用于新的情境中，或者在日常生活中发展出新的未经训练的行为，仍旧是一件比较困难或者有问题的事情（Fox & McEvoy, 1993; Abikoff, 2009）。在干预领域，干预者经常会面临一个问题，即"迁移为什么如此困难"。在一些特殊人群（如自闭症个体）身上，要获得迁移或者保持干预的长期效果则尤其困难。

（一）不理想的迁移表现

库珀等人（Cooper et al., 2007）提到，很难想象重要到足以成为系统教学中

的目标的行为的反应迁移会是不理想的，但是不理想的刺激迁移则常常发生。因此干预者设计干预计划时要尽可能减少或者预防不理想的刺激迁移情况的出现。他们认为不理想的刺激迁移包括两种：过度迁移和错误的刺激控制。

1. 过度迁移

过度迁移指的是个体所习得的行为在过度宽泛的刺激条件下出现。也就是说，学习者在某种刺激条件下表现出某种行为，虽然该刺激条件与干预情境在某种程度上具有相似性，但是对目标行为来说却是不适当的情境，即在该种条件下，是不应该出现目标行为的。比如，小强学会了在遇到不会做的题目时向教师求助（说出"老师，我需要帮助"或者摇手示意）；在考试时，小强遇到不会做的题目也一样向教师求助。过度迁移反映出个体将目标行为拓展到不应该使用的刺激条件或者情境中。如果要减少此类错误迁移，则意味着干预者要加强对迁移情境与干预情境的分析比较，而列举可以使用目标行为的情境以及不可以使用目标行为的情境可能是必要的训练方法。

2. 错误的刺激控制

错误的刺激控制指的是个体的目标行为出现在不相关的前奏刺激的有限控制下。比如，当小强学习了加法应用题的计算方式："一个篮子里有3个苹果，另一只篮子里有5个苹果，问一共有几个苹果"，他知道要通过3加5来计算"一共有几个苹果"。但是当教师给出"红色篮子里有3支铅笔，蓝色篮子里有5支铅笔，黄色篮子里有4支铅笔，问黄色和蓝色篮子里一共有几支铅笔"这样的应用题时，小强给出的答案是"3+5+4=12"，而非"5+4=9"。在这个解题过程中，小强对"一共"这个刺激词有个错误的反应，认为"一共"就是将前面所有的都加起来，而忽视了其他重要的刺激。

3. 不理想的反应迁移

如果个体出现任何一种未经训练但功能与训练的目标行为等值的行为，就属于反应迁移，但有时个体所出现的未经训练的行为是不理想的、糟糕的，甚至可能是不恰当的行为。比如，小强常常朝着与他紧靠在一起的人大吼，希望他们离他身体远一些。于是干预者教其通过轻拍他人手背或者前臂的方式来告诉别人，希望对方能够与他身体保持一定的距离。小强在学会这一行为表达方式后，出现了推他人身体或者重重击打他人胳膊的行为。虽然这些行为也具有相同的功能，能够让其他人知道要与小强保持更远的身体距离，但是推他人或者重重击打别人身体的行为则是不恰当的行为。因此，这是一种不理想的反应迁移。对于这一类错误的反应迁移，迁移训练中的干预者可以列举不理想的反应迁移情况的例子，以避免个体出现不恰当的反应迁移。

（二）影响迁移效果的因素

阿比科夫（Abikoff，2009）认为，如果要让迁移发生，个体必须达到的最基本的条件包括：首先，在行为能够在多种情境或者多个时间出现之前，该行为已经习得；第二，个体必须能够确定多种要求表现出习得行为的情境；第三，个体能够恰当改变已习得的行为，以对特殊的情境和环境要求进行应对。而具体到某些儿童（如注意力缺陷多动障碍的儿童）身上，阿比科夫认为，他们可能会因为某些原因导致迁移非常困难，他列举了几种可能原因：

（1）除了少数例外情况，基于标准的行为表现程序无法确认个体已经达到了前面确立的学习水平。因此，迁移困难可能是学习不充分的结果。

（2）促进干预效果迁移的程序不够充分。比如，训练情境不够多样导致个体难以将行为进行迁移。

（3）干预的重心不够恰当或者不够充分。比如，作为个体恰当发挥功能的必要的行为、技能以及相关知识，在变化了的新的情境中，很少成为训练的目标或者不作为教学的内容。

（4）注意力缺陷多动障碍儿童表现出的有限迁移来源于对注意力缺陷多动障碍的缺陷的错误假设或者诊断结果，即认为迁移困难与注意力缺陷多动障碍有关。比如，注意力缺陷多动障碍儿童的社会信息加工以及强化机制的缺陷会影响到儿童学习复杂行为链以及恰当应对环境变化的能力，也导致他们出现迁移障碍。

（5）有限的干预效果迁移反映出个体迁移能力的基本缺陷。

阿比科夫对导致注意力缺陷多动障碍儿童干预效果迁移困难的原因的解释在一定程度上回答了"影响行为维持与迁移的因素有哪些"这一问题。在实际工作中，有多种因素会影响到干预效果的维持与迁移，主要可表现为：

1. 目标行为是否容易迁移

在干预过程中，干预者所教的目标行为是否容易迁移是很重要的一个影响因素。一般来说，容易在自然环境中继续维持或者迁移的行为应满足以下条件：

- 干预针对的目标行为能够在自然环境中获得自然的强化。如果个体在干预过程中所习得的行为在自然环境中出现之后能够自然地获得强化，也就是说，行为发生之后的强化独立于或者不依赖于行为干预者或者实践者的努力，包括没有其他人给予的社会化强化物，那么该行为就很容易在日常环境中维持。反之，当行为出现之后没有干预情境中常跟随的强化，那么行为就很容易消退，也就难以迁移。

- 目标行为是否与其年龄相适宜。如果该目标行为是同龄个体常常表现的行为，个体在日常生活中就很容易在同龄伙伴身上观察到，同龄伙伴的这些行为就很容易成为个体观察和模仿的榜样，进而促使他们表现出相同的行为。而且，一般来说，同龄人常常表现出来的行为也意味着这一行为是个体在日常生活、学习等环境中所需要的行为，这类行为在自然环境中很容易获得强化。反之，若该目标行为并不是其他同龄伙伴常规出现的行为，那么如果没有特殊的强化手段，常常很容易消退。

- 目标行为最好是具有功能的，即行为本身能够为个体带来强化。干预者要尽可能选择那些在干预结束后的环境中能够产生强化物的行为。功能性是选择目标行为时最终的唯一的标准（Cooper et al., 2007）。如果行为没有功能性，则意味着它不会对个体产生强化。

2. 干预结束时目标行为的熟练水平

阿比科夫（Abikoff, 2009）认为，如果要让目标行为发生迁移，第一个前提必须是行为已经习得。从能力的角度来说，即个体应该已经很好地掌握该行为了，因此完全有可能在新的刺激或者情境下表现出该行为，或者说不需要干预也能够表现出该行为。如果干预结束时目标行为的熟练性不够，个体还尚未掌握该目标行为，那么很容易出现行为消退（即没有行为维持）或者错误的迁移现象（如过度迁移）。

3. 是否提供了多样化的刺激或者情境进行训练

贝尔（Baer，1999）认为，干预者在进行迁移训练时应该列举出各种目标行为可能出现的刺激或情境。提供多样化的刺激或者情境，有助于个体对目标行为可能发生的情境有更清楚的认识。在迁移训练中，干预者提供尽可能多的刺激或者情境对个体进行训练是一种促进迁移的有效的训练手段。在设计迁移训练计划时，除了应该列举出各种目标行为出现的所有理想的刺激情境，干预者还应该列举出行为不应该出现的所有刺激情境（Cooper et al.，2007），后者可以帮助个体更明确目标行为恰当出现的情境，减少因混淆刺激情境而出现过度迁移的情况。

4. 是否提供了多种目标行为的变化形式

库珀等人（Cooper et al.，2007）认为，在设计迁移训练计划时，干预者应该尽可能列举出所有理想的目标行为的变化形式。提供多种目标行为的理想变化形式有助于个体恰当地进行反应迁移，减少不理想的反应迁移。

5. 个体本身的迁移能力

阿比科夫（Abikoff，2009）在分析注意力缺陷障碍个体干预效果迁移困难的原因时认为，干预效果难以进行迁移可能反映出个体本身存在迁移能力的缺陷。对于患某些障碍个体来说，他们本身在能力方面所存在的缺陷使得他们比较难以发现迁移情境与干预情境之间的共同特点，因此很难将在干预过程中习得的行为迁移到自然情境或者生活情境中去。对于这些个体，干预者应该设计专门的迁移训练计划，对其迁移能力进行训练，以促进其在更多的迁移情境中采用目标行为。

总之，在行为干预计划制订与实施过程中，我们要重视行为的维持与迁移，这也意味着在评估干预效果时，要将评估行为的维持与迁移情况纳入进来。

第二节 促进行为维持与迁移的策略

不少研究者对促进行为维持与迁移的策略进行了研究，虽然有不少策略被提及并赋予多种名称，但库珀等人（Cooper et al.，2007）认为有五种策略是最常使用也是在促进行为维持与迁移方面非常有效的，它们分别是：

- 教授各种相关刺激条件和反应要求。
- 使教学情境与迁移情境相似。
- 使目标行为与迁移情境中的强化之间的联系最大化。
- 中介迁移。
- 训练去迁移。

这几种策略有的更着眼于行为的维持,而有的更着重于促使个体在新的情境中表现出目标行为,或者在迁移情境中表现出与目标行为不完全相同的行为。本节将从两个角度分别介绍促进行为维持与迁移的策略。虽然本节对于促进行为维持与迁移的策略是分别介绍的,但是在实际工作中,这些策略往往要联合使用,而且行为的维持与迁移本身也是不可分割的。

一、促进行为维持的策略

促进行为维持也就是采用一定的策略促使个体能够在干预结束之后的较长时间内仍旧表现出在干预情境中出现的目标行为。一般来说,行为是否能够长时间地维持下去与行为出现之后能否获得强化有密切的关系。如果在迁移情境中,个体所出现的行为难以获得足够的强化,那么行为的维持便是非常困难的。因此,如果要使个体行为有很好的维持效果,干预策略的重心应该在于保证个体的行为与强化之间具有紧密的联系。常用的强化策略包括以下几种:

1. 自然强化

如果个体在迁移情境中表现出目标行为之后,能够自然地获得强化物,那将对行为的维持具有强有力的作用,也能够让个体产生长期的持续的行为改变。自然强化的策略不仅符合正常化的要求,也体现了最少介入的原则,促使干预策略很好地与个体的日常生活相融合。

采用自然强化的策略意味着在迁移训练中,要仔细分析目标行为在日常生活中出现之后能够获得怎样的自然强化物,那些与个体年龄相称、能够满足个体功能且能自然地在行为之后出现的自然刺激物是最好的自然强化物。

库珀等人(Cooper et al., 2007)认为,要使得个体在目标行为出现之后获得自然的强化物，干预者需要提高个体行为的表现水平。也就是说，要让个体的行为水平达到获得自然强化物的水平。他们认为，在迁移情境中，个体的行为与强化之间的联系之所以越来越不紧密，与个体行为的正确性、行为的质量（如持续时间、频率、强度、潜伏期等）、行为的表现形式等变量有着很重要的关系。在日常生活中，如果个体新习得的行为没有表现出较高质量的符合要求的目标行为，那么就很难获得强化。因此，要促使个体在迁移情境中获得自然强化，就要提高个体行为的熟练性水平。若行为的表现质量提高，个体也更容易获得强化。

不过，库珀等人的观点反过来也为日常生活中的行为干预实践提供了启示。如果个体之所以出现迁移困难，是因为个体的行为质量水平不足以获得足够的自然强化物的话，那么自然环境中那些与个体有关的重要人员（如父母、教师等）就需要检讨他们对个体行为的反馈。在日常生活中，一些有严重障碍的儿童常常由于行为能力的低弱，难以表现出高质量的行为，因而难以从父母或教师那里获得自然的强化物。如果要促使这类儿童在日常生活中表现出越来越多的期望中的行为，父母或者教师就应该对其努力表现出期望行为以及趋近于期望行为的行为进行有效地反馈、强化，这样才能促使障碍儿童出现更有效的迁移。

2．间歇强化

所谓间歇强化，就是对行为进行偶然的强化，而不是当其每次完成目标行为时都进行强化。当目标行为通过训练有了较高的出现率并相对比较稳定之后，就不需要每次都对其进行强化了，干预者这时可以通过间歇强化的方式来维持和巩固其行为。

间歇强化可根据目标行为的特点以及干预要求进行设计，一般有四种形式，即固定比例强化、可变比例强化、固定时间间隔强化和可变时间间隔强化。

(1) 固定比例强化指的是每次强化所要求的行为次数必须达到固定的要求。比如，小强每天必须完成10道计算题才能休息3分钟。

(2) 可变比例强化则是每次强化所要求的行为次数总是变化的，它们一般都围绕一个平均数发生变化。比如，小强每天必须完成一定数量的计算题才能休息3分钟，而每天要完成的计算题的数量是不固定的，会围绕每天10道题的量随机变动。

(3) 固定时间间隔强化则是前一次强化与后一次强化之间必须经过一段固定的时间间隔，也就是说，个体在上一次获得强化之后，只有经过固定的时间间隔再次表现出目标行为才能获得强化。比如，老师每隔8分钟就会对小强是否在开小差进行检查，检查时如果小强的注意力集中在学习任务上，则给予强化。

(4) 可变时间间隔强化则是上一次强化与下一次强化之间的时间间隔会不可预料地发生变化。比如，老师在课堂上随机地抽查小强，如果抽查时，小强的注意力很好地集中在所要求的学习任务上，则给予强化。一般来说，这一时间间隔通常围绕某个平均数发生变化。

相比连续强化，具有间歇强化历史的行为常常能够在今后较长时间未获得强化的情况下仍旧继续出现，即在没有强化的情况下行为不太容易消退，个体对没有强化具有很好的忍耐性。特别是应用可变比例强化与可变时间间隔强化后，个体在每一次行为之后都预期有强化，从而可以较好地维持行为。

在干预训练中，当个体出现某种目标行为之后，往往需要通过一致、及时地给予个体强化来提高它们的出现率，这对于新行为的学习是非常重要的。但是行为与强化之间非常明确的、可以预测的、及时的关系实际上会干扰到行为的维持与迁移（Cooper et al., 2007）。当迁移情境中没有干预情境中那样的行为结果，而且新习得的行为还未与自然强化物建立起紧密的关系时，行为者是很容易辨别出这一种情况的，而之后，行为者就有可能在迁移情境中停止做出目标行为。因此，在迁移训练中要采取一定的策略让行为者不容易辨别接下来的行为后是否会出现强化物。如果行为者无法预期未来行为的确切结果，一般会更倾向于预期行为之后会有强化，那么就更有可能继续出现目标行为。

间歇强化就是一种通过个体无法辨别行为与强化之间关系，而促使个体行为得以维持的干预策略。但是，在上述四种常见的间歇强化技术中，并不是所有的间歇强化技术都有助于让个体无法辨别行为与强化之间的关系。对于固定比例强化以及固定时间间隔强化，由于强化所要求的行为发生次数以及每次强化与上一次强化之间的时间间隔是固定的，因此，行为者很容易对可以获得强化的情况进行预测。所以，如果使用这两种间歇强化程序，那么个体很容易在强化获得之后出现行为倒退现象。而可变比例强化与可变时间间隔强化则由于每一次强化所要求的行为次数以及某次强化与上一次强化之间的时间间隔是可变的，因此，不容易让个体对什么时候可以获得强化物进行预测，也使得行为在没有强化的情况下更容易维持，也更牢固。

3. 延缓强化

延缓强化指的是这样一种技术，当新的行为出现并稳定之后，逐渐延长强化物与行为之间的时间间隔，以消除个体对强化物的依赖，从而使个体在强化物消失的情况下也能够维持该行为。斯托克斯和贝尔（Stokes & Baer，1977）认为，个体不能辨别在什么情况下行为可以获得强化，与不能辨别下一个行为是否可以获得强化的结果是相似的。延缓强化技术通过逐渐地增加反应之后强化的延迟时间让行为与强化之间的关系更具不可辨别性，让个体难以辨别行为在什么情况下可以获得强化，从而让他们能够在没有强化物的情况下也能继续表现出行为。

但是延缓强化的程序如果不成功，可能反而会导致个体目标行为的消退。成功的延缓强化需要个体知道先前出现的目标行为与之后获得的强化物之间所存在的关系，同时对什么时候可以获得该强化物具有不可辨别性（Cooper et al.，2007），因此，在干预时通常需要干预者对个体进行解释，说明延迟出现的强化物强化的是个体之前出现的什么行为。但这一策略对一些严重的认知障碍者可能不够有效，这类个体由于认知发展落后，很容易出现遗忘，因此建立起之前出现的目标行为与延迟出现的强化物之间的关系存在较大的困难。

间歇强化与延缓强化对行为的维持具有相似的效果，它们的共同点表现在以下两个方面：第一，两种强化程序均不是每一次目标行为出现后都会出现。间歇强化的程序可能是在行为发生之后没有强化，而延缓强化则是目标行为之后没有及时强化，但表现出来的都是目标行为出现后没有马上出现强化物；第二，两类强化程序都没有明显的刺激物预示个体如果表现出当前的行为就可以获得强化。因此，间歇强化与延缓强化这两类强化程序都是通过让个体难以辨别行为与强化之间的关系，而促使个体对没有强化的情况更具容忍性，从而让行为能够更好地维持。

库珀等人（Cooper et al.，2007）对如何有效地使用间歇强化和延缓强化这两种程序提出了意见，认为在实施时应遵循以下原则：

- 在个体行为获得强化的最初阶段，应该采用连续强化。

- 应该基于个体的行为表现，系统地对强化进行稀化。对于个体来说，强化越稀化，行为与强化之间的关系越不可辨别。
- 采用延缓强化时，开始阶段应该在目标行为出现之后及时给予强化物，随着个体行为能力的提高，干预者可以逐渐增加反应与强化之间的延迟时间。
- 每一次进行延缓强化时，干预者都应该向行为者解释其获得的强化物与之前表现出的行为之间的关系。干预者对行为者的这一解释有助于帮助其建立或者加强其对延缓强化原则的理解。

二、促进行为迁移的策略

在应用行为分析领域，斯托克斯和贝尔（Stokes & Baer，1977）所概括的9种促进行为迁移的策略是目前最常被参考的，并被认为是非常有效的行为迁移策略（Fox & McEvoy，1993），包括：训练和希望；序列矫正；引入自然的行为结果；训练足够的范例；宽松地训练；采用非辨别性的强化方式；将常见的刺激物纳入训练方案；中介迁移；训练去迁移。在这一部分，我们将对这九种策略进行详细介绍。

1. 训练和希望

斯托克斯和贝尔（Stokes & Baer，1977）认为，在应用行为分析研究中，最常采用的评估迁移的策略是"训练和希望"。当一个行为经过对反应结果的控制而获得有效的改变之后，跨行为、跨情境、跨实验者、跨时间等形式的迁移现象就会被观察到，但这些迁移表现并不是可以主动追求的。也就是说，干预结束之后，我们虽然通常会希望某些迁移可以在未来发生，但这一点常常没有被明显地纳入到干预计划中。如果人们希望迁移发生，但是行为资料显示迁移没有出现或者很少出现，干预者才会开始设计有关迁移的干预程序。从这一策略的概念来看，严格地说，斯托克斯和贝尔所提出的"训练和希望"这一策略并不真正属于迁移训练的策略范畴，而是在训练结束后对行为迁移的测量。另外，这一策略也没有采取任何方法与步骤去促进个体行为的迁移，因此，"训练和希望"这一策略对于迁移来说并不是必要的策略，但是它对于迁移效果的评估则是非常重要的，而有关迁移效果的评估是提高个体迁移的重要的第一步。

斯托克斯和贝尔认为，在实际工作中，教师会遇到难以解决的问题，此时就需要专家对问题进行评估，并在评估基础上提供解决问题的方案或者对教师如何解决问题进行训练。当专家离开之后，他们也希望学校能够实施这些问题解决方案，但是由于缺乏足够的支持和能力，问题解决方案常常不能继续有效实施，因此，学校则很有可能会出现下一个问题。这也是在专家主导的行为干预实践中很容易遇到的问题。

对行为维持与迁移效果的评估往往发生在专家离开之后的日常教学实践过程中。传统的专家主导型的行为干预更容易使教师在日常教学实践中遇到迁移困难的问题。而在积极行为支持实践中，由于干预者一开始就采取系统改变的方式，即将重心置于学生所处的学校环境上而非学生个体上，因此可以让学校中的这些重要成员成为问题行为评估及干预过程中的合作者与实施者。因此，个体在训练过程中习得的目标行为更有可能被期望在日常生活中出现。而且积极行为支持的实践要求尽可能对整个学校环境，包括教室、学校乃至社区层面的相关内容进行调整，因此，个体层面的干预也会获得最佳效果。"全面性"策略的使用更有助于个体在训练结束后获得更好的迁移。

2. 序列矫正

斯托克斯和贝尔（Stokes & Baer, 1977）认为，如果某个行为改变非常明显，那么就有可能测量到这个行为的迁移情况；但是，如果迁移没有出现或者很少出现，干预者就需要为其设计程序，通过系统的序列矫正程序（如跨反应、跨学科、跨情境或者跨实验者）来获得理想的行为变化。行为分析者需要在每个相关情境中纳入行为结果策略进行干预，而不是只在一个或者几个少量情境中应用。

3. 引入自然的行为结果

行为控制者由教师、实验者转为稳定的自然的结果，是迁移干预计划最常依赖的一个机制（Stokes, Baer, 1977）。引入自然的行为后果，即运用自然的奖励物，让个体能够在行为的自然后果中得到奖励，可以有力地促进个体的行为维持和迁移。

比如，教师通过各种策略促进同班同学与自闭症儿童的交往，可以改善自闭症儿童有限的社交技能。同学们对于自闭症儿童有限的交往行为的恰当反应，则是对患儿社交行为的有力强化。对自闭症儿童来说，说"帮帮我"并进而得到帮助，比在说出这句话之后得到别人的表扬，要更加有成就感。后者虽然仍旧是对行为的强化，但是很难帮助儿童建立起行为与行为结果之间的自然逻辑联系。而"帮帮我"这句话的自然后果就是他人给予了其所需要的帮助。引入这一自然的行为结果有助于个体更好地建立行为与行为结果之间的逻辑关系，也更有利于其适应自然的生活环境。

不过，斯托克斯和贝尔（Stokes & Baer, 1977）也提到，有时并没有自然的强化物可以发展和维持所训练的行为和技能，这就需要干预者对行为发生的自然环境进行重新安排。对环境的重构应该成为干预研究的一个目标，其目的在于让新习得的行为技能发生迁移。而且，在自然生活中，可能还会存在对不恰当行为的错误强化，针对这种情况，干预者更需要对环境进行重构，以改变对错误行为的强化。这一点实际上也反映了积极行为支持实践的观点：通过系统的调整，对个体所处环境进行重构，是积极行为支持开展行为干预的一个重要内容，将此纳入干预计划也有利于改变个体在自然环境中的长期行为。

4. 对足够多的范例进行训练

如果行为迁移没有出现，干预者可以进一步对每一个没有出现迁移的情境进行直接干预（即序列矫正）。在完成这些训练之后，如果仍旧没有出现迁移效果，则可通过训练足够多的范例的方式，来促进个体的行为迁移。训练足够多的范例也可称为多样化范例训练（Cooper et al., 2007）。这一策略被认为是最有价值的训练策略之一（Stokes & Baer, 1977）。这一策略的假设是：如果个体接受过对多种相关刺激进行正确反应的训练，那么他们的行为也更有可能被迁移到相关刺激情境中。对迁移训练的综述研究（Gianoumis & Sturmey, 2012）结果发现，训练足够多的范例这一迁移程序是研究者最常使用的迁移程序之一（占综述文献的28%，使用次数排在研究文献的第二位）。

干预者若采取这一干预策略，则可对个体未经训练的刺激环境或者未经训练的反应进行设计，从而教个体在不同的相关刺激条件下或者反应要求下做出反应（Stokes & Baer, 1977）。它包括教足够多的刺激或情境范例和教足够多的反应范例两种。如果在干预过程中使用越多的刺激或情境范例、反应范例，个体就越有可能对未经训练的刺激或者情境做出正确反应，或者出现更多未经训练的行为。有关刺激或反应的范例可以在某些维度上发生变化。比如，目标行为的复杂程度有所不同，所采用的教学流程就必须有所变化；学习者在不同环境中表现出目标行为的机会不同，等等。但是斯托克斯和贝尔（Stokes & Baer, 1977）也提出，范例的多样化也可能是最大的敌人，太多的缺乏相同反应的范例也会使得训练的效果与投入不相称。只有范例量与多样性取得了的最佳平衡，才能产生最有价值的迁移。另外，教个体对所有可能的刺激做出反应或者对反应范例进行训练，之后个体在没有训练的情境中的表现也可以用来作为评价其迁移能力的指标。

5. 宽松地训练

宽松地训练，指的是在某一训练时间段或者跨时间段内，干预者通过随机地变化干预情境中那些非关键元素而开展干预。库珀等人（Cooper et al., 2007）认为，这一方法对于促进迁移有两个优势：一是这一策略能够减少某个或者某些非关键性刺激对目标行为的排他性控制（即将非关键性刺激作为控制反应的关键性刺激）；二是这一训练方法在训练情境中就包含着丰富的非关键性刺激，这也可以增加迁移情境中包含训练情境中某些刺激的可能性。从这一角度来说，宽松地训练也是一种将常见的刺激物纳入训练情境中的做法。

宽松地训练通常所采取的方法是在训练时改变多种非关键性刺激物，以促使个体在一些非关键性刺激改变的迁移情境中，仍旧能够表现出目标行为。贝尔（Baer, 1999）对这一方法提出了一些建议，认为宽松地训练可以如此进行：让两个或者更多的教师参与，在两个或者更多的地方教；从不同的位置教；改变声音音调；改变所采用的词汇；从不同的角度呈现刺激；有时有其他人在，有时没有；在不同的日子穿不同的衣服；改变强化物；在不同光线情况下教；在不同噪音背景下教；改变房间装饰、家具以及他们的摆放位置；改变一天中干预者和其他人训练的时间；改变训练时的房间温度；改变训练时房间里的气味；在可能的限制条件内改变所教的内容；常常做这些事情并尽可能做到不可预期。

宽松地训练这一策略可以阻止个体辨别行为与强化结果之间的关系，让个体难以确定行为之后的结果。但是在最初使用这一策略时，可能会出现行为倒退现象，但是之后则会显示出对行为迁移的积极影响。

6. 采用非辨别性的强化方式

在行为干预情境中，行为与强化结果往往具有明确、一致的关系。当目标行为出现之后，个体往往可以及时地获得强化物。但是在日常生活中，行为与强化结果往往没有这种明确、一致的关系。因此，在迁移情境中，对行为采取某些强化方式让个体难以明确预期行为之后的结果，有助于行为迁移与维持。库珀等人（Cooper et al.，2007）认为，这一方式要具备两个条件：一是在迁移情境中，有些目标行为但不是所有目标行为的发生是可以获得强化的；二是个体不能预期在行为之后是否会跟随强化。非辨别性强化方式主要包括间歇强化和延迟强化，这两种方法在前面已经介绍过了。

7. 将常见的刺激物纳入训练计划

在目标情境中进行训练，即将日常生活中那些常见的刺激物纳入到训练计划中，可以使得干预情境尽可能地接近现实生活，从而促使个体将在干预情境中习得的行为更有效地迁移到日常生活情境中。发展针对障碍儿童的行为迁移策略的综述研究（Gianoumis & Sturmey，2012）发现，干预者最常见的迁移程序是在干预情境中采用常见刺激（占43%，使用次数占研究文献的第一位）。

在干预情境中纳入常见的刺激物这一策略的目的在于：让干预情境中具有的某些刺激物与目标情境中的相似或者相同，以促使个体在干预情境下出现的行为能够迁移到目标情境中，这就意味着在训练过程中要找到干预情境与目标情境这两类情境中的共同刺激。

库珀等人（Cooper et al.，2007）认为，采用这一训练程序对个体的迁移能力进行训练，一般要分两阶段：首先是要确定迁移情境中具有代表性的常见刺激物。干预者可以直接观察迁移情境，并记录这个情境中可能纳入干预情境的重要环境特征。如果这一方法不可行，则可以采用访谈或者检核表等方式，从熟悉迁移情境的重要人员那里了解相关信息。其次是将这些刺激物纳入到干预情境中，教个体对这些刺激物产生反应，促使其将行为迁移到自然情境中。综述研究（Gianoumis & Sturmey，2012）发现，采用常见刺激这一程序对个体的迁移能力进行训练时，干预者最常使用的训练策略是示范模仿，其次是角色扮演，也有一些研究者采取了录像示范模仿的干预方法。

库珀等人（Cooper et al., 2007）也认为，如果干预者无法将迁移情境中的这些常见刺激物纳入到干预情境中，那么至少应该有一些训练是在迁移情境中进行的。但是即使如此，也无法保证迁移情境中的训练能够让个体接触到所有重要的常见刺激，更何况在自然情境中开展教学常常不太可能也不太实际。

8. 中介迁移

中介迁移指的是，安排一些事物或者人起到中介者的作用，以保证将目标行为从干预情境迁移到日常情境中（Cooper et al., 2007）。综述研究（Gianoumis & Sturmey, 2012）发现，中介迁移是干预者使用较多的一个程序（占综述文章的22%），具体使用到的方法有自我管理或者自我监控，怎么训练其他人或者如何对其他人的表现进行评分等。

对于中介迁移这一策略，实施过程中通常会有两种方法，一种是精心设计一个在中间调节的刺激物，让目标行为处于干预情境中的这个中介刺激物的控制之下，其在迁移情境中能够起到可靠地促进个体表现出目标行为的作用。另一种方法则是通过自我管理程序学习调节个体自己的迁移（Cooper et al., 2007）。

在第一种方法中，选择一种具有中介调节作用的适当的刺激物是非常重要的。库珀等人（Cooper et al., 2007）认为，这一中介刺激物能在迁移情境中发挥功能，能够在迁移情境中促使或者辅助个体表现出目标行为。这就意味着：这一中介刺激物在训练过程中对于目标行为来说是功能性的，同时它又很容易移植到迁移情境中。如果这个刺激物很容易随着个体应用到所有重要的迁移情境中，那么这个刺激物就具有可移植性。一般来说，语言是最容易成为中介的一类刺激物，它可起到引导或诱发目标行为的作用，成为控制目标行为的刺激物。当然，选择这一中介刺激物还需要考虑到使用者的情况。

自我管理技能的训练被认为是最具有潜在效果的一种方法，可调节个体的行为改变。如果个体通过自我管理技能来改变自己的行为，那么在日常生活中，个体的行为改变将是非常明显、也是非常有效的。

9. 训练去迁移

训练个体去迁移是斯托克斯和贝尔（Stokes & Baer, 1977）提出的几种迁移训练程序中的主动性干预策略之一。他们认为，行为干预者应该将迁移作为行为改变效果之一，而不是行为本身。对于教师来说，他们常常在日常教学过程中非正式地使用这一策略，他们通过对一些题目的讲解让学生找到此类题目的解题方法，然后促使学生将解题方法运用到其他具有相似特征的题目中。

采用这一策略的目的在于让个体能够有意识地辨别迁移情境中的某些关键特征，从而建立迁移情境与训练情境之间的关联，促使干预效果的迁移。干预者常常使用的方法主要有两种：

- 强化反应的多样性。即要求个体的行为是有所变化的，干预者在迁移训练时要求引出个体的多种反应，并对这种变化了的反应进行强化而不是对标准化反应进行强化。
- 教个体去迁移。即告诉个体有关迁移的可能性，并要求个体表现出来。

总之，积极行为支持的行为干预实践非常强调行为的维持与迁移，并且认为个体长期的行为改变与其生涯发展有着密切的关系，而提高个体的生活质量也是与干预效果的维持和迁移分不开的。不过，积极行为支持更加强调通过环境的调整进行系统变革，也强调环境中的自然强化，这也更加有利于个体行为的长期改变。

第九章

学校范围的积极行为支持

让学生在学校里获得优质教育是每一个教育工作者所应承担的责任。在当今社会和经济发展背景下，学校和教师也面临着越来越多的挑战，其中学生的心理健康问题与应对越来越受到教育工作者的重视。学生的某些行为问题，如课堂扰乱、不顺从、欺负同学等，虽然不是特别严重，但在学生群体中发生较普遍，而且会对学生的学习以及教师的教学产生比较严重的影响。有些行为问题，比如攻击行为（乃至校园暴力）、自我伤害行为等，虽然并不普遍，但却会对学生自身以及他人的身体安全造成了严重危胁。如何从学校层面对这些行为问题进行干预是当今学校需要解决的一个重要问题，也是令教师困扰的难题。越来越多的研究显示，减少这些行为问题的有效策略应该是主动而系统地应是多元的基于实证的策略（Anderson & Scott，2009）。学校范围的积极行为支持就是符合这些标准的行为干预策略。钱德勒、达尔奎斯特（Chandler & Dahlquist，2006）总结了一些前人的研究，认为很多研究者都倡导采用这种干预方式去处理轻度和中度水平的问题行为。

第一节 概 述

一、什么是学校范围的积极行为支持

学校范围的积极行为支持（schoolwide positive behavior support，简称SW-PBS）就是在学校情境中开展的积极行为支持，是一种用于建立学校文化和提供个别化行为支持的系统性方法，其目的在于使学校成为一个对所有学生来说都安全的、有效的学习环境（Sugai & Horner，2009）。

对于学生来说，学校是他们成长过程中必然经历的正常环境，这个环境是不是一个有利于他们学习、成长的安全而有效的环境直接关系到他们的健康发展。任何一所学校都有两个重要的目标：一是追求学生学业成就的最大化；二是让所有学生的社会能力最大化（Sugai & Horner，2009）。为了达到这两个目标，学校不仅要关注学生掌握的学业技能和达到的学业水平，而且也必须重视整个学校的社会文化。学校范围的行为支持强调通过确定、教授和支持适当行为的方式创设一种安全的学

校氛围，支持所有学生学习，并促使他们在学校里表现出积极、良好的行为（昝飞，2012）。

二、学校范围的积极行为支持的特征

一些研究者（Sugai & Horner，2009）对学校范围的积极行为支持的理论和概念特征进行了概括，结果如下：

1．采用应用行为分析的行为干预策略

积极行为支持基于应用行为分析而来，因此，学校范围的积极行为支持也与应用行为分析有着密不可分的关系。这一理论强调行为的发生与环境紧密相关，是环境中的一些因素引发了个体行为的发生，并且行为的结果维持或者导致了行为的再次出现。故而在分析学生之所以在学校环境中出现问题行为时，研究者要对其问题行为出现的环境进行分析，尤其要分析行为之后是否存在维持着行为的结果。在开展干预时，应用行为分析中基于刺激、行为以及行为结果三因素角度设计行为干预策略的思路，也为学校范围内的积极行为支持所采纳。

2．强调预防

强调预防是积极行为支持的一个重要特征，人们普遍认为问题行为的最佳干预时间是在行为还没有发生时，因此强调预先采取行动来应对问题行为（Carr, Robinson & Palumbo，1990）。苏盖和霍纳（Sugai & Horner，2009）认为，学校范围的积极行为支持的预防体现在以下几个方面：

- 预防出现新的问题行为。
- 预防诱发问题行为。
- 预防已有的问题行为变得更加严重。

学校范围的积极行为支持的三级预防干预模式也体现了这一特征。例如，其针对全校所有学生实施的初级预防的重点，首先是通过采用主动的、基于实证的策略，鼓励学生的亲社会行为，来预防问题行为的出现（Anderson & Scott，2009）。不管是减少、消除引发问题行为的前奏刺激，还是教学生新的良好替代行为，设计这些策略的出发点首先是预防问题行为的发生。

3. 重视教学

积极行为支持强调要教学生新的替代性的亲社会行为，这不仅可以预防问题行为的发生，而且也体现了教育的基本理念。当学生出现问题行为时，也意味着其没有掌握必要的行为或者技能来处理所要面对的学业或者其他社会交往方面的问题，而教学生新的良好行为可以帮助他们在学校里获得学业或者人际交往方面的成功。因此，根据学生的具体情况为他们设计新的良好替代行为并进行教学，是积极行为支持学校实践的重要内容。

4. 强调基于实证或者研究的行为干预实践

学校范围的积极行为支持非常强调要采用来自于实证或者研究的有效干预技术。虽然任何干预技术或者实践都需要根据实施者以及被实施者的具体情况进行调整，但是学校范围的积极行为支持强调：要搜索那些在实验或者准实验研究设计中被验证、复制以及应用过的技术（Sugai & Horner, 2009）。

5. 关注系统改变

积极行为支持的一个理论基础是生态系统理论，重视在自然环境中开展干预。学校范围内的积极行为支持在实施过程中也要求通过环境的支持去减少问题行为发生的可能性，增加产生积极教育效果以及良好行为的可能性（Fallon, O'Keeffe & Sugai, 2012）。而强调系统改变的支持策略一般被认为是以预防、合作、资料驱动、教育性为特点的基于强化的干预策略，所选择的并对之进行教学、强化的特殊行为标准则是以所在学校的教学、学习环境特点为基础的（Fallon, O'Keeffe & Sugai, 2012）。范伦（Fallon et al., 2012）对1991—2010年学校积极行为支持研究中有关研究者对文化和情境因素的内容进行了综述研究。在他们的综述研究中，文化和情境因素被具体定义为学校积极行为支持实施过程中有关学生、教育者、家庭和社区成员的独特变量、特征以及学习史等。

强调系统改变，也意味着系统中的各个成员是干预实践中的重要成员，他们需要调整、改变自己的行为去促使学生的问题行为发生改变。学校范围内的积极行为支持不再如过去一样采用由专家主导的方式开展干预，而是强调由实际干预者主导的干预模式（Carr et al., 2002）。这就意味着个体生活、学习的自然环境中的那些重要成员都应该参与到问题行为的干预过程中来。积极行为支持在学校范围的实施需要重视学校内部人员的能力和专长，强调学校中的绝大多数人都要达成一致意见，在实施前能够充分准备，并负责任地持续进行干预，等等（Sugai & Horner, 2009）。所以在积极行为支持的学校实践过程中，学校环境中的教师和其他工作人员在行为干预过程中不仅仅是专业人员的助手，更与专业人员一样，是行为干预的参与者与合作者（Carr et al., 2002）。他们要改变以往只是被动听从专业人员意见的角色，积极地、主动地参与学校对学生问题行为预防及干预的工作。

6. 收集和使用资料以主动决策

苏盖和霍纳（Sugai & Horner, 2009）认为，学校范围的积极行为支持的核心是收集和使用资料以用于主动的决策。当积极行为支持在学校内实施时，要求实施者持续地收集相关资料或者数据，以便确定学校是否一致地、很好地进行了积极行为支持的实践，以及学生是否因为实施积极行为支持而受益。这些资料也为校长、教师和管理人员等调整积极行为支持计划提供了证据。

第二节 学校范围积极行为支持的实施

一、学校范围积极行为支持的三级干预模式

在学校中应用积极行为支持进行学生问题行为预防与干预，主要基于这样一个假设，就是行为规则在学校中的使用可以增加学生的亲社会行为，并有助于建立更加积极的学习环境（Hulac et al., 2011）。具体来说，当学生恰当行为的出现次数增加时，社会不接受的行为也会相应减少，表现在学校环境中，就是当学生遵守学校和班级行为规则的行为增加时，他们就会更少出现破坏学习环境的行为；而且，当学生更多地投入到学业任务中时，他们相应获得的有关学业的正面反馈也会越多，这也更加有利于他们的学习。

一般来说，学校范围的积极行为支持通常由三个干预层级组成，它们分别是初级干预（也称普遍的支持或初级预防）、二级干预（又称目标干预或二级预防）和三级干预（也称强化支持或三级预防），如图9.1（Simonsen, Sugai & Negron,

2008；Sugai & Horner, 2009；Anderson & Scott, 2009；Cheney, Lynass, Flower et al., 2010)。

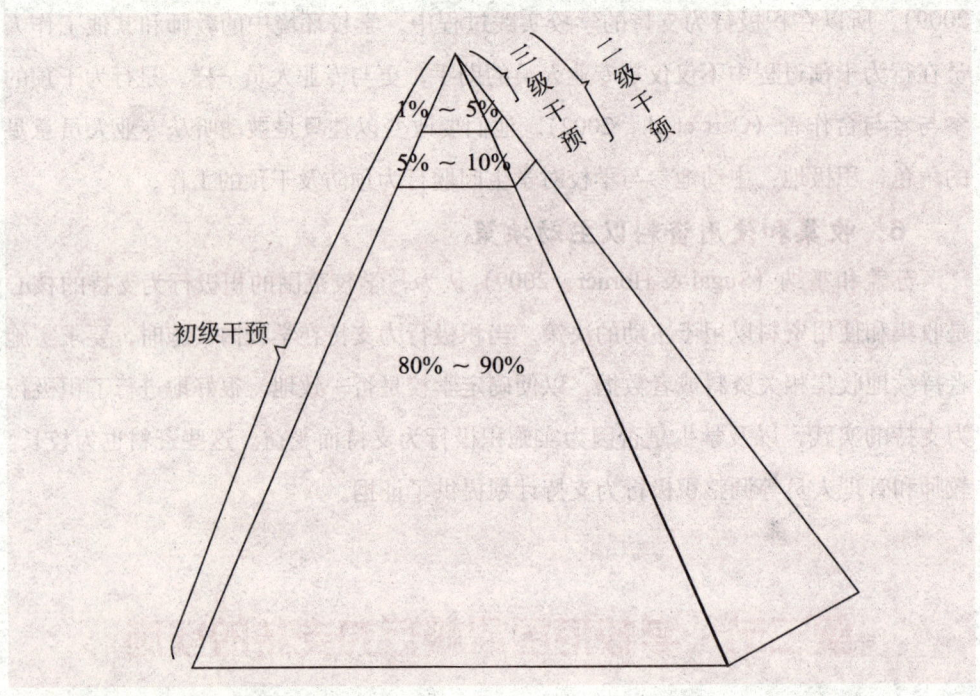

图 9.1　学校积极行为支持三级干预模式

（一）初级干预

初级干预是在整个学校范围内实施的干预，面向全校所有的学生，这一层级所开展的工作属于基本的预防性质的行为支持。从图9.1中可看到，它处于三角形的底部，其涵盖范围最大。在该层级所采用的并不是个别化的行为支持策略，而是为学生、工作人员、教师等学校中所有成员培育广泛的、积极的社会文化的一组干预技术（Sugai & Horner, 2009）。一些研究者认为有80%的学生将受益于这个层级的服务，但还有20%的学生需要额外的支持（Horner, Sugai, Todd & Lewis-Palmer, 2005），也有研究者认为80%~85%的学生将受益（Hulac et al., 2011），而沃克等人（Walker et al., 2005）则认为15%~30%的学生可能对那些有效并且正确实施的初级干预没有反应。

这一个层级的核心目标是通过直接教授学生所期望的适当行为，并用一致的策略在全校范围内实施对恰当行为的强化策略以及对不适当行为的处理，以促使学生掌握适当行为（昝飞，2012）。如果初级干预层级的策略不够有效，往往表现出来的是需要二级干预和三级干预的学生比例很高，但教育系统一般难以在很多学生身上开展深入的个别化的干预服务。因此，这也意味着，初级预防层级的支持服务策略最好能够有效地鼓励所有学生表现出良好的行为。

胡拉克等人（Hulac et al.，2011）认为，如果初级干预很糟糕，但三级干预很有效，这种行为干预模式就像是一只大象试图站在婚礼蛋糕上。由于开展行为功能评估以及制订行为干预计划需要大量的时间，而教师不可能有足够的时间去处理每个学生的独特行为需求，因此，当初级干预层级的策略不够有效时，教师可能每天都要忙于甚至疲于应付那些因行为问题转介而来的学生。

苏盖及其同事（Sugai et al.，1999）设计了一种方法，利用学校惩戒转介记录资料来确定学校内部各个系统是否需要进行调整。如果学校学生事务办公室一个学年内接待学生的惩戒转介人数很多（如超过35%），那么就意味着学校在开展有效的行为支持方面存在很大的问题，这也说明全校范围内的干预，即初级干预方面的服务，需要重新调整。因此，开展学校范围的积极行为支持，首先要开展有效的全校以及全班的管理实践，以尽可能减少因问题行为进入二级和三级干预的学生人数。

在初级预防层级，一般要完成的任务包括（昝飞，2012）：

- 建立并明确积极行为支持的目标和期望；
- 为学生在某个地点或某些活动中的适当行为提出操作性定义；
- 用专门的行为规范课对期望学生表现出来的适当行为进行教学；
- 对班级或班级外情境中学生的行为进行积极监督；
- 制订对学生的适当行为进行反应的策略；
- 制订对学生的不适当行为进行反应的策略；
- 建立一个全校教职工都可运用的学生行为强化系统；
- 一旦学生在初级干预中没有做出及时反应，要有步入下一层级的行动计划，并有力地执行。

（二）二级干预

二级干预是专门小组的干预，针对的是对初级层面的支持没有反应的一部分学生，即高危行为儿童，其行为需要更加深入的支持才能改善。这一层级位于三角形的中部，其覆盖的学生人数比初级干预少。有关这一部分学生的人数占到全校学生总数的多少，不同研究者的看法有所不同，有的认为仅占5%～10%（Simonsen, Sugai & Negron, 2008），也有研究者认为可占到10%～15%（Crone & Horner, 2003）。

胡拉克等人（Hulac et al., 2011）认为，确定二级干预的学生对象时要考虑两个方面的问题：一是确定存在令人担心的行为或者已经表现出某些显示其已经存在社会、情绪或者行为适应问题征兆的学生；二是追踪普通学生以发现可能开始显示出存在社会、情绪、行为问题风险征兆的学生。有关学生以往问题行为的资料、平均学业成绩以及出勤率都可以作为判断哪些学生需要这一层级的支持的依据。利用这些材料开展干预工作对于学校来说比较有优势，因为绝大多数学校都会对学生的这些资料进行系统跟踪，而且学生在这三方面的表现与其未来的行为问题也有非常紧密的关系。在这三个方面，需要这一层级支持的学生通常有以下表现：

- 学生的学业平均成绩严重落后于班级平均水平，而且有很高的缺席率。这些学生可能存在其他障碍与问题，比如，由于智力或者认知发展落后导致学习困难，难以获得与其他学生一样的学业成就。而且在小学阶段，常常缺课的学生可能存在某些生理疾病、无法按时到校或者其他的家庭压力，而常常缺席的中学生则更可能存在拒绝上学、逃学等行为，因此需要进行更深入的干预。
- 以往有问题行为历史的学生，尤其是有多次被停止学业或者有退学经历的学生。
- 多次因行为问题转介的学生。

需要二级干预的学生除了要参加在二级干预层级上开展的活动之外，仍旧需要参与第一层级的干预。接受初级干预的支持有利于这些学生与其他学生以及整个学校社区有一定的联系，从而提高干预的效率，同时也对预防和积极期望进行了强调

(Sugai & Horner，2009)。二级干预的目标在于通过对学生问题行为的快速有效反应减少问题行为的发生，通过提供额外的支持来帮助这些高危儿童更好地在学校里获得进步。

这一层级的干预常使用的干预策略有多种，比如，自我管理策略（如自我记录、自我评估、自我强化等）、代币制以及对符合全校积极行为期望的行为进行社会技能教学、基于同伴的契约管理策略等（Sugai & Horner，2009）。在确定干预策略时不仅需要考虑学生的需求，同时也要考虑到学校可获得的或者可利用的资源，特别是学校教职工的能力水平。二级干预的实施过程通常由一个全校范围的干预小组执行，这个小组的成员负责协调谁在什么时候在什么地方以及如何开展二级干预工作，另外，他们也需要对实施过程中干预实施的精确度、学生行为的变化进行监控。

一般来说，对进入二级干预层级的学生，干预小组需要与学生、父母、教师、学校管理人员等建立一个常规的交流机制（如每日、每周、每季度等），以收集有关学生的行为变化等方面的资料。因此，在实施过程中，常常需要学生和教师对行为进行自我监控，同时干预小组也要通过非正式的访谈等方式来获得学生行为方面的资料，通过量化的方式监测学生行为的变化，以判断学生是否在二级干预中受益，并确定二级干预的方案或者策略是否需要进行调整。

（三）三级干预

三级干预是专门的个别化的行为干预，针对的是那些对初级干预和二级干预都没有反应的学生个体，也即存在"严重行为危机"的学生。当学生的行为问题越来越具挑战性，且其他干预方法没有显示出期望中的效果时，那么就需要为其提供更加深入的个别化的行为干预。三级干预层级位于三角形的顶部，其覆盖的学生人数最少。这一部分学生的人数占到全校学生总数的1%~5%（Grosenick et al.，1991；Eber et al.，2011）。

这一层级的干预面对的是个别学生多重的、特殊的需求，有时学生会被诊断存在某种残疾或者障碍，他们通常会被转移到有高度限制的环境中进行干预，以提高他们的功能水平（Eber et al.，2011）。因此，三级干预通常需要由一个行为干预小组进行实施。由小组驱动干预是三级干预的一个基本特征（Crone & Horner, 2003），而且在实施过程中，行为干预小组还需要与个别化教育计划小组一起协作，设计并实施行为干预。如果遇到的是患有严重行为障碍的学生，由于他们常常会出现严重的情绪和适应问题，因此，三级干预还会结合学校心理健康支持（Sugai & Horner, 2009）为学生提供支持和服务。很显然，针对这些学生的个别化行为干预不仅需要干预者投入大量的时间和资源，同时对工作人员的专业化程度要求也非常高。因此，其覆盖的学生人数是三个层级中最少的。对于普通学校来说，他们所拥有的资源一般都难以对较多学生开展深入的个别化行为干预。

接受三级干预的学生一般仍旧需要参加初级干预和二级干预的活动，同时还要接受个别化的深入行为干预。而个别化的深入行为干预意味着干预者要对学生的问题行为及其功能有所理解，所以三级干预的另一个特征就是以行为功能为基础开展行为干预（Crone & Horner, 2003）。在这一层级，干预者会使用功能行为评估的方法对学生问题行为的功能以及影响学生行为的各种环境因素进行评估。工作人员通常会以功能评估的结果为基础，结合其他学业和社会性方面的评估结果，为学生制订一份全面的行为支持计划。这份行为支持计划通常会包括多个方面，如：预防行为问题发生的策略，教授新的行为技能，确保适当行为获得强化的同时避免强化问题行为的策略等。

美国自1997年将学校需开展的积极行为支持纳入到《障碍者教育法案》框架之后，各州根据各自的情况推进了此项工作，并且一些州还陆续从州层面设计了积极行为支持的行动方案。因此，除学校范围内的积极行为支持的三级干预层级之外，一些州还设置了州层级、学区层级的工作任务。如马里兰州从1998年开始推进州层面的积极行为支持方案（Barrett, Bradshaw & Lewis-Palmer, 2008）。在州层面，马里兰州成立了州一级的"积极行为支持领导小组"，以协调、支持州和学校水平的积极行为支持的实施、培训和持续能力。这一级的领导小组成员包括：来自州教育部学生服务和特殊教育分部、谢泼德·普拉特（Sheppard Pratt）健康系统、约翰·赫普金斯（John Hoppkins）公共卫生学校以及24个学区的代表人物，领导小组成员每个月都会召开会议讨论参加这一行动的学校状况，对州行动项目实施过程中的所有培训和支持的材料以及实施过程进行回顾，并对行动方案实施过程中多方面的事务，如培训、教研、评估、宣传活动和培训活动设计等事情，进行整体规划。领导小组的另一个作用是支持州和学区积极行为支持项目的协调，帮助各学区积极行为支持小组确定资源，以持续性地实施和协调积极行为支持的实践。另外，马里兰州积极行为支持领导小组在项目推进过程中还主持了5个培训项目，对参与这个项目的不同层面的人员和教师进行了不同深度的培训。马里兰州在州层面还成立了一个更广范围的领导小组，称为"积极行为支持州管理小组"。小组成员每周会面，对有关该方案实施过程中所涉及的经费等事务进行讨论，以便为各学区、学校积极行为支持的实施提供支持。到 2003 年，马里兰州成立了一个"州积极行为支持指导小组"（PBIS Advisory Group）。这个小组由州积极行为支持领导小组、青少年违法管理部门、心理健康管理部门、卫生部门等多个服务于青少年的州机构的代表组成。指导小组成员按季度进行会面，对积极行为支持行动项目和支持所有学生跨三个预防层级的地方支持政策进行更广范围内的联系和协调，以帮助积极行为支持行动方案和相关方案的实施获得政策支持。而学区一级的积极行为支持小组的任务也同州一级相似，主要是为各学校实施积极行为支持提供各种支持，如培训、教研等，以促使各学校持续地在学校内实施积极行为支持。

二、学校积极行为支持的实施过程

学校范围的积极行为支持强调的是如何采取最少的行为干预而让全校学生的行为干预产生最大的、最明显的效果。一些研究者从不同的环境角度对其实施的内容进行了分析，认为其一般会涉及五个层面的内容（Sugai, Horner, Dunlap, Hieneman et al., 2000）：

- 全校范围内：面向学校所有的学生及其家庭、学校所有的教职工，主要的干预策略包括确定并向全校声明学校范围内的行为目标、使用正式的课程来教授良好的目标行为、在全校范围内强化恰当行为、基于学生行为数据做出决策等。
- 教室范围内：面向班级中的所有学生，将学生行为管理与学业教学相结合，主要的干预策略包括加强班级日常管理，积极地监督、促进学生学业的参与和成功等。
- 非班级范围内：指学校内普遍的、非教学性的情境，干预策略包括积极地监督、使用提示、教授某些特殊的行为规则、正强化等。
- 家庭范围：指的是社区和父母在学生学业方面的支持，干预策略包括积极地与儿童沟通、家庭的实践和强化等。
- 学生个体：为那些对干预没有反应的学生提供个别化的行为或者学业方面的支持，如小组式的或者个人认知与行为方面的咨询、基于行为功能的支持、打包式的或者以个人为中心的计划、以社会技能和自我管理为目标的教育等。

可见，在校园范围内开展积极行为支持是一个系统的工程，这样一种覆盖全校范围的行为支持方法要求有一个正式、系统的实施过程。在学校层面，这一实施过程包括五个基本步骤，即建立全校性的领导小组、全校形成一致意见并建立资源管理机制、制订基于资料的行动计划，实施行为支持以及开展持续评估（Sugai & Horner，2009）。

（一）建立全校性的领导小组

在学校层面为所有学生提供有效的行为支持，以创建一种有利于学生提高学业和社会技能水平的社会文化氛围，首先需要一个强有力的领导小组。这个小组需要负责组织、整合、协调并实施有效的行为干预，小组成员一般可包括管理人员、普通教师和特殊教育教师的代表、教学支持工作人员（如学校心理学家、校医、咨询员等）、其他工作人员（如校车司机）、家庭成员、学生、特殊学科教师（如美术教师、音乐教师或者体育教师）等（Sugai & Horner，2009）。积极行为支持计划在学校内是否能够成功实施很大程度上取决于这个小组一起合作、工作以达到目标的能力（Hulac et al.，2011），小组成员间的矛盾以及意见不一致都很容易导致合作失败。

根据学校行为支持系统的规模、结构以及学生人数等，每个学校的行为支持小组成员可以有所不同。但一般来说，核心成员通常是由学校管理人员、行为专家、学校工作人员的代表组成。而行动小组则可以包括1～2名核心小组成员、父母、学生的老师或者学校的职员以及其他在学生生活中非常重要的人员，比如咨询员、社会工作者等。核心小组与行动小组在积极行为支持计划实施过程中将一起合作处理每一件学生转介事务。另外，在这个行为支持小组中，至少要有一名成员对功能性行为评估和个别化行为支持非常精通（Crone & Horner, 2003）。

　　总之，如果只有一个人，是很难有效地在社区、家庭以及学校情境中对学生的行为提供支持的。相反，如果建立这样一个全校性的行为支持小组，能够将与学生有关的重要人员联结起来，形成一个网络（Hulac et al., 2011），则可能达成目标。小组成员间定期的或者常规的沟通也可以让彼此更好地进行交流，他们将共同为解决学生的行为问题而努力，也因此能够更有效地为学生提供一致而全面的干预。

　　胡拉克等人（Hulac et al., 2011）将这样一个小组称作为解决问题小组（Problem-Solving Team），认为他们要完成的任务包括：

- 设计全校性的积极行为支持系统；
- 实施全校性的代币系统；
- 检查班级和学校的管理流程；
- 检查全校积极行为支持系统实施的一致性；
- 检查班级资料，确定改善那些常常出现许多行为问题的班级的方法；
- 帮助教师确定需要额外支持的学生；
- 帮助教师监控二级行为支持实施的一致性；
- 输入有关干预效果过程的监控资料；
- 帮助教师确定需要获得深入的行为支持的学生；
- 设计并实施三级干预支持；
- 检查学生接受个别化行为支持后的进展情况。

（二）全校形成一致意见，进行资源管理

　　建立全校行为支持小组之后，第一步就是要在小组、教职工内部就小组的工作目的以及活动方式达成一致意见，其内容包括：①学校在接下来的3～4年内

要将行为改善作为学校建设的重要目标之一;②会在三个层次展开全校组织行为干预的实践工作;③会优先采取教学和预防性方法对学生进行行为管理和管教;④重视选用和采纳基于实证的行为干预策略;⑤对行为干预计划和学业计划进行整合;⑥优化校园和学校成员有关文化和环境方面的特点;⑦建立资料系统以便指导行为支持计划的制订以及对实施效果进行评价(Sugai & Horner, 2009)。简单地来说,就是通过一系列活动,让全校教职工对学校即将实施的积极行为支持有一个深入的了解。

当全校就开展积极行为支持形成统一意见之后,行为支持小组要制订会议的日程表和召开会议的流程,以便与教职工进行交流,并根据他们日常的工作事项安排他们的专业发展机会。

(三)制订基于资料的行动计划

在这一步,行为支持小组要参考学校独特的文化、环境以及校史特点,比如,学校的招生情况、学生家庭经济文化特点、种族组成、教师特点等,来设计行动计划。全校性的积极行为支持计划可以由三个层级组成,每一个层级针对的学生对象以及问题行为不同,所提供的行为支持策略也有所差异。因此要根据所针对的学生对象范围以及设计的干预层级要求收集资料。

对于初级干预层级的行动计划,需要行为支持小组首先调查当前正在实施的方案、流程以及政策;了解当前处理学生行为问题的组织机构;检查已有的资料,包括学生行为转介资料、退学等,以确定学校是否有严重问题存在;调查教师、父母以及学生是否有不满意的地方以及对校园建设是否有建议(Gorge et al., 2009)。

对于二级干预层级的行动计划,则首先需要确定提供的服务对象是哪些学生,这可以根据学生的学业平均成绩、行为问题表现、学校内行为转介记录(转介数量、时间、记录的行为)等资料进行确定。由于二级干预层级的行为支持是以学生问题行为功能为基础的,因此要收集有关学生的行为资料,开展学生行为的功能性评估(一般进行简单的行为功能评估),以了解学生问题行为发生的原因以及功能。这些资料有助于行为支持小组为这些学生制订行为干预计划。二级干预计划中通常包含的干预策略有行为契约、自我监控策略、矫正型教学策略、日常行为报告等（Hulac et al., 2011）。比如，进出登记报告系统（Check-In and Check-Out System，简称 CICO 系统）是比较常用的一个二级干预系统，这个系统一般使用的策略有学生日常行为报告卡以及日常社会技能训练（也称为行为教育方案），根据一些研究结果，这一系统被认为对有中重度行为问题的学生都能起到积极行为支持的效果（Fairbanks et al., 2007）。

对于进入三级干预层级的学生，行为支持小组所需收集的资料更多，一般需要做完整深入的行为功能评估，以了解学生问题行为及其功能的详细资料，从而为制订行为干预计划提供支持。

（四）实施行为支持

当绝大多数的教职工都同意实施所制订的行为支持计划后，就可以启动干预计划了。在干预实施过程中，几个非常重要的问题包括实施的一致性、持续实施以及对计划的调整。要在这三方面获得最佳的结果，需要达到以下条件：所有成员对所要完成的任务都非常了解、能够熟练地运用相关行为支持技术，学校的资源足以支持干预计划实施，所设计的相关活动符合学校文化等特点，小组所收集的资料也能持续不断地为行为干预计划的调整提供依据，参与实施的教职工能够获得相关的奖励（Sugai & Horner, 2009）。

（五）开展持续评估

在实施过程中，行为支持小组要不断地收集资料，以对行为干预效果进行持续评估。评估的内容主要包括三个方面：学生行为的改变、行为支持计划的合理性和可接受性，以及教师、父母以及学生对该计划的满意度（Crone & Horner, 2003）。具体来说，评估需要回答以下问题（Sugai & Horner, 2009）：

- 行动计划中的活动是否实施了？
- 干预措施是否正确实施了？
- 大多数教职员工是否正确实施干预计划了？
- 大多数学生是否对干预措施有反应？

- 教职员工是否持续正确地实施了干预计划？
- 学生的受益是否维持在适当的水平？
- 学生、教职员工以及其他成员对所投入的精力以及效果是否满意？

如果没有系统的评估，就没有客观的手段对干预计划是否成功或者行为支持小组的努力是否有价值进行判断。尤其是当资源有限的时候，如果没有有效的数据证明干预计划对学生的行为改变以及他们的学业发展是有效的时候，该计划很容易被放弃（Crone & Horner, 2003）。

在对行为支持计划的效益进行评估时，要尽可能采用数据容易收集、费时较少的评估方法，这也有助于教师在实际工作中采用这种评估方法对行为支持计划的效益进行监控，更有利于收集到有关干预效果的真实数据，便于对计划的继续执行、监控或者调整做出决定。

三、影响成功实施的常见问题

在实际工作中，会有不少因素影响到积极行为支持在全校范围内的成功实施。一些研究者认为，有三个因素会影响到积极行为支持从研究课题转向学校实践工作：①专业化知识和持续学习的机会；②专业态度和信仰；③学校机构、政策等对实践者施加的竞争性要求以及每日工作责任（Bambara, Goh, Kern & Caskie, 2012）。在巴姆巴拉等人（2012）的研究中发现，实践过程中最常碰到的问题是积极行为支持的基本原则和实践不能被所有的学校教职员工所理解（有91.7%的教师认为如此），还有另外9个常见的问题是（超过80%的教师如此认为）：①没有足够的时间进行积极行为支持的实施；②教师工作日程表不允许有足够的会面时间去协调积极行为支持的活动；③教师拒绝改变他们的行为管理方式；④教师对问题行为的观点是它们应该被惩罚；⑤教师关于问题行为学生的观点是他们最好在专门的或者隔离的学校就读；⑥教师对行为干预的期望是干预应该让问题行为快速地减少；⑦用于设计和实施个别化的学生支持需要时间；⑧为教师提供的实施积极行为支持的培训非常有限；⑨接受积极行为支持观点的教师人数非常有限。

内海因曼和邓拉普（Heineman & Dunlap, 2000, 2001）通过对父母、直接的服务提供者、训练者以及咨询员等进行调查后认为：大量人员参与干预、干预者的能力、系统的灵活反应性是让干预计划获得积极效果的必要因素。

金凯德等人（Kincaid et al., 2007）采用个案研究的方式，对一所学校在实施积极行为支持的过程中所遇到的阻碍以及促进因素进行了研究。研究结果显示，既可能成为阻碍也可能促进积极行为支持的因素通常包括：学校管理部门和地区的支持、学生和教职员工的奖励系统、大量教职员工的参与、包括家庭和社区在内的小组合作等因素。而有可能对实施形成阻碍的重要因素包括：系统因素，如教职员工与学生的流动和时间有限等；教职员工缺乏相关知识，如哲学观点不同，对行为、积极行为支持、学业与行为之间关系的错误理解等；计划实施方面的因素，如对学生问题行为做出不恰当的处理等。而对教职员工的训练，将积极行为支持计划融入学校工作，确定学生的积极变化等对积极行为支持计划的成功实施具有促进作用。他们进一步提到，如果在实施过程中能够获得管理部门的支持，有大量教职员工参与，处理好观念上的差别，为工作人员和学生提供专业训练，设计并实施奖励系统，那么积极行为支持计划在学校内就有可能成功实施。

总结这些研究结果，我们发现影响积极行为支持计划成功实施的因素或者问题表现在以下几个方面：

1. 缺乏管理部门的支持

如果来自地方教育行政当局以及学校部门的管理人员不认为在学校范围内开展积极行为支持是需要的，那么学校很难获得足够的经费，教师也很难有多余的时间去处理学生的行为问题。

2. 学校内部只有部分教师参与

积极行为支持计划的实施如果只限于部分教师、部分学生参与，它并没有成为学校所有成员的一个共同目标，要为所有学生创建一个有利于他们改变行为、提高学业成绩以及发展社会、情绪技能的环境并没有成为所有人员的共同理念。这也很容易导致不同教师对问题行为的认识、如何开展行为干预的理念以及具体干预方法产生不一致的看法。一些研究者的调查（Chitiyo & Wheeler, 2009）也显示，工作人员之间的意见不一致也是积极行为支持在学校开展的过程中常常遇到的问题，并会影响到它的成功实施。

3. 教师对问题行为以及积极行为支持所持有的错误观念

教师对问题行为、积极行为支持所持有的错误理解或者观念会影响到干预计划的成功实施。钱德勒和达尔奎斯特（Chandler & Dahlquist, 2002, 2006）列举了几种错误观念，认为在行为干预计划实施过程中要对这些错误观念进行有效处理。

(1) 学生应该自我激励。即很多教师认为，学生应该有表现出良好行为以及努力学习的内在动机。反过来说，教师不应该对学生所表现的良好行为或者努力学习的行为进行强化，因为这些行为是他们应该表现出来的行为，学生不应该因为表现出了他们应该表现的行为而获得强化、激励。行为支持小组要认真对待教师的这种想法。对于学生来说，他们确实应该拥有内在动机去表现出良好的行为或者努力学习，但当他们没有这种内在动机时，则需要外部激励或者强化去鼓励他们表现出良好的行为或者去努力学习，而发展他们的内部动机则可以成为长远目标。

(2) 学生应该为他们的行为负责或者要为他们的行为受到惩罚。很多父母、教师都认为，学生是主动地或者有计划地做出了问题行为，他们是有意为之，因此，他们要为他们的行为付出代价，即接受惩罚。如果教师或者父母存在这样的观点，那么，他们就很难接受有关行为干预措施要包含根据学生问题行为功能，教学生恰当的替代行为以满足原有问题行为功能的观点；他们也很难从学生技能发展水平的角度去考虑问题行为所具有的表达功能。但总是或者更多地采取惩罚措施则往往无助于提高学生的行为能力水平，它只是让学生的问题行为能够快速地停止。可有时，这反而会引发更复杂的问题行为。因此，在行为支持计划制订与实施过程中，行为支持小组要花大量的时间让教师、父母或者其他成员真正认识到学生表现出来的问题行为及其功能。

(3) 我没有时间做这个。教师往往希望能够花费较少的时间和精力让学生的问题行为得到改变，因此在学校内实施积极行为支持的过程中，我们可能会听到教师抱怨"我时间不够，做不了这个"、"我很忙，我没时间做这个"。一些研究者（Chitiyo & Wheeler, 2009）对21名学校教师（包括19名普通教育教师、2名特殊教育教师）在学校开展积极行为支持的过程中所遇到的困难进行了调查。结果显示，教师常常提到的问题有：时间不够、训练不够充分、工作人员之间意见不一致、缺乏资源、缺乏管理部门支持以及缺乏学生父母的支持等。在干预计划的开始阶段，如果让教师清楚地知道他们要在干预计划实施过程中投入多少时间和精力,以及随着干预进行,所需的时间和精力将逐步减少并最终少于他们现在所应用的技术,那将对促进教师实施干预计划是非常有帮助的(Chandler & Dahlquist, 2006)。另外,教师教学任务繁重、工作忙碌、时间紧张确实是当前学校教育实践中的一种现实,因此,我们在制订工作方案时要根据教师的实际情况及其所拥有的资源来综合考虑具体的干预内容、措施和方法。

(4) 这不是我的工作。 一些教师会认为:开展学生行为干预只是某些教师(如班主任、特殊教育教师、心理辅导员等)的责任,他们所要承担的任务就是教学生学科知识,提高学生的学业成就。在计划实施过程中,我们要向教师解释,学生的良好行为与其学业成就有密切的关系。帮助学生表现出良好行为是每一个教职员工的责任,而且创建一个有利于学生学习以及社会技能发展的校园环境也有利于提高学生的学业成就,每个教职员工都对创建这样的校园环境负有责任。

(5) 对待学生的态度、方式不同是不公平的。 一些教师会认为,应该公平对待每个学生,而公平对待意味着对待每个学生的态度及方式应该是一样的。因此,区别化地对待不同学生就是意味着不公平。而积极行为支持的推行,意味着对待不同学生的行为采取的应是个别化的干预策略,因此,对于持有上述观点的教职员工,积极行为支持很容易引起他们的反对。行为支持小组要向教师解释,差别化对待符合个别化教育原则,根据个体的特殊需求开展行为干预虽然是差别化地对待学生,但并不表明这是不公平的。真正的公平应该更加注重满足学生个体的特殊需求,以学生为中心。

(6) 这不是我的问题。 如果让一些教师为了学生的行为问题而改变他们的做法,他们很容易出现这样的想法"为什么我要改变,这又不是我的错"或者"我是坏老师,我的错误做法导致学生出现了问题行为"。这样的错误想法很容易导致教师在实际工作中出现对积极行为支持的抵制心理,降低他们开展行为干预的效能感。在计划实施过程中,我们要让教师认识到,他们所开展的工作对于大多数学生来说可能是有效的,但这些常规的措施在个别学生身上没有产生效果,因此他们需要采取特殊的措施去改变这些学生;而且让其改变教学策略或者调整教学活动安排并不是指责他们做错了,也并不表明他们没有能力,这样做只是让他们的教学活动、内容和方法更加适应不同学生的需要。

（7）**这个不会起效果的**。一些教师对积极行为支持的抵制还表现为对行为干预内容和措施效果的怀疑，如"这个不会起效果"或者"我已经实施过了，没有效果"等。在行为干预计划实施过程中，当学生的行为改变很缓慢或者在很长时间只获得较少的变化时，教师的这种怀疑就很容易出现。行为支持小组如果不对之进行处理，就很容易导致教师放弃继续实施积极行为支持，导致干预中断、失败。这也是为什么要不断地在干预实施过程中对有关干预计划效果的数据进行监测，它也是之所以要建立学生和教师的奖励系统的一个原因。当教师和学生清楚地看到了学生行为的变化、学业上的进步，他们才会进一步实施这个行为干预计划。这也意味着行为支持小组要根据监控获得的相关数据及时对行为干预计划进行调整，以获得行为干预的成功。

4. 缺乏实施的能力

教师对问题行为以及发生原因的错误理解很容易导致积极行为支持难以正确实施，而教师能否正确观察并记录学生的行为数据以及其他有关数据能否开展学生问题行为的功能评估，并基于行为功能开展干预，是学校范围内积极行为支持成功实施的关键。一些研究（Chitiyo & Wheeler, 2009）表明，在积极行为支持实施过程中，教师非常希望获得资料收集和记录、管理人员支持以及对干预实施进行监控方面的技术帮助。金凯德等人（Kincaid et al., 2007）的研究也显示，在行为干预计划实施过程中，对教师等人员的培训是非常重要的。事实上，教师也常常对自己能否实施行为干预缺乏信心，而对自己的能力缺乏信心反而让他们更多地去怀疑行为干预计划的效果，对行为干预实施产生更多的抵制。

5. 缺乏激励机制

很多研究者都提到，建立教师和学生的奖励系统对积极行为支持的成功实施具有重要影响（Kincaid et al., 2007）。积极行为支持的实施需要教师在完成教学任务的同时还要增加不少有关行为管理方面的工作，要花费较多的时间和精力收集和监控学生行为数据等表明干预效果的资料，还要参加有关积极行为支持的会议和研讨会。对于教师的努力以及效果，学校也应该建立相应的激励机制，以促使其更好地实施该干预计划。而对于学生来说，建立全校范围内的针对所有学生的行为奖惩机制，也有利于对学生进行行为管理。缺乏对教师和学生的激励机制，会让他们缺乏行为的内在动机。

总之，在推进积极行为支持在学校的实施的过程中，小组人员要着重关注以下几个方面的因素才能促使其成功实施（Horner et al., 2005, Lohrmann, Forman, Martin & Palmieri, 2008）：

- 基于小组的实施。要保证全校范围内具有代表性的人员成为小组成员，参与到问题解决以及基于资料的决策过程中；
- 管理人员的领导权，包括公众的支持以及主动地参与到全校性的小组计划制订过程中；
- 以文件的方式保证一致同意对所有学生进行教育，并改善学校的氛围；
- 有足够的师资和时间用于积极行为支持计划的制订和实施；
- 对与小组活动、教师专业化发展以及必要的资料收集等相关的活动提供预算支持；
- 发展用于资料管理的信息系统，以便更好地对相关资料进行监控、分析。

四、美国新罕布什尔州积极行为支持的实践案例

美国的新罕布什尔州教育部与该州行为健康部的健康人类服务分部合作，从2002年春天开始了积极行为支持的州行动项目（Muscott, Mann & LeBrun, 2008）。根据这一行动项目的需求，新罕布什尔州有效行为干预和支持中心与伊利诺伊州积极行为干预和支持网络的项目协调员合作，设计了为期三年的项目方案，以实施、评估和维持全州的系统改变和行为支持行动方案。该方案称为"积极行为干预和支持—新罕布什尔州方案"（简称PBIS-NH）。该方案在2002年秋天正式在124所公立和私立的学前班、K-12*的学校内实施，包括7个区域型领先项目（Head Start Program）中的6个项目，涉及36个点、4所私立学前儿童中心、

---

* 美国基础教育的统称。"K-12"中的"K"代表幼儿园（Kindergarten），入园儿童通常为5~6岁；"12"代表12年级（相当于我国的高三）。"K-12"是指从幼儿园到12年级的教育。

44所小学、13所初中、6所高中、13所多水平学校和8个替代性教育项目，共有超过38000名新罕布什尔州的儿童参与到这个行动项目中，其中98%的儿童进入的是公立学校，有17%的新罕布什尔州公立学校参与了这一项目，参加该项目的公立学校学生人数占该州公立学校学生总数的16%。

这一项目支持对系统进行改进，认为对问题行为的处理要从事后的惩罚转向全面的、积极的、预防的策略，包括：教学生恰当行为而不是仅仅依赖惩罚；将干预资源的水平与学生表现出来的行为挑战相匹配；将跨家庭、学校和社区的多个支持系统加以整合等。

PBIS-NH这一系统改变行动项目由新罕布什尔州"有效行为干预和支持中心"设计，采取了积极行为支持的三层级预防干预模式，即初级预防、二级预防和三级预防：

- 第一层级就是全面预防层级，这一层级面对全校所有人员，只涵盖没有表现出严重行为问题或者心理健康需求的学生，占学生的80%~90%。
- 第二层级即二级预防层级，针对的是5%~10%的学生或者被认为存在行为障碍或者心理疾病风险的学生。这些学生进入学校之后存在多种严重风险因素，常常对全面预防层级的策略不能产生反应。第二层次的目标：一是减少正在形成的高风险行为，二是训练有效的、高效的可增加学生对全面预防策略产生反应的亲社会行为。
- 第三层级即三级预防层级，处理的是1%~5%的学生，这些学生表现出与情绪和行为障碍或者心理疾病有关的症状或者行为。这一层级干预措施的目标在于减少学生不适应行为的出现频率、强度，提供适合的、高效的、有效的替代性行为，以便与不适应行为相对抗。

对于积极行为支持行动项目实施效果的评价主要考虑以下内容：一是全州培训和技术支持项目对学校实施积极行为支持计划的帮助程度；二是学生行为方式改善、较少行为训诫、学业参与时间的增加以及最终提高学业成就是否与所付出的努力有关。

为了促使学校进行系统改变，该行动项目建立了一个五阶段的系统改变模型：

1. 第一阶段：意识阶段

新罕布什尔州"有效行为干预和支持中心"设计方案对积极行为支持项目进行推广，其目的是通过非正式的讨论或者以及与新罕布什尔州"有效行为干预和支持中心领导小组"成员正式会面，为学校领导者收集足够的初期阶段的信息，以决定是否让新罕布什尔州"有效行为干预和支持中心"进一步将行动项目展示给教职员工。

2. 第二阶段：兴趣阶段

如果学校管理人员表明了进一步的兴趣，项目组人员则开始与教职员工会面，讨论积极行为支持行动项目的要求、成果、责任、时间表、评估、培训和资源等内容。该阶段还需要处理学校管理人员和教职员工的专业问题以及他们担心的内容，以取得所有人对项目的理解。总之，这一阶段的目标在于为学校管理人员、教职员工提供足够的信息，以帮助其做出前期已被告知的判断，即积极行为支持项目的实施是一种处理他们优先考虑的事情和需要的有效策略。

3. 第三阶段：准备阶段

这一阶段包括三个步骤：

- 获得一致同意。如果学校准备开始实施积极行为支持，就需要向新罕布什尔州"有效行为干预和支持中心"提交一份申请表，以证明他们已经一致同意准备实施此项计划；
- 构建全校性的领导小组，以监督实施包括学校内积极行为支持计划的设计、实施、维持以及评估。这个领导小组的重要成员包括学校管理人员、普通教师、特殊教育教师、行为或者心理健康领域的专家、家长以及学生（高中），其他成员还包括助教、社区成员、校医、某个特殊学科的教师（如艺术、音乐、技术等）、门卫、校车驾驶员等。另外，每个学校都要确定1~2名成员作为积极行为支持前期项目的辅导人员；
- 前期培训和技术帮助。通过教师专业化发展和技术支持活动，让领导小组成员和辅导人员在引入项目处理学生问题之前，了解这个全校性行为系统的关键特征。每个成员都需要参加4个全天的培训，前2天的培训为全州层级的培训，然后在6周之后和学年末各有1天的培训。而辅导人员还要再参加2天的培训。这一培训主要用于处理如何形成全校性行为系统的6个特征：①对目的的描述；②对期望进行清晰的界定；③对所期望的内容和行为设计教学的程序；④设计用以鼓励所期望的行为的程序；⑤不鼓励设计问题行为的处理程序；⑥明确监控和记录的程序。这一领导小组需要创建四个基线期的评估工具：合作小组过程检核表、全面的小组检核表、家庭参与检核表以及PBIS-NH展示检核表。同时还需调查输入教师的信息，以及基于优先考虑的事情设计行动计划。

4．第四个阶段，实施阶段

这一阶段正式将项目介绍给学生和家长。通过一系列的项目展示活动向学校教职员工、家长、学生和社区成员进行积极行为支持行动项目推介。

5．第五个阶段，持续阶段

这一阶段，在州层面通过会议讨论的方式为项目组、学校辅导人员以及管理人员等提供持续的培训。这种会议一般每年三次，同时还通过讨论组的方式提供持续的同伴支持，州还会提供持续的技术支持，以帮助处理一些信息和策略。后者对于积极行为支持行动项目是否可持续、是否将学校或者项目机构的文化特点融入到行动计划中起决定作用。在这一阶段，基于所收集的资料进行决策，以及从当前的和新的管理人员、教职员工那里获得意见并保持一致是非常重要的。另外，更新干预过程评估资料、输入教职员工信息以及基于学校等优先考虑的事宜进行行动计划设计也是此阶段一直开展的工作。

经过对其中28所学校的资料进行分析发现，参与PBIS-NH行动项目的学校在以下几个方面有了积极的变化：

- 成功地将学校范围的积极行为支持项目引入到系统中进行了实践，并坚持了2年。
- 非常明显地减少了行为违纪学生的人数；
- 明显地恢复了用于教学、学习和管理的时间；
- 在数学学科方面取得的成就尤其鼓舞人心。

研究显示，新罕布什尔州"有效行为干预和支持中心"设计的积极行为支持行动项目能够让学生在很大范围内获得积极的行为改变，并对他们的学业成就产生重要影响。

　　总之，学校范围的积极行为支持是一个在全校范围内实施的基于对问题行为进行预防的行为干预系统，强调学校内部全体教职员工的参与、恰当替代行为的教授以及对问题行为的功能评估。这样的策略更有助于让有行为问题的学生适应普通教育环境，有利于促进学生的健康发展。

第十章

以家庭为中心的积极行为支持

如前所述，积极行为支持是一门通过教育的方法发展个体行为技能以及运用系统改变的方法重构个体生活环境以达到改变问题行为，并最终提高个体及其家庭生活质量的应用科学（Carr et al.，2002）。儿童问题行为的出现不仅会对其自身的发展产生负面影响，同时也给父母的养育带来了很多挑战与困扰，继而影响整体的家庭生活质量。近年来，对儿童问题行为的家庭干预，尤其是对特殊儿童的早期干预，其研究视角逐渐从针对儿童个体的干预，转向强调家长参与并致力于提高家长教养技能及家庭生活质量的以家庭为中心的干预。

第一节 概 述

一、什么是以家庭为中心的积极行为支持

以家庭为中心的积极行为支持指的是在家庭情境中开展的积极行为支持。在这一过程中，家庭不仅会作为合作者参与到针对问题行为的儿童行为支持计划的制订与实施过程中，而且家庭还被认为是主要的受益对象以及决策者（Dunlap & Fox，2009）。

在儿童早期干预领域，开展家庭支持，或以家庭为基础、以家庭为中心开展支持一直被认为是促进特殊儿童发展的重要途径。而家庭支持就是采用多种方式帮助家庭建立家庭优势，发展必要的新的技能，以促进儿童发展，同时提高家庭凝聚力和家庭生活质量的一种方法（Lucyshyn，Dunlap & Albin，2002；Turnbull & Turnbull，2000）。以家庭为中心的积极行为支持是家庭支持的一种形式，其支持的领域主要在儿童的问题行为上。在实践过程中，专业工作者会为家庭提供有关积极行为支持的知识和经验。家庭则提供有关儿童、儿童的行为、家庭以及相关背景的任何信息。同时，他们更是积极行为支持计划的真正决策者、实施者以及干预效果的评价者。换句话说，虽然专业工作者提供了积极行为支持的理论以及有关如何操作的知识，但只有家庭才是真正生活在积极行为支持实施过程和效果中的人（Dunlap & Fox，2009）。

二、家庭在行为干预中的作用

家庭对个体的成长与发展具有深远的影响,作为儿童成长和学习的主要环境,儿童的许多行为都是在家庭环境中形成的。这在特殊儿童,特别是障碍儿童身上尤其明显,这类儿童由于各方面能力发展的异常导致他们难以正常参与社区生活,在年幼时期则更有可能缺乏与同龄伙伴游戏与交往的机会,也很少有学校生活的经验,绝大多数时间是在家庭中度过,家庭也因此在他们的发展过程中起到了绝对主导的作用。

积极行为支持强调从社会生态学的角度分析问题行为的产生,即重视个体与周围环境之间的相互作用(Carr et al., 2002)。父母以及其他家庭成员对障碍的认识、对儿童的教养观念、教养方式以及所提供的家庭环境包括经济文化条件等都可能与儿童问题行为的出现有着密切关系。虽然如前所述,基于功能评估的积极行为支持更强调从当前问题行为发生的环境中寻找导致问题行为发生的直接因素,但家庭及其与之有关的因素仍是影响问题行为发生的间接因素,需要在制订与实施积极行为支持计划中进行仔细分析、辨别。而且,家庭作为儿童问题行为的直接干预实施单位,其成员所具有的知识和技能水平以及家庭所能提供的时间、精力、物质条件等资源都是积极行为支持计划制订以及实施过程中需要考虑的重要因素。

在开展以家庭为中心的积极行为支持的过程中,家庭所发挥的作用具体可体现在以下层面:

1. 家庭是儿童问题行为评估过程中的重要成员

家庭是产生和维持儿童问题行为的重要因素,父母以及家庭其他成员需要思考自己在儿童问题行为发生以及持续出现这一现象中所起的作用。他们所提供的关于儿童问题行为具体表现、发生频率、持续时间、强度等方面的信息可以帮助专业工作者更好地了解问题行为的严重性;而且更加重要的是,家庭可以为有效评估儿童问题行为的功能提供支持。家庭中各个成员所提供的关于儿童的信息,如儿童成长经历以及问题行为发生过程中各类事件的信息(包括问题行为发生之前的前奏事件、行为结果等），都可以帮助专业工作者更好地对儿童问题行为的功能做出判断。而且在与专业工作者就儿童问题行为评估这一事项进行合作的过程中，家庭中的各个成员都能够更好地理解各自在儿童问题行为发生过程中所承担的责任，从而促使他们对自己的教养态度、教养行为与方式等进行检讨，继而对之进行改善。

2. 家庭是积极行为支持计划制订与实施的重要合作者

积极行为支持强调通过环境重构的方式来改变问题行为，而不是仅仅单纯地采取某些行为矫正技术对问题行为进行矫正。在家庭生活中，父母以及其他家庭成员在儿童成长和发展过程中常常起着决策者的作用。每天他们有大量的时间陪伴在儿童左右，他们用各种方式教育、影响着儿童的行为，他们的言行举止也会成为儿童的模仿对象，在涉及儿童的一些事务上，如就学、就医等，他们常常代替儿童做出重要的选择和决定。对于能力发展落后的儿童，父母还会决定他们的每日生活安排、饮食、穿着等，他们也会代替儿童选择是否接受干预以及何种干预，安排有关干预的各种事项等。因此，家庭会对儿童的干预产生不可忽略的影响，家庭成员对问题行为及其干预所持有的观点、对干预效果的预期是行为干预计划制订以及实施过程中必须考虑的关键内容。

霍纳（Horner，2002）认为，如果要取得具有广泛影响的干预效果，那么在儿童日常生活、学习的场所以及在这些场所所度过的时间里都应实施积极行为支持。梅登等人（Meadan et al.，2009）也指出，治疗师每周几小时的训练时间是无法与家长在自然的家庭环境中利用恰当的时机来帮助儿童相比拟的。

在以家庭为中心的积极行为支持实践过程中，家庭是行为干预计划制订的重要合作者，更是行为干预计划的真正实施者。在行为干预计划制订的过程中，他们需要与专业工作者一起合作，为制订有效的行为干预计划提供各种充分的、有用的、真实的与儿童及其行为有关的信息，同时也需要就如何进行干预积极地提出自己的看法与建议。他们应该将自己看作是重要的合作者，以平等的态度参与到计划制订过程中，而不是单纯地接受或听从专业工作者所制订的行为干预计划。在行为干预计划实施过程中，他们又是真正的实施者，他们不仅要认识到自己的生活方式、教养行为等与儿童问题行为发生之间所存在的密切关系，意识到自己在儿童问题行为转变方面所承担的责任，而且需要在专业工作者的指导下在日常生活中实践积极行为支持方面的知识和技能，并通过转变自己的生活方式、教养行为等，对儿童所生活的家庭环境进行重构，从而达到改变儿童问题行为的目的。

很多研究都证明，有家长参与的积极行为支持干预效果更加显著（Vaughn, White, Johnson & Dunlap, 2005；Fox & Dunlap, 2002）。而且，积极行为支持将家长视为干预的重要参与者，他们要全方位地参与从行为评估、干预计划制订到干预实施的整个干预过程。这也体现了积极行为支持强调小组合作、多方合作进行干预的理念（Carr et al., 2002）。当然，这也意味着，拥有积极行为支持专业理论知识的专业工作者也要改变自己的态度以及与家庭的合作方式，将家庭真正看成是对行为干预实践可以做出重要贡献的合作者，并将之落实到与家庭的合作的每一步骤中。

3. 家庭是积极行为支持计划实施效果的重要评估者

在积极行为支持开展过程中，家庭作为重要成员参与到儿童问题行为干预过程中，这不仅体现在干预计划的制订和实施过程中，还体现在行为干预实施效果的评价上。就行为干预的实施效果来说，家庭最具有发言权：儿童是否因实施积极行为支持计划而在问题行为方面获得改善；家庭环境（包括所有家庭成员的生活方式）是否改变；家庭生活质量是否因而得到提高……对于这些，只有每日生活在其中的家庭成员才有切身的感受。除了儿童问题行为的改变，积极行为支持还将家庭生活质量、生活满意度等指标纳入到衡量行为干预效果的范畴，其行为干预理念更强调社会生态学，更注重以人为本。沃恩等人（Vaughn et al., 2005）的研究显示，以家庭为中心的积极行为支持不仅能长期有效地改善儿童的行为，而且更关键的是它能改变所有家庭成员的生活方式，提高整体的家庭生活质量。在这个过程中，家庭能够为行为干预效果的评价提供非常重要的信息，他们是干预效果的真正评估者。

三、以家庭为中心的积极行为支持的特点

根据一些研究者的的研究（黄朔希，2011；Lucyshyn et al., 2002, 2007），以家庭为中心的积极行为支持的基本特点可具体体现在以下7个方面：

1. 强调家庭成员与专业人员的合作

在以家庭为中心的积极行为支持的实践过程中，家庭成员一直是以专业工作者的重要合作者身份参与到问题行为从评估到干预的整个过程中的。积极行为支持希望专业人员和家庭成员能够在行为干预的所有环节都建立一种相互尊敬、相互信任、相互关心、互惠互利的平等合作关系。在这一合作过程中，双方相信彼此的能力，共享信息、知识和技能，共同选择行为干预目标，制订行为干预计划。而这种合作关系的建立也非常有利于获得最佳的行为干预效果。

2. 强调以家庭为中心的理念和实践

以家庭为中心理念具体体现在：在行为干预计划的制订和实施过程中重视家庭的优势和能力，并将家庭成员看作重要的决策者，家庭对选择什么样的干预措施、如何开展干预等事务具有最终的决定权。在整个实践过程中，专业人员需要与家庭成员建立平等、合作的关系，他们要根据家庭的意见、家庭环境的变化等灵活地开展支持活动，要根据家庭所拥有的、可提供的各种人力、物力资源来支持行为干预计划的实施，也需要根据家庭所具备的知识和技能等特点来设计相关支持活动，帮助家庭提高自身解决问题的能力，使之成为行为干预的有效实施者。

3. 强调生活方式的改变

家庭生活质量是否提高是积极行为支持对行为干预效果评价的重要内容。以家庭为中心的积极行为支持的目标不仅在于减少儿童的问题行为，更重要的是促进儿童及其家庭生活质量的改善。一些研究者认为，这种家长开展干预的方法是一种着眼于系统改变的干预技术，能够提高家长的自我效能感及家庭整体质量（Coolican，2010）。以家庭为中心的积极行为支持强调家庭成员通过生活方式的改变，重构儿童生活的家庭环境，进而促进儿童问题行为的改变，提高整体的家庭生活质量。

4. 重视功能评估

以家庭为中心的积极行为支持强调要以功能评估结果开展行为干预，而且认为一个好的功能评估不但能够提供行为功能的信息，而且能够提供有关家庭环境、生活方式、儿童特点的信息，有助于制订科学合理的干预计划。

5. 注重干预计划的环境适切性

干预计划具有环境适切性，指的是行为干预计划要符合家庭的特点，包括儿童、干预实施者和干预环境的特点,如家庭目标、家长能力、家庭资源、家庭日常活动安排、家庭的文化和价值观、家庭构成及成员之间的关系等。行为干预计划的环境适切性之所以受到重视,是因为只有当干预计划契合家庭环境的现实时,家庭成员才能够真正接受这个计划,并坚持长期执行。

6. 制订多要素的干预计划

在以家庭为中心的积极行为支持中,行为干预计划往往是综合和多要素的,包含生态环境改变策略(即改变问题行为产生的大环境以保证干预效果的实现和维持,如教授父母正确的教养方式、家庭环境布置)、前奏控制策略(如使用视觉材料、提供选择)、教育训练策略(如教儿童恰当的替代行为,如用手势、口语、图片等方式进行表达)和结果处理策略(在问题行为出现时运用恰当的方式引导其使用替代性行为技能,预防逃避或者回避行为)等多种干预策略。

7. 以日常活动作为分析和干预单元

受到家庭生态系统理论的影响,以家庭为中心的积极行为支持往往将家庭或社区日常活动作为分析和干预单元,如起床、就餐、购物、和家人看电视、和兄弟姐妹游戏、准备睡觉等。这些活动对于家庭生活来说是很重要的,但却因儿童的问题行为而不能顺利进行。因此,以家庭为中心的积极行为支持以这些活动为出发点,通过调整家庭环境、改变家庭成员的生活方式、改善与儿童的沟通行为等策略,来改变儿童的问题行为。另外,当这些日常的活动得以顺利进行时,家长的养育压力就会减轻,儿童及其家庭的整体生活质量也会继而提高。

四、以家庭为中心的积极行为支持的理论来源

除了第一章中所提到的关于积极行为支持的理论来源之外,以家庭为中心的积极行为支持还受到了其他理论和研究的影响。

(一)生态或家庭系统理论

如第一章中所介绍的,布朗芬布伦纳的生态系统理论对积极行为支持产生了很重要的影响。以家庭为中心的积极行为支持也受到家庭生态系统理论的影响。家庭

生态系统理论将家庭看作为一个社会系统，是一个整体结构，它由相互关联的部分组成，其中各个部分之间都会相互影响，而且每一部分都有助于总体功能的发挥。根据各自理论的侧重点不同，家庭生态系统理论包括：家庭系统理论、家庭压力和适应理论以及生态文化理论（Lucyshyn et al., 2002）。

1. 家庭系统理论

家庭系统理论由穆雷·鲍恩博士（Murray Bowen, 1978）提出，他认为，要理解一个个体不能将其与其他人隔离开，而是应该将其看作为家庭的一部分，因为家庭是一个情感的单位，是家庭成员相互联系、相互依赖的一个系统。因此，在与这一系统隔离的情况下没有一个个体可以被理解。鲍恩认为，每个家庭成员都有自己的角色以及遵守的规则，他们根据各自的角色要求以特定的方式对他人进行回应。在这个系统中，家庭成员的行为由其他成员引发并以预期的方式引起其他成员的行为，维持相同的行为模式可以让家庭系统保持平衡，但也可能使家庭功能紊乱。

一般来说，家庭系统包括四个元素：家庭结构、家庭互动模式、家庭功能和家庭生命周期（Minuchin, 1974；Turnbull & Turnbull et al., 2006）。对于儿童开展干预，必须理解他们所生活的家庭这个情感系统是如何运作的，要研究家庭成员的行为模式以及他们之间是如何影响的，才能找到新的更加有效的解决问题的方法。任何不考虑家庭系统的干预都会给家庭成员带来负面影响，干预效果也不会持久。相反，对家庭系统的了解有助于制订适合儿童和家庭的干预计划，促进家庭系统的发展。

2. 家庭压力和适应理论

家庭压力和适应理论认为，一个家庭会经历各种压力和危机，随之而来的适应则是一个持续和动态的过程。这一过程会受到多种因素的影响，如家庭对压力事件的反应、他们可以获得的资源以及是否拥有有效的应付策略等。因此，一个家庭的适应状态是从积极的适应到适应不良这一连续体的某种状态，这一状态也会导致家庭功能的增强或者减弱（Hill, 1949；McCubbin & Patterson, 1983）。

家庭压力和适应理论最早由鲁本·希尔（Reuben Hill, 1949）提出，他提出了ABCX的模式，用于解释家庭所经历的各种压力及其适应过程。他认为家庭所经历的压力事件会破坏家庭的平衡。就如人体的器官一样，家庭在经历压力事件时，也会试图通过使用一些应对机制来处理压力事件以重新构建平衡。在ABCX模式中，A指的就是各种破坏家庭平衡的事件，包括突然的经济困难、离婚、身体虐待、疾病、药物滥用、突发的事故等，而B和C则指的是那些家庭内部拥有的、能帮助家庭应对这些突如其来的压力事件所引发的负面效应的因素。其中，B指的是通过教会、社区或者其他资源方式获得的家庭内部资源、外部资源以及社会支持。一般来说，拥有强有力社会联结的家庭相比社会联结薄弱的家庭，更有能力去应付这些突发的压力事件。C则是指家庭对压力事件的知觉和信念，希尔认为如果一个家庭能积极地、建构性地知觉这些压力事件，那么他们将更有能力应付这些事件。相反，那些总是负面、消极地感知压力事件的家庭在应对阶段会过得非常艰难。X指的是家庭的危机。如果家庭无法适应这些压力事件并对之进行很好地应对的话，那么就将最终陷入危机。

之后有其他研究者在希尔的模式基础上提出了自己的看法，如社会学家麦卡宾和派特尔森（McCubbin & Patterson, 1983）提出了双ABCX模式，增加了一些危机后变量，如用应对机制来解释家庭如何从危机中恢复过来，并在一段时间后再次获得适应。

对于家庭来说，养育障碍儿童是家庭各个成员需要不断去应付的压力。对于专业工作者来说，只有了解家庭所承受的这些压力，肯定他们的积极应对策略，帮助他们找到其可利用的资源以及策略，才能够促进家庭更好地适应压力和挑战。

3. 生态文化理论

生态文化理论（Gallimore et al., 1989；Gallimore et al.；1993）认为，社会文化特征会影响到家庭的日常生活安排，而这些特征是积极的还是消极的则受到家庭建构主题的影响。他们将家庭功能看作为社会建构的系统，并将之称为生态文化小环境。这个小环境包含了每日的活动安排，这些活动可折射出影响到家庭实践的整个社会的文化价值观；同时这个小环境也受到包括社会、政治氛围在内的生态变量这样的远因以及如家庭经济地位之类的近因的影响（Kellegrew, 2000）。生态文化理论这一流派将儿童在家庭中的每日活动安排作为分析的单元，认为这些活动能够让人们理解家庭生态。

障碍儿童的家庭在养育孩子时常常需要在儿童照料和服务方面做出很多调整，

他们对儿童的知觉会影响到调整的频率和深度，父母以及家庭成员很可能根据他们所持有的文化价值观，将这些为适应障碍儿童的需要所做出的日常活动调整看作是一种限制（消极的），当然他们也可能将这些看成一种资源（积极的）（Bernheimer et al., 1990）。这种态度的不同会对儿童的养育产生很重要的影响。

对于障碍儿童来说，父母应该根据儿童的需要在家庭环境中为其创设活动的情境，每日为其提供训练的机会，这对儿童技能的获得和保持是非常重要的。当对儿童的干预融入到日常的这些活动情境中时，也更有可能让干预以家庭为中心，具有文化敏感性，并取得良好而持续的效果（Gallimore et al., 1989；Gallimore et al., 1993）。

（二）社区生活运动与家庭支持运动

积极行为支持以儿童和家庭为中心的价值理念来源于20世纪60年代到80年代的社区生活运动和20世纪70年代的家庭支持运动。

社区生活运动与20世纪六七十年代出现的正常化思想及基于该理念发展起来的去机构化运动、家长运动（或称父母运动）一样，都是针对于残疾人权利的运动，强调残疾人在家庭中被养育、在普通学校受教育，并充分享受社区生活的公民权利，即强调残疾人应与普通人一样在正常化的环境中成长。这一运动主要由残疾人士的家庭发起，他们梦想为其生活在机构里的孩子们提供更好的生活，同时这些残疾人士也开始为他们能够拥有作为一个完整公民所应享有的权利进行呼吁和倡导。支持社区运动的人士呼吁，有障碍者（包括发展障碍者）都应该是享有参与社区生活权利的公民，而不管其障碍的程度，他们都应该享有接受社区服务和支持的权利，包括发展障碍者也应该能够像其他人一样生活在自己的社区中。

家庭支持运动出现于20世纪70年代中晚期，被认为是一种为整个家庭服务、着眼于预防家庭崩溃以及促进健康家庭功能的草根运动，强调帮助家庭增强自身的能力以更好地养育子女。该运动使得家庭服务由传统的"专业人员主导"模式转变为"家庭主导"模式，从"授之以鱼"转变为"授之以渔"（Lucyshyn et al., 2002；黄朔希，2011）。他们也非常强调家庭对家庭干预的支持，而非单纯依靠专业的支持系统。在新的模式中，绝大多数的支持方案被称为"家庭资源方案"，这表明外部支持的作用就是成为家庭的资源,当家庭需要或者根据家庭的目的而被使用。这些方案通常为家庭提供了有关儿童发展的基本信息,为儿童和家庭提供各类活动以及帮助他们联系社区中其他家庭服务等。在这一模式中,通常由家庭提出他们的目标和需要,然后与专业人员密切合作,专业人员通常会提供各种资源从而给予家庭支持和帮助。在这一新的模式中,家庭不再被认为是"有问题"的,他们的优势和资源得到了重视。

(三) 父母干预技术

父母干预也称为父母实施干预,这是由专业工作者教授特殊儿童家长某项干预策略,并由家长采用这种干预策略来处理儿童问题,从而提高儿童能力及家长教养能力的特殊儿童家庭干预方法。这是障碍儿童家长在养育他们的孩子的过程中常常采取的一种方式。其中,父母实施行为干预是训练父母对儿童行为进行反应,并设计活动减少儿童问题行为的一种行为干预方法,这一干预方法不仅在正常发展的儿童中被广泛实践(Kazdin,2005),并被证明是一种有效的行为干预技术,而且在障碍儿童身上也反映出类似的良好的干预效果(Roberts et al.,2006)。这一方面的实践对以家庭为中心的积极行为支持的实践产生了影响(Lucyshyn et al.,2002;黄朔希,2011),具体体现在以下几个方面:

(1) 由家庭开展行为干预要求专业工作人员与父母及家庭其他成员形成一种互不指责、互相支持、互惠互利的关系。这种关系有利于建立家庭与专业工作人员之间的信任和责任感,而专业人员会教授家长更有效的教养方式,并能够促进行为干预策略在日常生活中的迁移。

(2) 专业工作人员不仅要提供聚焦儿童的支持,当家庭面临社会歧视、社会隔离、婚姻不和谐、压力过大等问题,且这些问题妨碍了父母为孩子提供有效支持时,专业人员还必须提供聚焦家庭的支持,如为父母提供减压训练、婚姻咨询等。

(3) 一系列实证研究显示,如书面说明、行为演练、书面或视频课程、自评检核表、示范、指导等策略对训练家庭成员提高行为干预技能是有效的。

(4) 研究也证明,父母可以通过训练掌握行为干预技术,并进而有效地改变孩子的问题行为。

第二节 以家庭为中心的积极行为支持的实施

一、以家庭为中心的积极行为支持的实施过程

以家庭为中心的积极行为支持的实施过程与一般积极行为支持的实施过程基本相同，主要包括以下五个环节（Dulap & Fox，2009；Marshall & Mirenda，2002）：

（一）建立积极行为支持小组，发展家长与干预人员之间的良好关系

以家庭为中心的积极行为支持在对待儿童问题行为时，非常强调家长的参与，并认为只有家长有效地参与到行为干预中，才有利于儿童问题行为的真正改变，也有利于儿童在日常生活中维持良好行为。因此，在家庭中开展积极行为支持首先要建立积极行为支持小组，发展家长与干预人员之间的良好关系，这一关系是在家庭中有效实施积极行为支持的基础。

为建立这种亲密的合作关系，专业工作人员在开始实施行为干预前要有一定时间与家长保持接触，创造了解彼此的机会。只有当双方相互信任，并能相互协作时，才有可能确保问题行为家庭评估与干预的顺利进行，进而共同努力去改善儿童的行为与生活方式，最终达到理想的结果。

在这个过程中，专业工作人员要与家长交换关于儿童问题行为以及行为干预的看法，以使得彼此所持有的对问题行为以及干预目标的认识是一致的。当包括家长在内的整个干预团队所持有的干预目标是相同的时候，团队中的每一个人才有可能将各自所拥有的资源聚焦于一点，而这反过来又将更好地促进专业工作人员与家长之间的关系，行为干预的实施也将更加顺利。

（二）开展问题行为功能评估

功能评估是积极行为支持实施中重要的组成部分，通过这一评估可以对个体问

题行为进行分析，并确定其行为功能。以家庭为中心的积极行为支持非常强调家长参与问题行为的功能评估。

1. 需完成的任务

在这一阶段，专业工作人员与家长需要完成以下几项任务：

（1）专业工作人员与家长需要共同确定儿童的具体问题行为表现以及行为干预的目标是什么，尤其是在儿童表现出多种问题行为时，更需要找出最根本或者最迫切需要改变的一个或几个问题行为，以作为干预的目标行为。这一任务通常采取访谈的方式进行，专业工作人员与家长共同根据问题行为的表现、发生频率、持续时间、强度等信息，以及问题行为对个体（包括生活、学习等方面）、家庭（如养育压力、生活质量、家庭功能等）的影响进行确定。

（2）专业工作人员与家长需要评估问题行为的功能。专业工作人员会采取访谈家长的方法来了解有关个体问题行为及与其发生有关的环境方面的信息，包括个体在家庭中发生问题行为的过程中的各类环境事件，如前奏事件、情境事件以及行为的结果。通过这一访谈，家长也可以更深入地了解儿童问题行为的发生与家庭生活环境、家庭成员教养态度、教养方式等因素之间的关系。对儿童进行问题行为功能评估也包括在家庭环境中对儿童问题行为进行观察。行为观察一般由行为干预专业人员与家庭成员共同合作进行，或者由家庭成员在专业工作人员的指导下进行。专业工作人员需要教导家长如何进行行为观察，包括如何进行行为严重性程度的记录以及ABC行为观察表的记录等。有关行为观察的时间、地点等内容也需要专业工作人员与家长共同确定。最后，在收集到足够的、丰富的儿童行为信息之后，专业工作人员与父母需要共同对问题行为进行分析，并就问题行为的功能提出假设。

在问题行为功能评估过程中，有时也需要家长完成相关的调查问卷，比如家庭生态环境调查或者家长养育方式调查。当然，有关家庭的生态环境或者家长养育方式的信息也可以运用访谈进行了解。这一过程也可以帮助家长更好地了解家庭的整体生态环境以及家长养育方式方面的特点。

2. 家长在这一过程中的作用

在问题行为功能评估这一过程中，家庭的参与主要体现在信息提供以及开展功能评估两个方面：

(1) 家庭可以为儿童问题行为功能评估提供充分的鲜活的信息。这些信息包括以下几个方面：

- 儿童个人信息，包括儿童出生史、成长史、疾病史、教育史等方面的信息。
- 家庭信息，包括家庭自身以及各家庭成员的信息。家庭社会经济文化特点、教育背景、家庭各类资源、教养态度与教养方式等都可能与儿童问题行为的发生有一定关系。尤其是有关家庭日常活动安排以及儿童日常家庭生活习惯方面的信息，对于评估儿童问题行为功能以及制订家庭积极行为支持计划都具有重要作用，也是家庭积极行为支持生态观的体现。
- 儿童问题行为信息，包括具体表现形式、行为发生频率、持续时间、强度、与环境的适宜性、行为发生过程中的各类环境信息等，此类信息与确定问题行为的严重性、是否需要干预以及问题行为功能密切相关。

(2) 家庭可以在专业工作人员的训练和指导下在家中开展儿童问题行为功能评估。对于专业工作人员来说，由于受时间的限制，他们不可能在儿童的家里连续多天、整天地观察儿童的行为。而且家庭是私人空间，在家庭中观察儿童的问题行为会给其家庭生活带来影响，也会给专业工作人员带来许多不便和限制。即使专业工作人员在家庭成员的同意下可以进行行为观察，也会因其介入儿童的家庭生活使得其所处的生态环境不同于常规环境，难以观察到儿童真正的行为表现。因此，从儿童家庭行为观察角度来说，父母通常是最合适的评估人员。专业工作人员可以通过训练父母掌握问题行为观察的方法，指导他们或者其他家庭成员收集或记录儿童在家中的行为资料，比如在什么时间、地点、如何拍摄儿童问题行为等，从而更深入全面地了解儿童及其问题行为。

（三）制订家庭积极行为支持计划

积极行为支持计划即基于儿童问题行为功能所制订的行为干预计划。当专业工作人员与家长就儿童问题行为功能达成一致意见之后，就可以着手制订家庭积极行为支持计划。家庭积极行为支持计划需要涉及儿童发展的各个领域，因此需要家庭成员以及专业工作人员都参与到计划的制订过程中。在这个过程中，父母及其他家庭成员都是专业工作人员的重要合作者。这主要体现在以下方面：

（1）父母及其他家庭成员要根据对儿童及家庭的了解，对专业工作人员所提出来的行为干预目标、干预措施、干预的日程安排等进行分析，并对它们是否符合儿童的需要、能否被父母及其他家庭成员所接受并进而实施、是否有可能在实施过程中遇到阻碍等问题作出判断。专业工作人员则需根据他们的意见来对行为干预计划进行调整。

（2）父母及其他家庭人员要根据他们自己对儿童及问题行为的理解和家庭各方面的资源提出行为干预建议。以家庭为中心的积极行为支持非常强调家长的主动参与，他们有创意的见解以及主动对教养方式、日常生活活动安排的调整可使得行为干预计划更有可能在家庭中实施。而且，专业工作人员往往会局限于自己的专业思维，对儿童问题行为的认识流于普遍性，缺乏对儿童及其家庭生态环境的特殊性的深入理解，所设计的行为干预计划可能会忽视家庭的某些特殊情况和问题。父母及其他家庭成员主动、积极地参与行为干预计划的制订，一方面可以尽可能地避免这些问题，帮助专业工作人员更好地理解家庭所拥有的各种资源，所制订的行为干预计划也更符合家庭的实际情况；如果家庭各成员时间有限，行为干预计划不能强求家庭的全程参与，而是需根据其具体情况进行调整。另一方面，他们也可以为专业工作人员带来更多新鲜的思维以及富有创造性的办法，行为干预的措施以及具体安排更有可能与家庭日常活动相适应，也更能与儿童的每日生活相结合，促使儿童的良好行为迁移到更多自然情景中。

（3）行为干预计划只有在父母及其他家庭成员都认可的情况下才可以实施。因为在制订家庭积极行为支持计划的过程中，任何一项内容都要获得各个家庭成员的认可，只要有成员对相关内容保持异议，就很可能导致行为干预计划在家庭实施中遇到阻碍或者问题。而家庭成员对行为干预态度的一致性，常常是干预措施可以有效改变儿童问题行为的保障。只有父母及其他家庭成员都完全同意并理解、接受行为干预计划中的内容，他们才会真正在家庭生活中高效地、自愿地、长时间地采取行为干预措施，落实行为干预计划。也只有如此，家庭成员才有可能改变自己的生活方式，调整整个家庭生活环境，从而不仅促使儿童的问题行为发生改变，而且也改善家庭整体的生活质量。

一般来说，家庭积极行为支持计划应包含以下内容：

- 有关儿童个人信息的描述，包括成长史、疾病史、教育史、障碍表现等。
- 有关儿童问题行为以及对家庭生活影响的描述。
- 问题行为功能评估过程与结果描述。包括具体的功能评估过程、基于行为分析确定的行为功能、相关环境事件（包括前奏事件、情境事件以及行为结果）等。
- 行为干预目标描述。
- 行为干预措施（包括家庭提供的资源或支持）描述。包括前奏干预措施，如撤销环境中不良因素或者调整家庭布置，以减少诱发问题行为的可能性；良好行为或者新技能教育训练策略，使儿童能够采用良好行为来代替问题行为；行为结果改变策略，如撤销对问题行为的强化，使其不再能够发挥原有功能，继而减少或者消失，并对良好行为进行强化；生活方式改变策略，如儿童或者家庭充分参与社区生活、与朋友更多交往等，以提高儿童和家庭的生活质量。
- 行为干预实施效果监控计划描述。
- 行为进展情况记录或阶段性回顾。

（四）实施家庭积极行为支持计划

前面提到，在以家庭为中心的积极行为支持中，家庭成员是儿童问题行为干预的真正实施者或者主要实施者，专业工作人员只是对他们进行训练、指导以及提供所需要的各种支持。

当行为干预计划制订之后，所有参与干预的人员（包括家庭成员）都要明确各自承担的责任和任务。家长作为问题行为干预的真正实施者，更要清楚自己所要完成的任务及其时间安排，并能在每日生活中对个体的行为变化进行观察，及时与干预小组联系、沟通个体的情况，以及时对个体的行为干预计划进行调整。

以家庭为中心的积极行为支持计划实施过程非常强调行为干预要与家庭的每日生活有机地结合起来，要有效地利用个体的日常家庭生活习惯进行干预。比如，在马歇尔和米兰达（Marshall & Mirenda, 2002）所进行的智力落后儿童家庭行为干预研究中，干预人员利用儿童每天洗手的时机，采用符号、图画等视觉材料对儿童正确洗手行为进行了训练，取得了较好的效果。积极行为支持非常强调在家庭、学校等自然环境下运用正常化、自然的手段对问题行为进行干预。因此，在家庭行为干预实践过程中，干预者要与家长深入讨论可以开展干预的每日生活安排，并确定家长在这些日常活动中进行干预的具体方法和途径。只有家长主动地将行为干预与儿童每日的生活习惯结合起来，儿童的问题行为才更有可能改变，其效果也更持久，行为干预措施对其家庭生活质量以及未来的发展也将有更积极的影响。

家庭在开展行为干预的过程中，也要在专业工作人员的引导下正确地使用某些行为干预技术。尤其是当家庭成员的教养态度、教养行为与儿童问题行为的发生具有密切关系时，他们更需要在专业人员的引导下改变自己的教养态度与教养行为。积极行为支持强调采用积极行为干预技术去改变个体的问题行为，重视教个体新的良好行为或者技能去处理所面对的问题。相比惩罚等消极干预技术，这种行为干预技术，如对良好行为的强化等，引起个体行为改变所需要的时间一般更长，而惩罚很容易在实施一开始就让个体停止问题行为。这一特点很容易让家长优先选择消极行为干预技术而非积极行为干预技术，但就儿童长远发展来说，消极干预非常不利于他们学习新的良好行为与技能。

当然，在行为干预实施过程中，干预小组的所有成员采用一致且有效的方法来应对个体的问题行为，是促使个体行为改变的关键因素。只有不同成员对个体的态度一致、干预目标以及所采用的干预策略相同，个体的行为改变才会更加快速、持久。这也意味着，在行为干预过程中，成员之间要就干预技术的具体使用以及个体身上出现的行为变化进行不断的、持续的沟通与反馈。这种沟通非常有利于干预小组各成员就"如何开展家庭积极行为支持"持有共同的看法，也有助于他们建立亲密合作、相互信任的关系；在个体问题行为改变缓慢时不容易轻言放弃；更有可能理智、客观地分析行为干预计划的适切性，并对干预计划进行有效调整。

（五）评估、调整、追踪家庭积极行为支持计划

对个体行为表现以及行为干预计划有效性的评估是非常重要的。评估的目的可以帮助家长和专业工作人员决定是否需要对行为干预计划进行调整，或者是否需要结束干预。如果个体的问题行为没有出现预期的变化，那么就有可能需要对计划进

行调整。此时，也需要对前期行为干预措施的实施状况进行反思。有时，人们可能会发现，原来行为干预计划中的某些内容并没有得到很好地实施。如果是这样，那么就需要对没有实施的原因进行探讨，并确定今后应该如何进行行为干预，才能更有效地促使个体的行为发生改变。

当个体的问题行为获得了一定的改善时，专业工作人员也应该与家庭成员共同商定今后的行为干预追踪计划。特别是当儿童存在严重的问题行为时，其在干预期间减少或者消失的问题行为还可能在未来的某些时间再次出现，比如当他们进入新的环境以及面临由于成熟所带来的问题时。专业工作人员可以与家庭一起设计关于儿童进入新的情境或者过渡到新的人生阶段（如入学等）的衔接计划，并为他们提供必要的信息，如交流的技巧、兴趣、可能的挑战，指导家长如何为儿童提供行为支持。

二、以家庭为中心的积极行为支持实施过程中的常见问题

在实施家庭积极行为支持的过程中，专业工作人员可能会遇到来自家庭成员的各种显性和隐性的阻力，这些阻力可能导致行为干预所需的良好合作关系破裂。因此，专业工作人员需要花费大量时间，采用各种策略去缓解或者消除这些阻力。这些阻力可以反映在来自不同家庭成员的言语上，常见的有：

- 我没有时间来做这个。
- 孩子不听我的，我控制不了孩子。
- 这些做法我以前做过，没有效果的。
- 我再怎么努力，他都还是老样子。
- 我没有耐心这么做，我没法控制自己的脾气。
- 能不能找其他人帮忙，我付钱好了。
- 这个太复杂了，我做不了。
- 这个做不了，我家里人太多，没法配合。
- 我好像坚持不了，孩子一哭我就没办法了。
- 我可以做，但家里人的态度根本没法改变，所以这个没法做。

- 家里有老人在，如果这样做，他们受不了，所以做不了。
- 这个计划多久才会有效？如果要很久，我们做不了的。
- 我们相信你们，能不能只是你们来做。

如果专业工作人员在与家庭合作的过程中听到有家庭成员有类似的说法，则要慎重对待。若不加以处理，不管是在制订计划还是实施行为干预的过程中，家庭成员都难以做到主动、积极地参与，对于个体行为干预的目标以及具体的干预措施，他们也很难与干预人员保持一致。这都很容易导致行为干预的失败。

上述家庭成员所表现出来的阻力也反映出他们对问题行为的认识，他们并不认为儿童的问题行为与家庭生活环境、周围人的教养态度、教养行为等有着密切的关系。因此，专业工作人员要通过各种方式让他们认识到他们的看法是错误的。要让他们意识到，他们对待儿童的态度及行为与儿童问题行为的出现有直接的关系。要改变儿童的问题行为，他们首先必须改变自己的行为，调整儿童所生活的这个家庭环境。而且，也只有如此，儿童及其家庭整体的生活质量才可以得到提高。对于家庭成员的这些错误认识，专业工作人员可以采取用以事实驳斥、检验等方式；也可以将儿童发生问题行为的整个过程拍摄下来，在让他们观看行为录像的同时，将儿童问题行为的发生与其周围环境之间的关系分析给他们听。在此基础上，专业人员可以尝试着让家庭成员就某些方面做一些改变，让他们看到他们的行为方式的变化会促使儿童问题行为发生改变，从而真正理解并愿意从行动上改变自己在家庭中的行为方式。

三、以家庭为中心的积极行为支持案例介绍

以家庭为中心的积极行为支持也应用了三级预防框架（Fox et al., 2003），即初级预防、二级预防和三级预防。初级预防层级的实践一般指的是基本水平的成人与儿童的交往、指导、有关共情的示范、帮助解决问题，以及提供可理解、可预测的和具有刺激性的环境。在家庭积极行为支持方面，则体现为积极的教养、安全而有序的家庭物理环境布置和儿童照料等，这些措施有助于儿童健康的社会情感的发展，减少严重问题行为的发生。二级预防层级则指的是要为避免儿童社

会情绪障碍风险（如贫困、学习或发展迟缓或者障碍、母亲抑郁或者其他不良环境因素）的增加，提供适应问题行为环境的策略（包括父母教养技能培训、社会技能和社会情绪课程，以及根据儿童的情况设计的多元内容的个别化干预计划）。最高等级的三级预防实践所针对的年幼儿童通常都表现出持续的问题行为，需要更深入、更个别化的行为干预计划。这类儿童的问题行为常常伴随有严重的发展迟缓或者障碍。

福克斯等人（1997）采用以家庭为中心的积极行为支持模式对自闭症儿童及其家庭进行了干预。他们为这一类儿童和家庭设计了被称为个别化支持方案的干预计划。根据家庭积极行为支持计划制订与实施的五阶段的做法，这一个别化的支持方案强调了三点：一是发展儿童的功能性技能，特别是功能性沟通技能；二是发展个体主动参与社会融合性场所的能力；三是支持家庭以提高家庭能力和自信为目标。下面介绍对一个名叫汤姆的男孩的干预研究（Fox, Benito & Dunlap, 2002）。

汤姆是一个 29 个月大的男孩，他和他的父母以及一个哥哥住在一起，他的哥哥也被诊断为是自闭症。干预人员采用自闭症行为检核表（Autism Behavior Checklist）对汤姆进行了评估，他在该检核表上的得分为 90，显示汤姆非常有可能患有自闭症。汤姆不会说话，他常常出现的问题行为是经常长时间地大发脾气。当他开始这项行为干预计划时，他因其大发脾气不可控制而几乎被儿童照料机构要求退学。

围绕汤姆的问题成立了行为干预小组，行为干预小组由三部分人员组成，包括来自儿童照料机构的人员、家庭成员以及专业工作人员。他们就汤姆的优势、问题以及接下来几个月甚至几年的目标进行了探讨，并达成了一致建议。有关汤姆问题行为的功能性行为评估是在其最主要的环境中开展的。结果显示，汤姆发脾气的行为具有多种功能，在一些情况下，汤姆发脾气是为了逃避他不喜欢的事情、刺激，或者延缓过渡到另一个活动或者场所；但有时候汤姆发脾气是为了获得成人的关注或者帮助，以便拿到他想要的东西，比如饼干、毯子等。

在功能评估基础上，汤姆的父母、儿童照料机构的人员以及干预人员一起制订个别化支持方案。这个方案包括以下几个部分的措施：

- 环境安排，比如将汤姆喜欢的东西放在一个地方、促进其同伴交往和友谊等。
- 特殊的前奏刺激控制，比如使用视觉化的日程表、提供选择项目等。
- 教汤姆替代性的行为技能，比如用口语和手势表达"不"。
- 改变行为结果，比如当汤姆发脾气的时候重新引导他使用替代性行为技能，阻止其出现逃避行为，或者对逃避行为进行消退。

该个别化支持方案先在儿童照料机构中实施，专业工作人员采用示范的方式教机构中的工作人员学会使用行为支持策略，并促使他们在每日工作中进行实施，然后对机构中工作人员的实施情况进行了观察和评估。当该方案在儿童照料机构获得成功之后，汤姆的父母就开始在家里实施该个别化支持方案。仅仅实施了一个月之后，汤姆的问题行为就发生了很大变化，他严重的发脾气的行为在两类环境中都急剧减少，他不需要再离开儿童照料机构了，而且汤姆与其父母的家庭生活也更加和谐。

总之，以家庭为中心的积极行为支持是一种能很好地满足家庭需要、去处理儿童严重问题行为的行为干预方法。这一干预方法具有几个特征：首先，它非常重视儿童成长过程中的那些关键人物（如父母及其他家庭成员）的作用，它将这些成员作为行为干预计划制订以及实施过程中的重要合作者和参与者；其次，它非常强调生态维度，即意味着行为干预要在儿童生活的自然环境（即家庭环境）中实施；第三，它非常重视预防，认为最佳的社会情绪发展来源于能引导儿童亲社会能力发展的社会关系的培育和教导（Dunlap & Fox，2009）。

参考文献

1. 岑国桢,李正云. 学校心理干预的技术与应用 [M]. 广西:广西教育出版社,1999.
2. 陈琦,刘儒德. 当代教育心理学(第二版)[M]. 北京:北京师范大学出版社,2007.
3. 费尔南多·科尔戴,亚当·普热沃尔斯基. 社会科学的系统分析方法 [M]. 孙永红,译. 北京:中国社会科学出版社,1990.
4. 哈密尔·艾弗林顿. 中重度障碍学生的教学——在全纳性教育环境中的应用 [M]. 昝飞,译. 上海:华东师范大学出版社,2005:227-259.
5. 黄朔希. 自闭症儿童问题行为的干预——以家庭为中心的积极行为支持研究 [D]. 硕士学位论文. 上海:华东师范大学,2011.
6. 李艳. 自闭症儿童刻板行为的积极干预研究 [D]. 硕士学位论文. 上海:华东师范大学,2009.
7. 联合国教科文组织. 特殊教育需要行动纲领 [A]. 赵中建主编. 教育的使命:面向二十一世纪的教育宣言和行动纲领 [C]. 北京:教育科学出版社,1996.
8. 刘杰,孟会敏. 关于布郎芬布伦纳发展心理学生态系统理论 [J]. 中国健康心理学杂志. 2009,17(2):250-252.
9. 秦晓利V 生态心理学 [M]. 上海:上海教育出版社,2006.
10. 苏彦捷,李佳. 环境心理学 [M]. 吉林:吉林教育出版社,2001.
11. 王雁,李海燕. 韩国智力落后儿童性教育的发展及启示 [J]. 中国特殊教育,2004,(1):84-89.
12. 吴建平,侯振虎. 环境与生态心理学 [M]. 合肥:安徽人民出版社,2011.

13. 伍新春，胡佩诚．行为矫正 [M]．北京：高等教育出版社，2005．

14. 香港社会福利署临床心理服务科．成年智障人士性现象：康复机构职员的观念与处理方法研究报告 [R]．香港：香港社会福利署临床心理服务科，2002．

15. 杨丹蓉．辅读学校智力障碍学生与性有关问题行为的现状及干预研究 [D]．硕士学位论文．上海：华东师范大学，2011．

16. 詹姆士·H·道尔顿，毛瑞斯·J·伊莱亚斯，阿伯汉姆·万德斯曼著．社区心理学——联结个体和社区（第2版）[M]．王广新，译．北京：中国人民大学出版社，2010．

17. 昝飞．行为矫正技术 [M]．北京：中国轻工业出版社，2009．

18. 昝飞．行为矫正技术（第2版）[M]．北京：中国轻工业出版社，2012．

19. 昝飞，谢奥琳．自闭症儿童行为功能评估的个案分析．中国特殊教育 [J]，2007，5：62-67．

20. 张福娟，马红英，杜晓新．特殊教育史 [M]．上海：华东师范大学出版社，2000．

21. Abikoff H. ADHD Psychosocial Treatments Generalization Reconsidered[J]. Journal of Attention Disorders, 2009, 13 (3)：207-210.

22. Adhearn W H, Clark K M, DeBar R, Florentino C. On the role of preference in response competition[J]. Journal of Applied Behavior Analysis, 2005, 38：247-250.

23. Albin R W, Lucyshyn J M, Horner R H, Flannery K B. Contextual fit for behavior support plans[M]. // L K Koegel, R L Koegel, G Dunlap (Eds.). Positive behavior support. Baltimore：Brookes, 1996：81-98.

24. Altabet S C. Decreasing Dental Resistance Among Individuals With Severe and Profound Mental Retardation[J]. Journal of Developmental and Physical Disabilities, 2002, 14 (3)：297-305.

25. Anderson J, Le D D. Abatement of intractable vocal stereotypy using an overcorrection procedure[J]. Behavioral Interventions, 2011, 26：134-146.

26. Anderson C M, Scott T M. Implementing Function-Based Support Within Schoolwide Positive Behavior Support [M]. // W Sailore, G Dunlap, G Sugai, R Horner (Ed.). Handbook of positive behavior support. New York：Springer Science +Business Media, LLC. 2009：705-729.

27. Athens E, Vollmer T R. An evaluation of differential reinforcement of alternative behavior without extinction[J]. Journal of Applied Behavior Analysis, 2010, 43：569-589.

28. Baer D M. How to plan for generalization (2nd ed.) [M]. Austin TX：Pro-Ed. 1999.

29. Baumrind, D. Effects of authoritarian parental control on child behavior[J]. Child Development, 1968, 37: 887-907.

30. Bambara L M, Goh A, Kern L, Caskie G. Perceived Barriers and Enablers to Implementing Individualized Positive Behavior Interventions and Supports in School Settings[J]. Journal of Positive Behavior Interventions, 2012, XX (X) 1–13, DOI: 10.1177/1098300712437219.

31. Barrett S B, Bradshaw C P, Lewis-Palmer T, Maryland Statewide PBIS Initiative: system, evaluation, and next steps[J]. Journal of Positive Behavior Interventions, 2008, 10 (2): 105-114.

32. Barton-Arwood S M, Wehby J H, Gunter P L, Lane K L. Functional behavior assessment rating scales: Intrarater reliability with students with emotional or behavioral disorders[J]. Behavioral Disorders, 2003, 28: 386–400.

33. Baumrind, D. Current patterns of parental authority[J]. Developmental Psychology Monographs, 1971, 4 (1): Part 2.

34. Bernheimer L P, Gallimore R, Weisner T S. Ecocultural Theory as a Context for the Individual Family Service Plan[J]. Journal of Early Intervention, 1990, 14 (3): 219.

35. Blair K, Umbreit J, Bos C S. Using functional assessment and children's preferences to improve the behavior of young children with behavior disorders[J]. Behavior Disorders, 1999, 24 (2): 151-166.

36. Blair K, Fox L, Lentini R. Use of Positive Behavior Support to Address the Challenging Behavior of Young Children Within a Community Early Childhood Program[J]. Topics in Early Childhood Special Education, 2010, 30 (2): 68-79.

37. Bodfish J W, Crawford T W, Powell S B, Parker D E, Golden R N, Lewis M H. Compulsion in adults with mental retardation: Prevalence, phenomenology, and comorbidity with stereotypy and self-injury[J]. American Journal on Mental Retardation, 1995, 100: 183–192.

38. Borrero C S W, Borrero J C. Descriptive and experimental analyses of potential precursors to problem behavior[J]. Journal of Applied Behavior Analysis, 2008, 41, 83–96.

39. Borrero C S W, Vollmer T R, Borrero J C, Bourret J. A method for evaluating parameters of reinforcement during parent-child interactions[J]. Research in Developmental Disabilities. 2005, 26: 577-592.

40. Bowen M. Family Therapy in Clinical Practice[M]. NewYork: Aronson, 1978

41. Buckley S D, Newchok D K. Differential impact of response effort within a response chain on use of mands in a students with autism[J]. Research in Developmental Disabilities, 2004, 26: 77-85.

42. Carr E G. The transfiguration of behavior analysis: strategies for survival[J]. Journal of Behavioral Education, 1996, 6: 263-270.

43. Carr E G. Functional equivalence as a mechanism of response generalization[M]. // Horner R H, Dunlap G, Koegel R L (Eds.). Generalization and maintenance: Life-style changes in applied settings[M]. Baltimore: Paul H. Brookes, 1988, 221–241.

44. Carr E G. The evolution of applied behavior analysis into positive behavior support[J]. The Association for Persons with Severe Handicaps, 1997, 22 (4): 208-209

45. Carr E G, Dunlap G, Horner R H, Koegel R L, Turnbull A P, Sailor W, et al. Positive behavior support: Evolution of an applied science[J]. Journal of Positive Behavior Interventions, 2002, 4: 4-16.

46. Carr E G, Durrand V. Reducing behavior problems through functional communication training[J]. Journal of Applied Behavior Analysis, 1985, 18: 111-126.

47. Carr E G, Levin L, et. al. Comprehensive multisituational intervention for problem behavior in the community: long-term maintenance and social validation[J]. Journal of Positive Behavior Interventions, 1999, 1 (1): 5-25.

48. Carr E G, Robinson S, Palumbo L W. The wrong issue: nonaversive treatment, The right issue: functional vs. nonfunctional treatment[M]. // A C Repp, N N Singh (Eds.). Perspectives on the use of nonaversive and aversive interventions for persons with developmental disabilities. Sycamore IL: Sycamore Press, 1990: 361-380.

49. Carr E G, Sidener T M. On the relation between applied behavior analysis and positive behavioral support[J]. The Behavior Analyst. 2002, 25: 245-253.

50. Carter S L, Devlin S R, Doggett A, Harber M M, Barr C. Determining the influence of tangible items on screaming and handmouthing following an inconclusive functional analysis[J]. Behavioral Intervention, 2004, 19: 51-58.

51. Chamberlain, Rauh, Passer, McGrath, Burbet. Issues in fertility control for mentally retarded adolescents: Sexual activity, sexual abuse and contraception[J]. Pediatrics, 1984, 73 (4): 445-451.

52. Chandler L K, Dahlquist C M. Functional assessment: strategies to prevent and remediate challenging behavior in school settings[M]. Merrill Prentice Hall, 2002.

53. Chandler L K, Dahlquist C M. Functional assessment: strategies to prevent and remediate challenging behavior in school settings (2nd ed) [M]. Merrill Prentice Hall, 2006.

54. Cheney D, Lynass L, Flower A, Waugh M, Iwaszuk W, Mielenz C, Hawken L. The check, connect, and expect program: A targeted, tier 2 intervention in the schoolwide positive behavior support model[J]. Preventing School Failure, 2010, 54 (3): 152–158.

55. Chitiyo M, Wheeler J J. Challenges Faced by School Teachers in Implementing Positive Behavior Support in Their School Systems[J]. Remedial and Special Education, 2009, 30(1): 58-63.

56. Coley R L, Chase-Lansdale P L. Welfare receipt, financial strain, and African-American adolescent functioning[J]. The Social Service Review, 2000, 74: 380-404.

57. Coolican J, Smith I M, Bryson S E. Brief parent training in pivotal response treatment for preschoolers with autism [J]. Journal of Child Psychology and Psychiatry (Special Issue: Special Section: Early Prevention & Intervention Programs), 2010, 51 (12): 1321-1330.

58. Cooper J O, Heron T E, Heward W L. Applied behavior analysis[M]. Upper Saddle River, NJ: Merrill/Prentice Hall, 2007.

59. Crone D A, Horner R H. Building positive behavior support systems in schools: functional behavior assessment[M]. New York: Guildford Press. 2003.

60. Davis III T E, Ollendick T H. A critical review of empirically supported treatments for specific phobia in children: Do efficacious treatments address the components of a phobic response[J]. Clinical Psychology: Science and Practice, 2005, 12: 144–160.

61. Deaver C A, Miltenberger R G, Stricker J M. Functional analysis and treatment of hair twirling in a young child[J]. Journal of Applied Behavior Analysis, 2001, 34: 535-538.

62. DeLeon I G, Kahng S W, Rodriguez-Catter V, Sveinsdóttir I, Sadler C. Assessment of aberrant behavior maintained by wheelchair movement in a child with developmental disabilities[J]. Research in Developmental Disabilities, 2003, 24: 381-390.

63. Didden R, Sturmey P, Sigafoos J, Lang R, O'Reilly M F, Lancioni G E. Nature, Prevalence, and Characteristics of Challenging Behavior[M]. //J. L. Matson (ed.). Functional Assessment for Challenging Behaviors, 25 Autism and Child Psychopathology Series. New York: Springer Science+Business Media LLC, 2012.

64. Didden R, Pieter C. D, Hubert K. Meta-Analytic Study on Treatment Effectiveness for Problem Behaviors With Individuals Who Have Mental Retardation[J]. American Journal on Mental Retardation, 1997, 101: 387-399.

65. Drabman R S, Hammer D, Rosenbaum M S. Assessing generalization in behavior modification with children: The generalization map[J]. Behavior Assessment, 1979, 1: 203-219.

66. Dunlap G. The applied behavior analytic ——heritage of PBS: A dynamic model of action-oriented research[J]. Journal of Positive Behavior Interventions, 2006, 8 (1): 58-60.

67. Dunlap G, Fox L. Positive behavior support and early Intervention[M]. // W Sailore, G Dunlap, G Sugai, R Horner (Ed.). Handbook of positive behavior support. New York: Springer Science +Business Media, LLC. 2009: 49-72.

68. Dunlap G, Kern L. Assessment and intervention for children within the instructional curriculum[M]. // J Reichle, D P Wacker (Eds.). Communication alternatives to challenging behavior: Integrating functional assessment and intervention strategies. Baltimore: Paul H. Brooks. 1993: 177-204.

69. Dunlap G, Newton S, Fox L, Benito N, Vaughn B, Family involvement in functional assessment and positive behavior support[J]. Focus on Autism and Other Developmental Disabilities, 14: 215-221.

70. DuPaul G J, Stone G. ADHD in the schools (2nd ed.) [M]. New York: Guilford Press. 2003.

71. Dunlap G, Strain P S, Fox L, Carta J J, Conroy M, Smith B et al. Prevention and intervention with young children's challenging behavior: Perspectives regarding current knowledge[J]. Behavioral Disorders, 2006, 32: 29–45.

72. Durand V M, Carr E G. Social influences on 'selfstimulatory' behavior: Analysis and treatment application[J]. Journal of Applied Behavior Analysis, 1987, 20: 119-132.

73. Durand V M, Carr E G. An analysis of maintenance following functional communication training. Journal of Applied Behavior Analysis[J], 1992, 25: 777-794.

74. Durand V M, Crimmins D B. Assessment and treatment of psychotic speech in an autistic child[J]. Journal of Autism and Developmental Disorders, 1987, 17: 17-28.

75. Dyer K, Dunlap G, Winterling V. Effects of choice making on the serious problem behaviors of students with severe handicaps[J]. Journal of Applied Behavior Analysis[J], 1990, 23:

515-524.

76. Eber L, Hyde K, Suter J C. Integrating Wraparound into a Schoolwide System of Positive Behavior Supports[J]. Journal of Child & Family Studies, 2011, 20: 782-790.

77. Emerson E. Challenging behaviour: Analysis and intervention in people with severe intellectual disabilities[M]. Cambridge: Cambridge University Press. 2005.

78. Ervin R A, Radford P, Bertsch K, Piper A, Ehrhardt K, Poling A. A descriptive analysis and critique of the empirical literature on school-based functional assessment[J]. School Psychology Review, 2001, 30: 193-210.

79. Fairbanks S, Sugai G, Guardino D, Lathrop M. Response to intervention: examing classroom behavior support in second grade[J]. Exceptional Children, 2007, 73: 288-310.

80. Fallon L M, O'Keeffe B V, Sugai G. Consideration of Culture and Context in School-Wide Positive Behavior Support: A Review of Current Literature[J]. Journal of Positive Behavior Interventions, 2012, XX (X): 1-11, DOI: 10. 1177/ 1098300712442242.

81. Farmer C, Aman M. Aggressive behavior in a sample of children with autism spectrum disorders[J]. Research in Autism Spectrum Disorders, 2011, 5: 317-323.

82. Fisher W, Deleon I G, Rodriguez-Catter V, Keeney K M. Enhancing the effects of extinction on attention-maintained behavior through noncongtigent delivery of attention or stimuli identified via a competing stimulus assessment[J]. Journal of Applied Behavior Analysis, 2004, 37: 171-184.

83. Fox L, Benito N, Dunlap G. Early intervention with families of young children with autism and problem behaviors[M]. //Lucyshyn J, Dunlap G, Albin R W (Eds.). Families and positive behavior support: Addressing problem behaviors in family contexts. Baltimore: Brookes, 2002: 251-269.

84. Fox L, Dunlap G, Hemmeter M L, Joseph G, Strain P. The teaching pyramid: A model for supporting social competence and preventing challenging behavior in young children[J]. Young Children, 2003, 58 (4): 48-52.

85. Fox L, Dunlap G. Lisa Cushing. Early Intervention, Positive Behavior Support, and Transition to School[J]. Journal of Emotional & Behavioral Disorders, 2002, 10 (3): 149-158.

86. Fox L, Dunlap G, Philbrick L A. Providing individual supports to young children with autism and their families[J]. Journal of Early Intervention, 1997, 21: 1-14.

87. Fox J, McEvoy M A. Assessing and Enhancing Generalization and Social Validity of Social-Skills Interventions with Children and Adolescents[J]. Behavior Modification, 1993, 17 (3): 339-366.

88. Gallimore R, Weisner T S, Bernheimer L P, Guthrie D, Nihira K. Family responses to young children with developmental delays: accommodation activity in ecological and cultural context[J]. American Journal on Mental Retardation, 1993, 98 (2): 185–206.

89. Gallimore R, Weisner T S, Kaufman S Z, Bernheimer L P. The social construction of ecocultural niches: Family accommodation of developmentally delayed children [J]. American Journal on Mental Retardation, 1989: 94 (3): 216-230.

90. Gianoumis S, Sturmey P. Generalization Procedures in Training Interventionists for Individuals With Developmental Disabilities[J]. Behavior Modification, 2012, 36 (5): 619–629.

91. Gorge H P, Kincaid D, Pollard-Sage J. Primary-Tier Intervention and Supports[M]. // W Sailore, G Dunlap, G Sugai, R Horner (Ed.). Handbook of positive behavior support. New York: Springer Science +Business Media LLC. 2009: 375-394.

92. Grosenick J K, George N L, George M P, Lewis T J. Public school services for behaviorally disordered students: Program practices in the 1980's[J]. Behavioral Disorders, 1991, 16: 87–96.

93. Gulati J K, Dutta J. Risk, conflict between parents and child adjustment in families experiencing persistent poverty in India[J]. Journal of Family Studies, 2008, 14: 107-123.

94. Hanley G P, Iwata B A, McCord B E. Functional analysis of problem behavior[J]. Journal of Applied Behavior Analysis, 2003, 36: 147-185.

95. Hawkins R O, Axelrod M I. Increasing the On-Task Homework Behavior of Youth With Behavior Disorders Using Functional Behavioral Assessment[J]. Behavior Modification, 2008, 32 (6): 840-859.

96. Heineman M, Dunlap G. Factors affecting the outcomes of community-based behavioral support: I. Identification and description of factor categories[J]. Journal of Positive Behavior Interventions, 2000, 2: 161-169.

97. Heineman M, Dunlap G. Factors affecting the outcomes of community-based behavioral support: II. Factor category importance[J]. Journal of Positive Behavior Interventions, 2001, 3: 67-74.

98. Hill R. Families under stress: Adjustments to the crises of war, separation, and

reunion[M]. New York：Harper, 1949.

99. Holden B, Gitlesen J P. A total population study of challenging behavior in the county of Hedmark, Norway：Prevalence and risk markers[J]. Research in Developmental Disabilities, 2006, 27：456-465.

100. Horner R H. The effects of an environmental "enriched" program on the behavior of institutionalized profoundly retarded children[J]. Journal of Applied Behavior Analysis, 1994, 27：401-404.

101. Horner R H. Functional assessment：contributions and future directions[J]. Journal of Applied Behavior Analysis, 1994, 27：401-404.

102. Horner R H, Positive behavior supports[J]. Focus on Autism and Other Developmental Disabilities, 2000, 15（2）：97-105.

103. Horner R H. Positive Behavior Support[J]. Focus on Autism and Other Developmental Disabilities, 2002, 15（2）：97-105.

104. Horner R H. Carr E G. Behavioral support for students with severe disabilities：functional behavioral assessment and comprehensive intervention[J]. Journal of Special Education, 1997, 31：84-104.

105. Horner R H, Carr E G, Strain P S, Todd A W, Reed H K. Problem behavior interventions for young children with autism：A research synthesis[J]. Journal of Autism and Developmental Disabilities, 2002, 32（5）：423-446.

106. Horner R H, Dunlap G, Koegel R L, Carr E G, Sailor W, Anderson J, et al. Toward a technology of "nonaversive" behavioral support[J]. Journal of the Association for Persons with Severe Handicaps, 1990, 15：125-132.

107. Horner R H, Sugai G, Todd A W, Lewis-PalmerT. School-wide positive behavior support：an alternative approach to discipline in schools[M]. // L Bambara, L Kern（Eds.）. Individualized supports for students with problem behaviors：designing positive behavior plans. New York：Guilford Press. 2005：359-390.

108. Horner R H, Vaugn B J, Day H M, Ard W. The relationship between setting events and problem behavior：Expanding our understanding of behavior support[M]. // L K Loegel, R Koegel L, G Dunlap（Eds.）. Postive behavioral support：including people with difficult behavior in the community. Baltimore：Paul H. Brookes. 1996：381-402.

109. Hulac D, Terrell J, Vining O, Bernstein J, Bheavioral Interventions in Schools：A

response-to-Intervention Guidebook[M]. New York: Routledge Taylor & Francis Group. 2011.

110. Hurley A D. Treatment of multiple phobias and agoraphobia in a man with Down syndrome[J]. Mental Health Aspects of Developmental Disabilities, 2004, 7: 142-148.

111. Iwata B A, Dorsey M F, Slifer K, Bauman K, Richman G. Toward a functional analysis of self-injury[J]. Analysis and Intervention in Developmental Disabilities, 1982, 2: 3-20.

112. Iwata B A, Kahng S, Wallace M D, Lindberg J S. The functional analysis model of behavioral assessment[M]. // J Austin, J E Carr (Eds.). Handbook of applied behavior analysis. Ren NV: Context Press. 2000: 61-89.

113. Iwata B A, Pace G M, Dorsey M F, Zarcone J R, Vollmer T R, Smith R G, et al. The functions of self-injurious behavior: An experimental-epidemiological analysis[J]. Journal of Applied Behavior Analysis, 1994, 27: 215-240.

114. Johnston C. Mothers' Predictions of their Son's Executive Functioning Skills: Relations to Child Behavior Problems[J]. Child Psychiatry Human Development, 2011, 42: 482–494.

115. Johnston J M, Pennypacker H S. Strategies and tactics of behavioral research (2nd ed.) [M]. Hillsdale, NJ: Lawrence Erlbaum Associates. 1993

116. Kauffman J M. Characteristics of behavior disorders of children and youth (4th ed.) [M]. Columbus, OH: Merrill. 1989.

117. Kazdin A E. Behavior modification in applied setting (6th) [M]. Belmont, CA: Wadworth/Thomson Learning, 2001.

118. Kazdin A E. Parent management training. Treatment of oppositional, aggressive, antisocial behavior in children & adolescents[M]. New York: Oxford University Press, 2005.

119. Kellegrew D H. Constructing daily routines: A qualitative examination of mothers with young children with disabilities[J]. American Journal of Occupational Therapy, 2000, 54: 252-259.

120. Kelley M E, Lerman D C, Van Camp C M. The effects of competing reinforcement schedules on the acquisition of functional communication[J]. Journal of Applied Behavior Analysis, 2002, 35: 59-64.

121. Kempes M, Matthys W, Vries H, England H. Reactive and proactive aggression in children: A review of theory, findings and the relevance for child and adolescent

psychiatry[J]. European Child & Adolescent Psychiatry, 2005, 14 (1) : 11-19.

122. Kern L, Dunlap G, Clarke S, Childs K. Student-assisted functional assessment interview[J]. Diagnostique, 1994, 19: 29-39.

123. Kincaid D, Childs K, Blase K A, Wallace F, Identifying Barriers and Facilitators in Implementing Schoolwide Positive Behavior Support[J]. Journal of Positive Behavior Interventions, 2007, 9 (3) : 174-184.

124. Klonsky E D, Meuhlenkamp J J. Self-injury : A research review for the practitioner[J]. Journal of Clinical Psychology : In Session, 2007, 63: 1045-1056.

125. Kuczynski L, Kochanska G, Radke-Yarrow M, Girnius- Brown O. A developmental interpretation of young children's noncompliance[J]. Developmental Psychology, 1987, 23: 799-806.

126. Lancioni G E, Singh N N, O'Reilly M F, Sigafoos J, Didden R. Function of Challenging Behaviors[M]. // J. L. Matson (Ed.), Functional Assessment for Challenging Behaviors, Autism and Child Psychopathology Series, New York : Springer Science+Business Media LLC. 2012: 45-65.

127. Lang R, Davis T, O'Reilly M, Machalicek W, Rispoli M, Sigafoos J, et al. Functional analysis and treatment of elopement across two school settings[J]. Journal of Applied Behavior Analysis, 2010, 43: 113-118.

128. Lang R, Mulloy A, Giesbers S, Pfeiffer B, Delaune E, Didden R, et al. Behavioral interventions for rumination and operant vomiting in individuals with intellectual disabilities: A systematic review[J]. Research in Developmental Disabilities, 2011, 32: 2193-2205.

129. Lawry J, Danko C D, Strain P S. Examining the role of the classroom environment in the prevention of problem behavior[J]. Young Exceptional Children, 2000, 4 (1) : 11-18.

130. Levine M, Perkins D V. Principles of community psychology : perspectives and applications[M]. New York : Oxford University Press, 1987.

131. Lindsay W R, Michie A M, Baty F J, McKenzie K. Dog phobia in people with mental handicaps : Anxiety management training and exposure treatments[J]. Mental Handicap Research, 1988, 1: 39-48.

132. Lohrmann S, Forman S, Martin S, Palmieri M. Understanding School Personnel's Resistance to Adopting Schoolwide Positive Behavior Support at a Universal Level of Intervention[J]. Journal of Positive Behavior Interventions, 2008, 10 (4) : 256-269.

133. Lovaas O, Freitag G, Gold V Y, Kassorla I. Experimental studies in childhood schizophrenia: Analysis of self-destructive behavior[J]. Journal of Experimental Child Psychology, 1965, 2: 67-84.

134. Lucyshyn J M, Albin R W., Horner R H, Mann J C, Mann J A, Wadsworth G. Family Implementation of Positive Behavior Support for a Child With Autism: Longitudinal, Single-Case, Experimental, and Descriptive Replication and Extension[J]. Journal of Positive Behavior Interventions, 2007, 9 (3): 131-150.

135. Lucyshyn J M, Dunlap G, Albin R W (Eds.). Families and positive behavior support: Addressing problem behavior in family contexts[M]. Baltimore: Brooks. 2002.

136. Luiselli J K. Acquisition of self-feeding in a child with Lowe's syndrome[J]. Journal of developmental and physical disabilities, 1991, 3 (2): 181-189.

137. Luiselli J K. Treatment of self-injurious hand-mouthing in a child with multiple disabilities[J]. Journal of Developmental and Physical Disabilities, 1998, 10 (2): 167-174.

138. Luiselli J K, Gleason D J. Combining sensory reinforcement and texture-fading procedures to overcome chronic food refusal[J]. Journal of Behavior Therapy and Experimental Psychiatry, 1987, 18, 149-155.

139. Luiselli1 J K, Ricciardi J N, Gilligan K. Liquid fading to establish milk consumptions by a child with autism[J]. Behavioral Interventions, 2005, 20: 155-163.

140. Lydon S, Healy O, O'Reilly M F, Lang R. Variations in functional analysis methodology: a systematic review[J]. Journal of developmental and physical Disabilities, 2012: 24: 301–326.

141. Maccoby E, Martin J. Socialization in the context of the family: Parent-child interaction[M]. // E M Hetherington (Ed.). Handbook of child psychology: Socialization, personality, and social development (Vol. 4). New York: Wiley. 1983: 1-101.

142. Marshall J K, Mirenda P. Parent–Professional Collaboration for Positive Behavior Support in the Home[J]. Focus on Autism and Other Developmental Disabilities, 2002, 17 (4): 216-228.

143. Matson J L. A controlled outcome study of phobias in mentally retarded adults[J]. Behaviour Research and Therapy, 1981, 19: 101-107.

144. Matson J L, Bamburg J W, Cherry K E, Paclawskyj T R. A validity study on the questions

about behavioral function (QABF) scale: predicting treatment success for self-injury, aggression and stereotypies[J]. Research in Developmental Disabilities, 1999, 20 (2): 163-175.

145. Matson J L, Belva B, Hattier M A, Matson M L. Pica in persons with developmental disabilities: Characteristics, diagnosis, and assessment[J]. Research in Autism Spectrum Disorders, 2011, 5: 1459-1464.

146. Matson J L, Fostad J C, Mahan S, Rojahn J. Cut-offs, norms and patterns of problem behaviours in children with developmental disabilities on the Baby and Infant Screen for Children with autism (BISCUIT-Part 3) [J]. Developmental Neuron rehabilitation, 2010, 13: 3-9.

147. Matson J L, Nebel-Schwalm M S. Comorbid psychopathology with autism spectrum disorder in children: An overview[J]. Research in Developmental Disabilities, 2007, 28: 341-352.

148. Matson J L, Sipes M, Horovitz M, Worley S, Shoemaker M., Kozlowski A M. Behaviors and corresponding functions addressed via functional assessment[J]. Research in Developmental Disabilities, 2011, 32: 625-629.

149. Matson J L, Tessa T R. The effects of severity of autism and PDD-NOS symptoms on challenging behaviors in adults with intellectual disabilities[J]. Journal of Developmental and Physical Disabilities, 2008, 20: 41-51.

150. Matson J L, Vollmer T R. User's guide: questions about behavioral function (QABF) [M]. Baton Rouge LA: Scientific Publishers Inc. 1995.

151. Matson J L, Wilkins J, Macken J. The relationship of challenging behaviors to severity and symptoms of autism spectrum disorders[J]. Journal of Mental Health Research in Intellectual Disabilities, 2009, 2: 29-44.

152. McCord B E, Grosser J W, Iwata B A, Powers L A. An analysis of response-blocking parameters in the prevention of pica[J]. Journal of Applied Behavior Analysis, 2005, 38: 391-394.

153. McCubbin H I, Patterson J M. The family stress process: The double ABCX model of adjustment and adaptation[J]. Marriage and Family Review, 1983, 6 (7): 7-37.

154. 134. McIntosh K, Horner R H, Chard D J, Dickey C R, Braun D H. Reading Skills and Function of Problem Behavior in Typical School Settings[J]. The Journal of Special

Education, 2008, 42 (3): 131-147.

155. Meadan H, Ostrosky M M, Zaghlawan H Y, Yu S Y. Promoting the social and communicative behavior of young children with autism spectrum disorders[J]. Topics in Early Childhood Special Education, 2009, 29 (2): 90-104.

156. Miller L K. Principles of everyday behavior analysis (4th Ed.) [M]. Belmnt CA: Thomson Wadsworth. 2006.

157. Miltenberger R G. Behavior modification: principles and procedures (2nd ed.) [M]. Belmont CA: Wadsworth/Thomson Learning. 2001.

158. Miltenberger R G. Behavior modification: principles and procedures (3nd ed.) [M]. Belmont CA: Wadsworth/Thomson Learning. 2004.

159. Minuchin S. Families and family therapy[M]. Cambridge MA: Harvard University Press. 1974.

160. Moore D W, Anderson A, Kumar K. Instructional adaptation in the management of escape-maintained behavior in a classroom[J]. Journal of Positive Behavior Interventions, 2005, 7: 216-223.

161. Moore J W, Fisher W W, Pennington. Systematic application and removal of protective equipment in the assessment of multiple topographies of self-injury[J]. Journal of Applied Behavior Analysis, 2004, 37: 73-77.

162. Moore T R, Gilles E, Mccomas J J., Symons F J. Functional analysis and treatment of self-injurious behavior in a young child with traumatic brain injury[J]. Brain Injury, 2010, 24 (12): 1511-1518.

163. Munk D D, Karsh K G. Antecedent curriculum and instructional variables as classwide interventions for preventing or reducing problem behaviors[M]. // A C Repp, R H Horner (Eds). Functional analysis of problem behavior: from effective assessment to effective support. Belmont CA: Wadworth. 1999: 259-276.

164. Muscott H S, Mann E L, LeBrun M R. Positive behavioral interventions and supports in New Hampshire: effects of large-scale implementation of schoolwide positive behavior support on student discipline and academic achievement[J]. Journal of Positive Behavior Interventions, 2008, 10 (3): 190-205.

165. Najdowski A C, Tarbox J, Wilke A E. Utilizing Antecedent Manipulations and Reinforcement in the Treatment of Food Selectivity by Texture[J]. Education and Treatment

of Children, 2012, 35 (1): 101-110.

166. Najdowski A C, Wallace M D, Ellsworth C L, MacAleese A N, Cleveland J M. Functional analyses and treatment of precursor behavior[J]. Journal of Applied Behavior Analysis, 2008, 41: 97-105.

167. Neidert P L, Iwata B A, Dozier C L. Treatment of multiply controlled problem behavior with procedural variations of differential reinforcement[J]. Exceptionality, 2005, 13, 45-53.

168. Nelson J R, Benner G J, Lane K L, Smith B W. Academic achievement of K-12 students with emotional and behavioral disorders[J]. Exceptional Children, 2004, 71: 59-73.

169. Newman C, Adams K. Dog done good: managing: dog phobia in a teenage boy with a learning disability[J]. British Journal of Learning Disabilities, 2004, 32: 35-48.

170. Noell G H, Gansel K A. Introduction to functional behavioral assessment[M]. // K A Akin-Little, S G Little, M A Bray, T J Kehle. Behavioral interventions in schools: evidence-based positive strategies. Washington DC: American Psychological Association. 2009: 43-58.

171. Norwich B. Reappraising special needs education[M]. London: Cassell Educational Limited. Otto, R. 1990.

172. Ollendick T H, Davis III T E, Muris P. Treatment of specific phobia in children and adolescents[M]. // P M Barrett, T H Ollendick (Eds.). Handbook of interventions that work with children and adolescents: Prevention and treatment. West Sussex: Wiley. 2004: 273-299.

173. Paat Yok-Fong. The Link Between Financial Strain, Interparental Discord and Children's Antisocial Behaviors[J]. Journal of Family Violence, 2011, 26: 195–210.

174. Paclawskyj T R, Matson J L, Rush K S, Smalls Y, Vollmer T R. Assessment of the convergent validity of the questions about behavioral function scale with analogue functional analysis and the motivation assessment scale[J]. Journal of intellectual Disability Research, 2001, 45 (6): 484-494.

175. Parker H C. Listen, Look and Think: A Self-regulation Program for Children[M]. Plantation FL: Impact Publication. 1990.

176. Paul R. Assessing communication in autism spectrum disorders[M]. // F R Volkmar, R Paul, A Klin, D Cohen. (Eds.), Handbook of autism and pervasive developmental

disorders (vol. 2, 3rd ed.). Hoboken, NJ: John Wiley and Sons Inc. 2005: 799-816.

177. Piazza C C, Patel M R, Gulotta C S, Sevin B M, Layer S A. On the relative Contributions of positive reinforcement and escape extinction in the treatment of food refusal[J]. Journal of Applied Behavior Analysis, 2003, 36: 309-324.

178. Piazza C C. Feeding disorders and behavior: what have we learned[J]. Developmental Disabilities Research Reviews, 2008, 14 (2): 174-181.

179. Polloway E A, Patton J R. Strategies for teaching learners with special needs[M]. Upper Saddle River NJ: Merrill/Prentice Hall. 1993.

180. Powers M D, Thorwarth C A. The effect of negative reinforcement on tolerance of physical contact in a preschool autistic child[J]. Journal of Clinical Child Psychology, 1985, 14 (4): 299-303.

181. Preciado J A, Horner R H, Baker S K. Using a Function-Based Approach to Decrease Problem Behaviors and Increase Academic Engagement for Latino English Language Learners[J]. The Journal of Special Education, 2009, 42 (4): 227-240.

182. Rapp J T. Effects of prior access and environmental enrichment on stereotypy[J]. Behavioral Interventions, 2004, 19: 287-295.

183. Reese R M, Richman D M, Belmont J M, Morse P. Functional characteristics of disruptive behavior in developmentally disabled children with and without autism[J]. Journal of Autism and Developmental Disorders, 2005, 35: 419-428.

184. Reid R, Nelson J R. The utility, acceptability, and practicality of functional behavioral assessment for students with high-incidence problem behaviors[J]. Remedial and Special Education, 2002, 23: 15–23.

185. Riccardi J N, Luiselli J K, Behavioral intervention to eliminate socially mediated urinary incontinence in a child with autism[J]. Child & Family Behavior Therapy, 2003, 25: 53-63.

186. Riccardi J N, Luiselli J K, Camare M. Shaping approach responses as intervention for specific phobia in a child with autism[J]. Journal of Applied Behavior Analysis, 2006, 39: 445-448.

187. Rief S. How to reach and teach children with ADD/ADHD (2nd ed.) [M]. Sam Francisco: Jossey-Bass. 2005.

188. Ringdahl J E, Christensen T J, Boelter E W. Further evaluation of idiosyncratic functions

for severe problem behavior : Aggression maintained by access to walks[J]. Behavioral Interventions, 2009, 24: 275-283.

189. Roantree C F, Kennedy C H. A paradoxical effect of presession attention on stereotypy : Antecedent attention as an establishing, not an abolishing, operation[J]. Journal of Applied Behavior Analysis, 2006, 39: 381-384.

190. Roberts M L, Marshall J, Nelson J R, Albers C A. Curriculum-based assessment procedures embedded within functional behavioral assessments : Identifying escape-motivated behaviors in a general education classroom[J]. School Psychology Review, 2001, 30: 264-277.

191. Roberts C, Mazzucchelli T, Studman L, Sanders M R. Behavioral family intervention for children with developmental disabilities and behavioral problems[J]. Journal of Clinical Child and Adolescent Psychology, 2006, 35 (2): 180-193.

192. Robinson V, Swanton C. The generalization of behavioral teacher training[J]. Review of Educational Research, 1980, 50: 486-498.

193. Runyan M C, Stevens D H, Reeves R. Reduction of avoidance behavior of institutionalized mentally retarded adults through contact desensitization[J]. American Journal of Mental Deficiency, 1985, 90: 222-225.

194. Sampson R J, Laub J H. Urban poverty and the family context of delinquency : a new look at structure and process in a classic study[J]. Child Development, 1994, 65: 523-540.

195. Shek D T L. Economic stress, emotional quality of life, and problem behavior in Chinese adolescents with and without economic disadvantage[J]. Social Indicators Research, 2005, 71: 363-383.

196. Shirley M J, Iwata B A, Kahng S. False-positive maintenance of self-injurious behavior by access to tangible reinforcers[J]. Journal of Applied Behavior Analysis, 1999, 32: 201-204.

197. Shore B A, Babbitt R L, Williams K E, Coe D A, Snyder A. Use of texture fading in the treatment of food selectivity[J]. Journal of Applied Behavior Analysis, 1998, 31: 621-633.

198. Shore B A, Iwata B A. Assessment and treatment of behavior disorders maintained by nonsocial (automatic) reinforcement[M]. // A C Repp, R H Horner (Eds.). Functional analysis of problem behavior : from effective assessment to effective support. Belmont CA :

Wadsworth Publishing Company. 1999: 117-146.

199. Shore B A, Iwata B A, DeLeon I G, Kahng S, Smith R G. An analysis of reinforcement substitutability using object manipulation and self-injury as competing responses[J]. Journal of Applied Behavior Analysis, 1997, 30: 21-41.

200. Sigafoos J, Meikle B. Functional communication training for the treatment of multiply determined challenging behavior in two boys with autism[J]. Behavior Modification, 1996, 20: 60-84.

201. Simonsen B, Sugai G, Negron M. Schoolwide positive behavior supports primary systems and practices[J]. Teaching exceptional children, 2008, 40 (6): 32-40

202. Snell M E. Fifteen years later: has positive programming become the expected technology for addressing problem behavior——A commentary on Horner et al. (1990) [J]. Research & Practice for Persons with Severe Disabilities, 2005, 30 (1): 11-14.

203. Snell M E, Voorhees M D, Chen L Y. Team Involvement in Assessment-Based Interventions With Problem Behavior: 1997–2002[J]. Journal of Positive Behavior Interventions, 2005, 7 (3): 140-152.

204. Stewart I, Alderman N. Active versus passive management of post-acquired brain injury challenging behaviour: A case study analysis of multiple operant procedures in the treatment of challenging behaviour maintained by negative reinforcement[J]. Brain Injury, 2010, 24 (13–14): 1616-1627.

205. Stokes T F, Baer D M. An Implicit Technology of Generalization[J]. Journal of Applied Behavior Analysis, 1977, 10 (2): 349-367.

206. Stokes T F, Osnes P G. An operant pursuit of generalization[J]. Behavior Therapy, 1989, 20: 337-355.

207. Strain P S, Hemmeter M L. Keys to being successful when confronted with challenging behaviors[J]. Young Exceptional Children, 1997, 1 (1): 2-8.

208. Sugai G, Horner R H. Defining and describing schoolwide positive behavior support[M]. //W Sailore, G Dunlap, G Sugai, R Horner (Ed.). Handbook of positive behavior support. New York: Springer Science +Business Media LLC. 2009: 307-326.

209. Sugai G, Horner R H. Discipline and behavioral support: preferred processes and practices[J]. Effective School Practices, 1999, 17: 10-22.

210. 189. Sugai G, Horner R H, Dunlap G, Hieneman M, Lewis T J, Nelson C M, et

al. Applying positive behavior support and functional behavioral assessment in schools[J]. Journal of Positive Behavior Interventions, 2000, 2: 131-143.

211. Sulzer-Azaroff B, Mayer G R. Behavior analysis for lasting change[M]. Fort Worth TX: Holt, Rinehart & Winston. 1991.

212. Sundel M, Sundel S S. Behavior Change in the Human Services: Behavioral and Cognitive Principles and Applications[M]. Thousand Oaks, CA: Sage Publications. 2005.

213. Tang J –C, Patterson T G, Kennedy C H. Identifying specific sensory modalities maintaining the stereotypy of students with multiple profound disabilities[J]. Research in Developmental Disabilities, 2003, 24: 433-451.

214. Thomason-Sassi J L, Iwata B A, Neidert P L, Roscoe E M. Response latency as an index of response strength during functional analyses of problem behaviors[J]. Journal of Applied Behavior Analysis, 2011, 44: 51-67.

215. Tincani M J, Castrogiavanni A, Axelrod S. A comparison of the effectiveness of brief versus traditional functional analyses[J]. Research in Developmental Disabilities, 1999, 20: 327-338.

216. Touchette P E, MacDonald R F, Langer S N. A scatter plot for identifying stimulus control of problem behavior[J]. Journal of Applied Behavior Analysis, 1985, 18: 343-351.

217. Turnbull A P, Turnbull H R. Achieving "rich" lifestyles[J]. Journal of Positive Behavior Interventions, 2000, 2: 190-192.

218. Turnbull A P, Turnbull H R, Erwin E, Soodak L. Families, professionals and exceptionality: positive outcomes through partnerships and trust[M]. Columbus OH and Upper Saddle River NJ: Pearson/Merrill-Prentice Hall. 2006.

219. Tustin R D. The effects of advance notice of activity transitions on stereotypical behavior[J]. Journal of Applied Behavior Analysis, 1995, 21: 91-92.

220. Umbreit J, Ferro J, Liaupsin C J, Lane K L. Functional behavioral assessment and function-based intervention: an effective, practical approach[M]. Upper Saddle River, New Jersey: Pearson Education Inc. 2007.

221. Vaughn B J, White R, Johnston S, Dunlap G. Positive Behavior Support as a Family-Centered Endeavor[J]. Journal of Positive Behavior Interventions, 2005, 7 (1): 55-58.

222. Vitiello B, Stoff D M. Subtypes of aggression and their relevance to child psychiatry[J]. Journal of the American Academy of Child and Adolescent Psychiatry, 1997, 36: 307-315.

223. Vollmer T R, Marcus B A, LeBlanc L. Treatment of self-injury and hand mouthing following inconclusive functional analysis[J]. Journal of Applied Behavior Analysis, 1994, 27: 331-344.

224. Vollmer T R, Matson J L. Questions about behavioral function[M]. Baton Rouge LA: Scientific Publishers Inc. 1996.

225. Vollmer T R, Sloman K W, Borrero C S. W. Behavioral assessment of self-injury[M]. // J L Matson, F Andrasik, M L Matson (Eds.). Assessing childhood psychopathology and developmental disabilities. New York: Springer Springer Science+Business Media, LLC. 2009.

226. Walker H M, Ramsey E, Gresham F M. Antisocial behavior in school: evidence-based practices (2nd ed.) [M]. Belmont CA: Wadsworth/ Thomson Learning. 2005.

227. Webber J. Responsible inclusion: Key components for success[M]. // P Zionts (Ed.). Inclusion Strategies. Austin TX: Pro-ed. 1997: 27-55.

228. Wilder D A, Kellum K K, Carr J E. Evaluation of satiation-resistant head rocking[J]. Behavioral Interventions, 2000, 15: 71-78.

229. Wilder D A, Register M, Register S, Bajagic V, Neidert P L. Functional analysis and treatment of rumination using fixed-time delivery of a flavor spray[J]. Journal of Applied Behavior Analysis, 2009, 42: 877-882.

230. Winchel R M, Stanley M. Self-injurious behavior: A review of the behavior and biology of self mutilation[J]. American Journal of Psychiatry, 1991, 148: 306-317.

231. Wolfensberger W. Social role valorization: A proposed new term for the principle of normalization[J]. Mental Retardation, 1983, 21: 234-239.

232. Yi J I, Christian L, Vittimberga G, Lowenkron B. Generalized negatively reinforced manding in children with autism[J]. The Analysis of Verbal Behavior, 2006, 22: 21-33.

233. Zentall S S, Zentall T R. Optimal stimulation: A model of disordered activity and performance in normal and deviant children[J]. Psychological Bulletin, 1983, 94: 446-471.

234. Zirpoli T J. Behavior management: Applications for teachers (4th ed) [M]. Upper Saddle River NJ: Merril/Prentice Hall. 2005.

235. Zirpoli T J, Melloy K J. Behavior management: Applications for teachers[M]. Upper Saddle River NJ: Merrill/Prentice Hall. 1993.